吉林省旅游管理类专业教学指导委员会推荐教材

21世纪经济管理新形态教材·旅游管理系列

旅游经济学

主　编 ◎ 赵凌冰　孙汉杰

副主编 ◎ 徐晓丹　王　吉
　　　　　姜乃源

参　编 ◎ 李　晶　刘　洋

U0368121

清华大学出版社

北京

内 容 简 介

旅游经济学是以经济学理论为指导,研究旅游经济活动中各种经济现象、经济关系和经济规律的科学。本书主要以新时代中国特色社会主义政治经济学理论为基础,研究中国旅游经济问题,撰写过程中特别融入课程思政内容。本书坚持职业能力培养导向,结合旅游经济发展的最新案例,系统阐述旅游经济学的有关知识,注重培养学生分析与解决实际问题的能力。

本书可作为高等院校的旅游管理、酒店管理、会展经济与管理等专业的教学用书,也可作为旅游类企业的培训教材。

本书封面贴有清华大学出版社防伪标签,无标签者不得销售。

版权所有,侵权必究。举报: 010-62782989, beiqinquan@tup.tsinghua.edu.cn。

图书在版编目(CIP)数据

旅游经济学 / 赵凌冰,孙汉杰主编. —北京:清华大学出版社,2024.4
21世纪经济管理新形态教材. 旅游管理系列
ISBN 978-7-302-63967-1

Ⅰ.①旅… Ⅱ.①赵…②孙… Ⅲ.①旅游经济学—高等学校—教材 Ⅳ.① F590

中国国家版本馆 CIP 数据核字(2023)第 116973 号

责任编辑:徐永杰
封面设计:汉风唐韵
责任校对:王荣静
责任印制:杨 艳

出版发行:清华大学出版社
    网 址:https://www.tup.com.cn,https://www.wqxuetang.com
    地 址:北京清华大学学研大厦 A 座 邮 编:100084
    社 总 机:010-83470000 邮 购:010-62786544
    投稿与读者服务:010-62776969,c-service@tup.tsinghua.edu.cn
    质量反馈:010-62772015,zhiliang@tup.tsinghua.edu.cn
印 装 者:三河市人民印务有限公司
经 销:全国新华书店
开 本:185mm×260mm 印 张:16 字 数:270千字
版 次:2024 年 5 月第 1 版 印 次:2024 年 5 月第 1 次印刷
定 价:59.80 元

产品编号:100408-01

序

我们所呈现的这套教材，是伴随新时代旅游教育的需求应运而生的，具体说，是植根于党的二十大报告中的两个"首次"！

第一个"首次"，是党的二十大报告首次写入"旅游"的内容。党的二十大报告中，两次提到了"旅游"——在第八部分"推进文化自信自强，铸就社会主义文化新辉煌"中，提出"建好用好国家文化公园。坚持以文塑旅、以旅彰文，推进文化和旅游深度融合发展"；在第十三部分"坚持和完善'一国两制'，推进祖国统一"中，提出"巩固提升香港、澳门在国际金融、贸易、航运航空、创新科技、文化旅游等领域的地位"。这是旅游业内容首次被列入党的二十大报告中，充分体现了党和国家对旅游业的高度重视。

第二个"首次"，是党的二十大报告首次提出"加强教材建设和管理"，彰显了教材工作在党和国家教育事业发展全局中的重要地位，体现了以习近平同志为核心的党中央对教材工作的高度重视和对"尺寸课本，国之大者"的殷切期望。

为响应党中央的号召，遵从时代的高要求、建设高质量旅游系列教材，是高等教育工作者责无旁贷的天职，也是我们编写该系列教材的初心！

自1979年上海旅游高等专科学校成立至今，我国的旅游高等教育已经走过了40多年的历程。经过前辈们的不懈努力，旅游高等教育取得了丰硕的成果，编写出一大批高质量的旅游专业教材，为旅游专业高等教育事业发展作出巨大的贡献。然而，与新时代对旅游教育的要求相比，特别是对照应用型旅游人才培养目标，旅游教材建设仍然存在一定的差距。

一方面，旅游发展已经进入一个崭新的时代，新技术、新文化、新休闲、新媒体、新游客等旅游发展新常态赋予旅游教育新的时代要求；另一方面，自2015年提出地方本科高校向应用型转变策略至今，全国500余所开设旅游相关专业的地方本科高校积极行动实现了向应用型教育的转型。与这一形势变化相比，现有部分旅游管理类专业教材则略显陈旧，没有跟上时代的步伐，表现为应用型本科教材数量少、精品少、应用性不足等问题，特别是集课程思政、实战应用以及数字化于一体的教材更是一个空白，教材编写和建设的压力仍然存在。

正是在这样的背景下，清华大学出版社委托吉林省旅游管理类专业教学指导委员会组织省内 14 所高校 76 名教师围绕旅游管理专业的教材体系构成、教材内容设计、课程思政等问题进行多次研讨，形成了全新的教材编写理念——为新时代应用型旅游高等教育教学提供既有实际应用价值，又充分融入数字化技术并具有较强思政性的教材。该系列教材前期主要包括《旅游接待业》《旅游消费者行为》《旅游目的地管理》《旅游经济学》《旅游规划与开发》《旅游法规》《旅游财务管理》《旅游市场营销》《导游业务》《中国传统茶文化》《酒店管理概论》《旅游专业英语》等。该系列教材编写宗旨是培养具备高尚的职业道德、较强的数字化思维能力以及专业素养的应用型、复合型旅游管理类人才，以促进旅游业可持续发展和国家软实力的提升。

该系列教材凸显以下三个特点。

1. 思政性

旅游管理不仅是一门应用科学，也是一门服务和领导的艺术，更涉及伦理、社会责任等众多道德和思想层面的问题。该系列教材以习近平新时代中国特色社会主义思想和党的二十大精神为指导，涵盖新质生产力、伦理决策、文化尊重以及可持续旅游等议题，致力于培养道德水准高、社会责任感强的旅游管理人才。

2. 应用性

满足应用型旅游专业高等教育需求，是我们编写该系列教材的另一重要目的。旅游管理是一个实践性极强的领域，只有灵活应用所学知识，解决实际问题，才能满足行业需求。因此，该系列教材重点突出实际案例、业界最佳实践以及实际操作指南等内容，以帮助学生在毕业后能够顺利适应和成功应对旅游企业各种挑战，在职业发展中脱颖而出。

3. 数字化

数字化技术是当前旅游管理类专业学生必备的技能之一，也是该系列教材不可或缺的部分。从在线预订到数据分析，从社交媒体营销到智能化旅游体验，数字化正在全面改变旅游产业，旅游高等教育必须适应这一变化。该系列教材积极引导学生了解和掌握数字化工具与技术，胜任不断变化的职业发展要求，更好地适应并推动行业发展。

在该系列教材中，我们致力于将思政性、应用性和数字化相结合，以帮助学生在旅游管理领域取得成功。学生将在教材中学到有关旅游行业的基本知识，了解行业最新趋势，并获得实际操作经验。每本教材的每个章节都包含案例研究、练习和讨论问题，以促进学生的学习和思考，培养他们解决问题的能力，为他们提供实际工作所需的技能和知识，帮助他们在旅游管理领域取得成功，并积极承担社会责任。

我们希望该系列教材能被广大学生和教师使用，能为旅游从业者提供借鉴，帮助他们更好地理解相关知识，从容应对旅游行业发展中的挑战，促进行业的可持续发展。愿该系列教材能成为学生的良师益友，引领学生踏上成功之路！

最后，我们要感谢所有为该系列教材付出努力的人，特别是我们的编辑团队、同行评审专家和众多行业专家，他们的专业知识和热情参与使该系列教材得以顺利出版。

愿我们共同努力，一起开创旅游管理类专业领域的美好未来！

吉林省旅游管理类专业教学指导委员会

2024 年 4 月 20 日

前　言

改革开放 40 余年来，新中国的各项建设都在历史基础上取得了辉煌的成就，旅游经济更得到了长足发展。旅游业不仅成为国家战略支柱性产业，而且在中国特色社会主义新时代还要发挥越来越重要的作用。《中华人民共和国国民经济和社会发展第十四个五年规划和 2035 年远景目标纲要》等文件对旅游业的进一步发展提出了更高的要求。"十四五"期间，我国将全面进入大众旅游时代，旅游业的发展仍处于重要的战略机遇期，旅游业要充分发挥为民、富民、利民、乐民的积极作用，成为具有显著时代特征的幸福产业，势必更大规模、更快速度、更高质量地发展。旅游业的高速优质发展需要多种要素尤其是人才要素的支撑，产业创新发展对旅游高等教育提出了更高的要求。

进入 21 世纪以来，全球科技创新进入空前密集活跃的时期，新一轮科技革命和产业变革正在重构全球创新版图、重塑全球经济结构。信息、生命、制造、能源、空间、海洋等的原创突破为前沿技术、颠覆性技术提供了更多创新源泉，学科之间、科学和技术之间、技术之间、自然科学和人文社会科学之间日益呈现交叉融合趋势，科学技术从来没有像今天这样深刻影响着国家前途命运，从来没有像今天这样深刻影响着人民生活福祉。我国哲学社会科学要与新一轮科技革命和产业变革交叉融合，建设新文科，把握新时代哲学社会科学发展的新要求，培育新时代中国特色、中国风格、中国气派的新文化，培养新时代哲学社会科学家，推动哲学社会科学与新一轮科技革命和产业变革交叉融合，形成哲学社会科学的中国学派。

面对日益复杂的国际形势和日益激烈的国际竞争，中国的人才培养任务越发繁重。我们培养的人才不仅要成为行业精英，更要成为德智体美劳全面发展的中国特色社会主义事业的接班人和建设者。党的十八大报告明确提出："把立德树人作为教育的根本任务，培养德智体美全面发展的社会主义建设者和接班人。"党的十九大报告进一步强调:"要全面贯彻党的教育方针,落实立德树人根本任务。"党的二十大报告提出:"育人的根本在于立德。全面贯彻党的教育方针,落实立德树人根本任务,培养德智体美劳全面发展的社会主义建设者和接班人。"要实现"两个一百年"奋斗目标、实现中华民族伟大复兴的中国梦,必须通过教育立德树人,培养大量社会主义建设者和接班人。正因为如此,中国教育界近年一直在大力开展课程思政,努力以构建全员、全程、全方位育人格局的形式将各类课程与思想政治理论课同向同行,形成协同效应,真正落实立德树人根本任务。

在这种历史情境之下,高等教育教学的目标,必须实现价值塑造、能力培养和知识传承的高度统一与深度融合,这也要求在教学理念、教学内容、教学方法、教学活动、教学组织、教学评价等方面开展系统性创新,而教材编写是其中一项基础性工作。

本书力图改变以往的旅游经济学教材主要以西方经济学理论为指导、以供求理论为核心展开的情况,尝试以新时代中国特色社会主义政治经济学理论为指导,从旅游行业发展和旅游教育教学的实际出发,结合学生的个性特点和学习规律,融合旅游经济学的最新理论研究成果和旅游产业最新实践经验,来创新教材框架,重新安排课程内容。结合案例,以旅游经济活动中的利益相关者行为选择为主要分析对象,重点阐述旅游经济学相关理论及其在旅游活动实践中的应用,详细介绍不同利益相关者的行为选择及其相互关系,理论知识对现实经济现象有解释力,对产业未来发展有引导力,体现出很强的综合性、实用性和创新性,为学生将来在不同的产业岗位上开展实践活动提供强有力的理论指导。

本书的使用对象主要是应用型本科和高职高专的旅游管理类专业学生,所以坚持"理论够用、加强学生能力培养、突出思政教育"的原则,采用能直接反映旅游业现状的案例,深入浅出地阐述旅游经济学的有关知识,注重提高学生分析、解决旅游实际问题的能力。

旅游经济学是一门以经济学理论为指导,研究旅游活动中的经济现象、经济关系和经济规律的经济学分支学科,是国家教学标准中明确规定的旅游管理专业7门核心课程之一。本书共分九章,内容涉及绪论、旅游经济学的理论基础、旅游消费、旅游需求与旅游客源开发、旅游产品及其生产、旅游供给与旅游投资、旅游市场、旅游经济的运行与调控、新时代中国旅游经济的可持续发展等。

本书的编写人员均为具有多年理论和实践教学经验的一线教师。主编赵凌冰教授为旅游管理国家一流专业建设点负责人，与主编孙汉杰皆具有多年的旅游经济学教学经验，有较为深厚的旅游经济学研究基础。

本书由吉林工商学院赵凌冰、孙汉杰担任主编，负责全书的设计和统稿工作；吉林工商学院徐晓丹、吉林师范大学王吉、白城师范学院姜乃源担任副主编；参与本书编写的人员还有长春大学旅游学院李晶、吉林工商学院刘洋等。

如果本书对各位有所帮助，将是编者莫大的荣幸。最后，竭诚希望广大读者对本书提出宝贵意见，以促使我们不断改进。由于时间和编者水平有限，书中的不足之处在所难免，敬请广大读者批评指正。

编者

2023 年 3 月

目　录

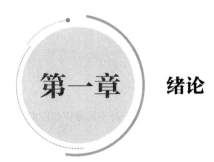

第一章　绪论

【学习目标】

1. 了解旅游经济的形成、发展及其在国民经济中的地位和作用。

2. 熟悉旅游经济学的源流及其研究对象和任务。

3. 掌握旅游经济学的特点及其研究内容和方法。

【能力目标】

1. 了解唯物辩证方法并能够用于认识社会经济活动。

2. 熟悉旅游经济学资料的来源，能够自行查找相关资料。

3. 掌握自主学习、合作学习和探究式学习的方法。

【思政目标】

1. 了解旅游经济的历史性，培养唯物史观。

2. 熟悉旅游经济学的应用价值，培养职业自信。

3. 能够运用唯物辩证法去认识和分析社会经济现象。

【思维导图】

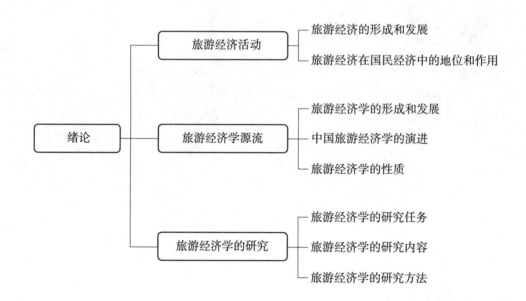

【导入案例】

旅游经济的兴起

旅游经济学研究旅游经济活动，而旅游经济最先在欧洲兴起。近代欧洲最先发展资本主义生产方式，成为世界上经济最为发达的地区。尤其是欧洲西南部的国家经济相对发达，居民的富裕程度较高，具备出行旅游的条件；欧洲国家面积偏小，资源相对贫瘠，导致了各国交流的频繁，也形成了各地人群流动性强的特点；大航海时代的兴起，极大地增强了欧洲人探索、求奇的意识，令其对自己未知的领域总是充满好奇心。欧洲各国有许多实体文物得到了很好的保留，从建筑到历史物件，不单单局限于山水风景的欣赏，这强力地区分了各地的差异度，使人们旅游的兴趣得以维系和增强，不至于产生审美疲劳。各国服务业也较为完善，有许多为游客和旅游服务的产业，特别是濒临大西洋的西欧国家，拥有非常好的出行便利。

问题：

1. 旅游经济学与旅游业发展是什么关系？

2. 为什么旅游业产生于近代欧洲？

第一节　旅游经济活动

一、旅游经济的形成和发展

（一）旅游经济的形成过程

作为一个相对独立的经济部门，旅游经济形成和发展依赖于旅游业。旅游业则是伴随着社会生产力的发展和社会分工的深化，伴随着人民生活水平的不断改善和提高，以及人们对旅游需求的不断增加，而逐步从商业中分化出来，形成第三产业中具有综合性带动效应的"龙头"产业。旅游经济的形成和发展过程，大致可以划分为三个阶段。

1. 旅游经济的萌芽阶段

旅游经济是在旅游活动有了一定的发展，并具备一定物质条件的前提下才产生的一种社会经济活动。因此，旅游经济产生于旅游活动的发展，而旅游活动可追溯到人类社会的初期。

早在原始社会时期，社会生产力水平低下，人们的生活条件极为艰苦，特别是自然环境变化所引起的各种灾害及民族部落之间的械斗，使人类不得不为了生存而发生经常性的空间迁徙活动。尽管这种为生存而进行的空间迁徙并不是旅游，甚至也不是旅行，但其事实上已蕴含旅游活动最基本的雏形。从原始社会、奴隶社会到封建社会的长期发展过程中，人类社会经历了三次大规模的社会分工，促进了社会生产力水平的不断提高。社会生产力水平的提高又促进了生产发展和剩余产品的增加，产生了私有制、阶级和国家，促进了社会分工和商品经济的进一步发展，以及市场空间的不断扩大和商品交换活动范围的拓展，于是以商品生产、商品交换及各种商业活动为中心的旅游活动就产生了。

在漫长的古代历史中，旅游的发展与当时的社会政治、经济及文化发展相适应，出现了各种各样的形式。例如，古希腊的朝拜和祭祀、马可·波罗的出游、阿拉伯民族的经商往来、孔子周游列国、玄奘西域取经、郑和七下西洋、徐霞客遍游中华大地等，为旅游经济的产生打下了基础。但是，由于古代社会生产力尚不发达，社会经济的发展水平还不能促使旅游活动商品化，因而旅游活动最终没有成为一种商品化的社会活动，而仅仅是孕育了旅游经济。

2. 旅游经济的形成阶段

旅游经济的形成是旅游活动向商品化发展的过程。从旅游经济的发展历史看，旅游经济主要发端于 18 世纪的产业革命。机器工业代替了工场手工业，形成了以机器大工业为基础的社会化大生产，促使社会生产力迅速提高，促进了资本主义商品生产和交换的迅速发展，从而为旅游经济的形成和发展提供了物质技术基础与经济条件。

产业革命促进了生产手段，尤其是交通运输工具的改善，不仅使社会化大生产的规模扩大、市场空间范围扩展，而且汽轮、火车的产生为人们有目的的大规模、远距离旅游活动提供了便利的物质技术条件。例如，美国于 1807 年开辟汽船内河定期客运航班，紧接着欧洲许多国家相继开设了蒸汽客轮经营服务；英国于 1830 年在利物浦到曼彻斯特之间开设了火车客运服务，到 1890 年，已吸引了近 20 万国内外旅游者。

产业革命促进了资本主义制度的形成和发展，使资本主义社会生产力有了迅速的提高。随着商品经济的繁荣、兴旺，人们生活水平迅速提高和改善，这就为旅游经济的产生和发展创造了大量的社会需求。于是，伴随着人们可支配收入的增加、交通运输条件的改善，以及工厂化制度的建立，旅游活动逐渐成为人们物质文化生活的组成部分，从而为旅游经济的形成提供了需求前提和经济条件。

在产业革命为旅游经济的产生奠定物质技术基础、资本主义商品经济发展为旅游经济的形成创造大量需求的同时，各种专门从事旅游服务机构的建立，标志着旅游经济的产生和形成。特别是 1845 年，英国的托马斯·库克（Thomas Cook）成立了第一家包括食、住、行、游等旅游活动在内的旅行社，开创了有组织地提供旅游活动的各种专门性服务，从而促进了旅游活动的商品化进程。以后，诸如旅行社、旅游饭店、旅游交通等各种以经营旅游业务为主的企业纷纷建立。各种旅游住宿、餐饮接待设施不断建设和完善，从而使旅游活动发展成为一种商品化的经济活动，逐渐成为社会经济活动的重要组成部分。于是，具有现代意义的旅游经济就正式形成了。

3. 旅游经济的发展阶段

旅游经济虽然形成于 19 世纪中叶，但直到 20 世纪 50 年代以后才进入一个快速发展时期。21 世纪，旅游业已成为世界经济中发展势头最为强劲的产业之一，旅游经济的产业化发展突出表现在以下方面。①

---

① 世界旅游城市联合会，中国社会科学院旅游研究中心 . 世界旅游经济趋势报告（2020）[R]. 2020.

从世界旅游业的发展规模和速度看，2019 年，全球旅游总人次（包括境内旅游人次和入境旅游人次）为 123.1 亿人次，较上年增长 4.6%，远远超过了世界经济 2.3% 的平均增长速度。

从世界旅游业对国民经济的贡献看，2019 年，全球旅游总收入（包括境内旅游收入和入境旅游收入）为 5.8 万亿美元，相当于全球 GDP（国内生产总值）的 6.7%。

从世界旅游业吸纳就业人员看，到 2020 年，全球旅游产业能够提供 3 亿个工作岗位，占全球就业总量的 9.20%。

从世界旅游业的地位看，其在国民经济中是一个综合带动效应较强的产业，可以带动相关产业的发展、吸收更多的劳动力就业、增加更多的间接收入，并带动旅游目的地国家的对外开放和经济发展。

综上所述，由于旅游经济已发展成为一个高增值、高就业、高效益的新兴产业，因而旅游业在世界经济及各国经济发展中占有越来越重要的地位。许多国家，特别是发展中国家，不仅积极推进旅游经济的产业化进程，而且都把旅游业作为经济发展的重点产业，积极扶持和发展。

（二）旅游经济的发展特点

回顾第二次世界大战结束以来旅游经济的发展过程，具有以下显著的特点。

1. 旅游经济活动的大众化

20 世纪 50 年代以来，旅游活动不再是以少数富有者为主的活动，而是一种面向人民群众的社会经济活动。特别是随着社会生产力水平的迅速提高、人们可支配收入的不断增加，以及工作时间的缩短，许多人不仅具备了旅游消费的能力，而且具备了外出旅游的时间条件和交通运输条件，从而推动了旅游活动的大众化。而旅游活动的大众化发展，创造了大量的旅游需求，又促进了旅游资源的开发和旅游接待设施的建设，为旅游者提供了更为方便的旅游条件和旅游服务，从而促使旅游经济活动又进一步向大众化普及和发展。

2. 旅游经济活动的全球化

旅游经济活动已经不再局限于国内旅游或近距离旅游，而是打破了地域、疆域的界限，发展成为一种全球性的社会经济活动。特别是 20 世纪 50 年代以来，科学技术的进步促进了通信技术和手段的现代化，促进了交通运输条件（尤其是民用航空）的显著改善，使人们可以在较短的时间内，以较少的经济支出周游世界各地，获得更高的旅游需求的满足。同时，旅游经济活动的全球化发展，又增进了世界各国政府、企业及人民之间的交流和联系，为推进全球化的旅游活动创造了更好的条件。

3. 旅游经济活动的规范化

旅游经济活动在其发展过程中，逐渐形成了一种有组织的规范化旅游模式。无论是国际旅游还是国内旅游，通常都是由旅行社作为主要的组织者，依托各类旅游企业和旅游风景区，按照预定的旅游线路、活动内容和时间，提供综合性的旅游服务，满足旅游者多方面的需求。而旅游者只需承担一定的费用就可以尽情地享受旅游的愉悦，不用再为旅游活动中的食、住、行等问题操心。正是旅游经济活动的规范化发展，才推动了旅游经济活动的大众化和全球化发展，促使现代旅游业逐渐成为一个相对独立的经济产业，成为国民经济的组成部分。

4. 旅游经济发展的持续化

20 世纪 50 年代以来，整个世界旅游经济的发展盛况空前，始终保持着较高的增长率并经久不衰。虽然世界旅游业从 20 世纪 50 年代的 12.6% 的增长率下降到 90 年代初的 8.1%，但同世界经济及世界工业的增长率比较，始终保持着一种高速发展的态势。[①] 同时，旅游经济的迅速发展，使其在国民经济中的地位和作用有了显著的提高，旅游活动成为人们生活中的一个重要组成部分，成为人们的一种经常性活动。此外，随着旅游经济活动的广泛开展，人们更加重视生态环境的保护，更加重视对环境污染的治理，以谋求旅游与自然、文化和人类生存环境融为一个和谐的整体，促进社会经济的持续化发展。

（三）旅游经济产业化的标志

通过以上对旅游经济的形成过程及发展特点的分析，可以看出旅游经济的形成和发展具有四个显著的特征：①旅游经济是派生的，是随着物质生产的发展和人民生活需要的扩大而逐渐从商业中派生出来的。②旅游经济是相对独立的产业，有相对集中的旅游需求和供给，并形成相对独立的市场结构和生产经营体系，具有独立的分工领域。③旅游经济是以服务为主的，即旅游产品的生产和消费是同时进行的，因而旅游经济属于第三产业的范畴。④旅游经济在长期的发展过程中已形成了自己的主体部门和产业结构体系，具备了成为一个经济产业的基础。根

---

① 张朝明. 论旅游经济的形成及发展 [J]. 合作经济与科技，2013（15）：20-22.

据以上分析，旅游经济已发展成为相对独立的产业经济，旅游经济产业化的具体标志主要体现在以下方面。

1.旅游消费需求的集中化

根据经济理论分析，工业化的推进不仅使物质生产获得很大的发展，而且促使国民收入水平不断提高、人民群众的生活水平不断改善，并使需求结构发生很大的变化。特别是随着人们从注重物质生活的需求向注重精神方面满足的转变，旅游活动越来越成为人们生活中必不可少的内容。有关研究表明，当人均国民生产总值达到300美元时，人们即产生旅游需求；当人均国民生产总值达到1 000美元时，人们即产生邻国旅游需求；当人均国民生产总值在3 000美元以上时，人们即产生远距离的国际旅游需求。可见，随着人们收入水平的不断提高和生活条件的改善，人们对于休闲、娱乐、观光、游览、度假等旅游需求日益增长，从而为旅游经济产业的发展提供了广泛的市场需求。

2.旅游生产供给的专业化

伴随着旅游消费需求的不断增长，旅游业逐渐从商业服务业中分化出来，形成以旅游经济活动为中心，根据旅游者需求，把多个企业和行业集合起来，向旅游者提供食、住、行、游、购、娱等综合性服务的新兴产业。而这些专门经营旅游产品和服务的企业，尤其是旅行社、旅游饭店和旅游交通，不仅对旅游产业的形成和发展具有十分重要的作用，而且成为旅游经济的三大支柱，标志着旅游经济的成熟。

（1）旅行社。旅行社是指依法成立并具有法人资格，在旅游经济活动中招揽、接待旅游者，组织旅游活动，获取经济收入，实行独立核算、自负盈亏的旅游企业。旅行社在旅游业内部各行业部门中发挥着"龙头"作用，既是旅游产品的生产者，又是旅游产品的营销者，通过自己的活动把旅游者和旅游经营者连接起来，促使旅游经济活动有效进行。

（2）旅游饭店。旅游饭店是为旅游者提供旅游住宿、餐饮、娱乐和其他服务的旅游企业。旅游饭店是一个国家或地区发展旅游业必不可少的物质基础，也是衡量一个国家或地区旅游业是否发达的标志。旅游饭店的数量、规模、档次和服务质量，在一定程度上决定和影响着一个国家或地区旅游业的发展规模和水平。

（3）旅游交通。旅游交通是旅游业的重要组成部分。没有发达的现代交通运输业，就不可能有发达的现代旅游业。因此，旅游交通和食、住、游、购、娱等共同构成综合性旅游产品，提供给旅游者消费，并保证旅游经济活动的正常运行。

3. 旅游经济运行的规范化

在市场经济条件下，旅游经济的运行实质上就是旅游者和旅游经营者之间的旅游产品交换过程，它包括旅游产品的购买与销售两个对立统一的活动过程。一方面，旅游者通过支付一定的货币而购买旅游产品，以获得旅游活动中的各种体验和享受；另一方面，旅游经营者将旅游产品销售给旅游者，以获取一定的经济收入。由于旅游产品是一种以服务为主的产品，因而旅游产品的构成要素可以多次重复使用和提供，从而形成了在旅游经济运行过程中，以旅行社为主对各种旅游产品要素进行有机组合，提供给旅游者的经济现象。而以旅行社为主的经营活动，促进了旅游经济运行的规范化，促使旅游经济产业遵循客观经济规律并有效地运行，从而促进旅游业作为一个独立经济产业的发育和成熟。

二、旅游经济在国民经济中的地位和作用

（一）旅游经济在国民经济中的地位

国民经济作为一个有机整体，要求各部门之间保持一定的比例关系。而每一个经济部门在整个国民经济中的地位，则取决于其本身的性质、规模和运行状况。旅游经济在国民经济中的地位，主要取决于旅游业的性质、发展规模及运行状况。

从旅游业的性质看，旅游业是一个以提供服务为主的综合性服务行业。通过为人们提供食、住、行、游、购、娱等各种服务，旅游业不仅为物质资料生产部门的简单再生产和扩大再生产提供了实现的途径和方式，即满足人们对基本生活和精神生活的需求，而且是社会总产品实现的重要环节，促使社会产品和社会劳动进行合理分配，并不断创造新的需求。

从旅游业的发展规模看，随着社会生产力的提高和社会经济的发展，旅游业的规模不断扩大。这是因为，人们的消费水平是随社会经济发展而不断提高的。随着人们经济收入的增多，用于精神需求、满足享乐方面的开支就相对增加，从而促进以满足人们精神、享乐需求为主的旅游业的迅速发展，规模也不断扩大，进而在国民经济中占据重要的地位。

从旅游业的运行状况看，旅游业符合当今世界经济发展的总潮流，与发展"绿色产业"相适应，而且旅游业是一种"朝阳产业"，正展现出良好的发展势头。

从现代旅游经济发展的实证分析，当今世界上经济发达国家，同时也是旅游经济发达的国家。

（二）旅游经济在国民经济中的作用

旅游经济不仅在国民经济中占有重要地位，而且对促进国民经济的发展、相关产业的带动、经济结构的改善等都具有十分重要的作用，具体表现在以下方面。

1. 增加外汇收入

任何国家要推进对外经济合作，都必须扩大外汇收入。而扩大外汇收入，一是通过对外贸易获得贸易外汇收入，二是通过非贸易途径获得非贸易外汇收入。在当今世界贸易竞争激烈、关税壁垒林立的背景下，旅游业作为非贸易外汇收入的来源渠道，作用非常突出，因为旅游业是一个开放性的国际产业，旅游经济的发展，能吸引国际闲置资金投入，参与国际市场竞争，改善对外经济关系，而且通过发展旅游业，吸引国外大量旅游者入境旅游，从而增加非贸易外汇收入。因此，人们通常把旅游创汇称为"无形出口"收入。特别是由于旅游业创汇能力强、换汇成本低，又不受各国税制限制，因而其已成为各国创汇的重要手段。

2. 扩大就业机会

旅游业是一个综合性服务行业，能为社会提供大量的就业岗位。因为旅游业本身就是包含多种服务内容的产业，并且许多服务项目难以用现代技术手段取代人力，所以旅游业所需的就业人数相对于其他产业要多得多；再加上旅游业的带动作用较强，除了自身迅速发展外，还能带动相关产业的发展，增加相关产业的就业，从而为社会提供较多的就业岗位。

3. 带动相关产业

旅游业虽然是一个非物质生产部门，但它的关联带动功能较强，不仅能带动物质生产部门的发展，而且能带动第三产业的发展。一方面，旅游业的发展必须建立在物质资料生产的基础之上，没有一定水平的物质生产条件，就不可能为旅游业发展提供基础，因此发展旅游业能够促进各种物质产品生产的发展。另一方面，旅游业作为国民经济中的一个综合性产业，其发展与其他行业密切相关，它能够直接或间接地带动交通运输、商业服务、建筑业、邮电、金融、地产、外贸、轻纺工业等相关产业的发展，从而促进整个国民经济的发展。

4. 促进贫困地区脱贫

贫困问题是全人类面临的巨大难题，世界许多国家都十分关注并提出许多解决问题的对策及措施。从实际上看，贫困地区多数是少数民族地区和经济欠发达地区，但同时也多是旅游资源富集地区。因此，通过开发贫困地区旅游资源，大力发展旅游业，不仅有利于充分发挥贫困地区旅游资源富集的特点，开发特色鲜明、品位较高的旅游产品，而且能够通过旅游开发及旅游业发展，带动贫困地区人民群众脱贫致富，加快贫困地区的综合开发和社会经济的发展。

（三）旅游经济的其他作用和影响

旅游经济的发展，不仅对一个国家或地区的经济具有作用和影响，而且对一个国家或地区的社会、文化、环境也具有相应的作用和影响。

1. 旅游经济对社会的作用和影响

旅游经济发展对社会的影响主要表现在以下几方面：①推动社会文化的交流。大规模的旅游经济活动，使社会信息得到充分的交流，从而传播了现代文明，促进了各种社会关系的协调及进步。即使是一些非常落后的国家，也会因旅游经济发展的影响而不得不打破陈腐的观念及限制，实行对外开放的政策，接受现代文明的洗礼。②引发价值观念的变化。外国旅游者进入旅游接待国，引起旅游接待国价值观念和道德准则的变化，如对生活方式的看法、对人生价值标准的转变等。③引起社会结构的改变。旅游活动会引起旅游接待国社会结构的变化，特别是由于旅游业收入较高、女性就业率较高等特点，旅游接待国的就业结构发生相应变化。④引起社会环境的改善。例如在交通条件、住宿设施、餐饮特色，乃至个人安全等方面，旅游接待国必须加以改善，才能满足国际旅游者的需求。

但是，旅游经济的发展对旅游接待国也会产生一些消极的社会影响。例如，旅游业把过多的基础设施和良好的旅游条件提供给国外旅游者消费，会使国内人民产生不平等的社会心理，而国外旅游者的挥霍消费，把富裕展现于贫穷之中，造成人们价值准则的失衡和心理压力的加大；国外一些不健康的思想、行为的渗入，会引起一些令人不满的社会行为等。总之，旅游经济发展对旅游接待国的社会影响是多方面的，有些是可见的、外在的，但有些则是潜移默化的；有些是积极的，也有些是消极的。因此，要注意分析和研究，制订正确的对策措施，促使旅游业健康地发展。

2. 旅游经济对文化的作用和影响

文化作为一种社会现象，是以一定的物质基础为前提的，其内容随社会物质生产的发展而发展，具有很大的内涵性，以至有人认为，人类社会的发展实质上是一种文化的变迁。因此，旅游经济的发展必然与文化产生密切的关联。一方面，旅游经济活动中的各个过程及内容，无一不是与文化的接触，以至于有旅游就必然有文化，文化是旅游业发展的基础；另一方面，旅游活动是一种流动的活动，是一种文化与另一种文化交流的过程，旅游者的流动，就为不同的社会群体及民族文化的接触和交流创造了良好的条件，因而旅游经济的发展过程也就是世界各个民族文化频繁交流的过程。

旅游经济对文化的积极作用主要表现在以下几方面。

（1）唤起民族文化自豪感。旅游经济的发展促使各民族优秀的传统文化得到发掘、振兴和光大。在旅游经济活动中，旅游者向往的是各民族独特的文化，它是各国发展旅游业必须珍惜并充分利用的旅游资源。许多趋向于衰退和消失的优秀民族文化，只有在旅游的发展中才能复活并得到振兴和发展。

（2）强化传统文化。旅游经济活动是推动世界各民族文化交流最广泛、最深刻的方式。在旅游中，通过各种物质文化、非物质文化及语言的广泛交流，民族文化的精华得到锤炼、保留及发扬，从而使各民族文化的个性更加突出，增强了民族文化特色对旅游者的吸引力。

（3）推动国际文化交流。旅游经济的发展促进了人类不同文化之间的交流。旅游经济活动促使各国人民具有国际观念和开放意识，增强了人们对经济、改革与发展的紧迫感，加深了各国人民之间的相互了解及友谊，促进了国家之间的文化交流，从而促进了整个世界文明的进步。

但是，旅游经济发展对文化也有一定的消极影响。一方面，大量外国旅游者的到来和外来文化的冲击，可能使优秀珍贵的民族文化蜕变甚至消退，可能带来一些腐朽的生活方式，从而使民族文化的健康发展受到冲击；另一方面，为适应旅游经济发展的要求，许多优秀的民族文化内容会变成一种商业性的娱乐内容，从而失去其原有文化蕴含的特色，并促使一些优秀民族文化的本质发生改变。因此，在发展旅游经济的同时，必须对民族文化进行保护，以促使民族文化的特色及精华随旅游经济的发展而发展。

3. 旅游经济对环境的作用和影响

旅游经济的发展促进了国民经济的发展，并促使各国重视对旅游资源及生态环境的保护，以实现可持续旅游发展。例如，国际、国内进行的各种世界遗产保护，自然保护区、风景名胜区、历史文物的评级和保护，既保护了人类社会的生存环境和优秀文化遗产，又为旅游经济的发展提供了丰富的内容。但是，旅游业的发展也引起了一系列生态破坏、环境恶化的情况。例如，泰国著名旅游风景区帕塔亚海滩，曾是诗一般的秀丽，而今充斥着游客丢下的各种垃圾，大量的排泄物使海水也受到污染；世界登山胜地喜马拉雅山，由于大量登山者的光顾，而失去昔日"纯洁"的形象；埃及的金字塔及狮身人面像，在许多游客的不文明行为下正经受着侵蚀性的破坏；中国的故宫博物院由于数以万计的游客参观和游览，宫墙受损，各种走道、门槛变得坑坑洼洼；一些原始森林因旅游开发而遭到破坏……总之，随着旅游业的发展，它对环境造成的破坏性影响也是十分严重的。

因此，发展旅游经济必须和保护环境协调起来。通过对环境的保护，为发展旅游业创造更好的条件；通过发展旅游业，改善环境，提升环境的美感，从而把发展旅游经济和保护旅游资源、旅游环境有机地统一起来，达到既发展旅游经济又保护环境的目的，真正实现旅游业的可持续发展。

第二节　旅游经济学源流

旅游经济学是以经济学的理论为指导，研究旅游经济活动中各种经济现象、经济关系和经济规律的科学。旅游经济学率先在欧洲资本主义发展的国家兴起，然后向世界范围内的发达国家推广，进而在新兴工业国家发展，最终在全世界范围内广为传播。

扩展阅读 1.1

一、旅游经济学的形成和发展

现代旅游经济是在 18 世纪工业革命和资本主义经济发展的基础上，随着 19 世纪旅游活动的进一步商品化而逐渐形成的。现代旅游经济学是伴随着旅游经济的形成和发展，对旅游经济实践活动进行一系列研究而产生的一门新兴学科。从现代旅游经济学的形成及发展过程来看，其可大致划分为三个阶段。

视频 1.1

为什么要学习经济学

（一）旅游经济学的萌芽

19 世纪后半期，西方国家旅游活动迅速开展，旅游业开始成为新兴产业，从而引起人们的关注并开始对旅游经济问题进行研究。

1883 年，苏黎世首次发布了有关旅馆业的规定；1885 年，法国学者 A.巴博出版了《从文艺复兴到大革命以来在法国的旅游者》的经济史著作；1896 年，苏黎世的 A.J. 弗朗莱发表了题为《关于旅游者支出的统计》的文章；1899 年，意大利国家统计局局长博迪奥发表了题为《外国人在意大利的流动及花费》的文章；1903 年，西班牙的 M.B. 阿蒙佳尔发表了题为《外国人的产业》的论文；1909 年，西班牙的贝兰伯爵发表了题为《西班牙发展旅游业所带来的收益》的文章；1911 年，瑞士人斯拉登奥芬在一篇文章中提出：旅游业是为外国人提供游览需求的经济活动；1923 年，意大利的尼切福罗发表了题为《外国人在意大利的流动情况》的论文；1926 年，贝尼尼发表了题为《关于旅游者流动计算方法的改进》的论文。正是早期这些有关旅游经济的研究和发表的论文，揭开了现代旅游经济学研究的序幕，为现代旅游经济学的形成和发展奠定了基础。

（二）旅游经济学的形成

1927 年，意大利罗马大学的教授马里奥蒂出版了《旅游经济讲义》，次年他又出版了该书的续编，首次对旅游经济进行了全面、系统的研究，并从经济学的角度对旅游活动的形式、结构和相关内容进行了分析，明确了旅游活动属于经济性质的社会现象，标志着现代旅游经济学的形成。

在这一阶段，还有许多专家、学者从不同的研究角度，对现代旅游经济学的性质、作用和内容进行了研究。1927 年，法国的 L. 奥夏在《致国家经济委员会的报告》中宣称："从前，旅游业是一种个人旅行得好的艺术。今天，它已经成为对旅行者接待好的国家产业。由此可知，旅游已从个人或集体的消遣领域全面地转变为总的经济领域。"1933 年，法国的莫日内在她的学术论文《有利于旅游业的集体行动》中写道："旅游业对经济发展起着推动作用，它是母产业，是具有关键性的产业。旅游业的发展在国家繁荣中不是孤立的因素，它影响到国家活动的各个部门，使这些部门增加收益。"1933 年，英国爱丁堡大学的政治经济学教授 F.W. 欧吉尔维在其出版的《旅游活动：一门经济学科》书中阐述了旅游需求和旅游消费的理论。1935 年，德国柏林商业大学旅游研究所所长格里克思曼出版了《一般旅游论》一书，不仅从经济学角度，而且从社会学角度对旅游经济的发展进行了研究。1942 年，瑞士圣加伦大学的克拉普夫和伯尔尼大学的汉泽克尔出版了《旅游学总论》一书，提出旅游现象涉及社会经济的多个方面，需要从多学科角度进行研究等新的观点和理论。

总之，在这一阶段的旅游经济研究中，国外学者普遍认识到发展旅游业可以带来巨大的经济收益，因此重点探讨和研究了旅游经济的性质、地位和作用，从不同角度对旅游经济的有关内容进行了研究。这些研究成果促进了旅游经济学的形成，并为现代旅游经济学的研究与发展奠定了良好的基础。但是，由于第二次世界大战的影响，这一阶段旅游经济学的研究一度停滞不前。

（三）旅游经济学的发展

第二次世界大战结束后，许多西方国家的经济呈现迅速发展的态势，在第一、第二产业迅速发展的基础上，第三产业也随之得到迅速发展，而第三产业中的旅游业也逐渐发展成为国民经济中的重要产业。为了满足旅游业快速发展的需要，欧美许多国家建立了各种类型的旅游经济管理院校，并开设了旅游经济、旅游管理等学科，对旅游业所需要的人才进行培养。同时，为了适应旅游经济发展和旅游教学的需要，欧美国家的一些学者、专家在总结世界旅游经济及本国旅游业发展成果的基础上，对旅游经济的理论和方法进行了全面深入的研究，并发表和出版了一批有较高水平的论文与著作，对促进现代旅游经济学和世界旅游经济的发展起到了指导性的作用，为构建旅游经济学学科理论和体系奠定了一定的基础。

从 1969 年美国迈克尔·彼德斯出版的《国际旅游业》、1972 年美国巴雷特热和德勒尔特合著出版的《旅游业的经济概貌》、1974 年英国博卡特和梅德里克合著出版的《旅游业的过去、现在和未来》、1975 年世界旅游组织出版的《国际旅游业对发展中国家经济发展的影响》、1976 年西班牙旅游研究院出版的《西班牙旅游经济投入 - 产出表》、1978 年南斯拉夫翁科维奇出版的《旅游经济学》，到 1979 年巴雷特出版的《旅游需求论》和法布尔出版的《发展中国家的国际旅游业和合作项目》等重要著作，全面、系统地对旅游经济学的相关理论和方法进行了研究，丰富与发展了现代旅游经济学的内容。尤其是南斯拉夫贝尔格莱德大学翁科维奇教授的《旅游经济学》一书，运用科学的理论分析方法和全面丰富的数据资料，对现代旅游经济学的理论展开了全面阐述，对旅游市场的特点和旅游接待国的政策进行了深入分析，并预测了现代国际旅游业的发展趋势，翁科维奇教授的《旅游经济学》一书成为具有较广泛代表性和较大影响力的现代旅游经济学教材。

随着旅游业在全球范围内广泛而深入的发展，从 20 世纪 80 年代开始，世界各国有关旅游经济研究的论文和著作如雨后春笋般大批涌现。20 世纪 90 年代末，掷起了针对 21 世纪国际旅游业发展研究的高潮。近 20 年来的研究主要集中在旅游需求和供给、旅游市场和游客流动规律、旅游目的地建设与区域经济发展、旅游产业结构调整与产业空间分布、旅游资源和旅游产品开发、旅游业投入－产出分析、旅游乘数效应、旅游的经济和社会影响、经济政策与旅游产业发展、国际区域旅游分工与合作、旅游经济分析与决策、旅游人力资源开发与管理，发展中国家旅游经济战略等方面。对上述研究领域所进行的大量分析和探索，促进了现代旅游经济理论体系的不断发展和完善，也不断构建了现代旅游经济学的学科体系。

二、中国旅游经济学的演进

扩展阅读 1.2

与国际旅游业发达的国家相比，中国旅游业的发展起步较晚。虽然早在 20 世纪 20 年代，中国就已有经济学者对旅游经济的性质、作用等问题进行过探讨，但由于当时中国旅游尚未形成产业，受当时旅游发展水平的限制，无法对旅游活动做深入的研究。

中国的旅游经济研究是随着改革开放而逐步开展起来的。20世纪 70 年代后期，随着中国对内搞活、对外开放政策的进一步推行，旅游业从无到有取得了长足的发展。旅游业发展的实践为旅游经济的研究提供了丰富的素材，使中国旅游经济理论的研究领域和研究范围不断扩展。由于中国发展旅游业的特殊背景，对旅游经济的研究首先是从旅游的经济影响切入的，且在很长一段时间，旅游经济的研究主导并替代了对旅游现象的综合研究。同时由于培养人才的迫切要求，中国旅游经济研究是从教材建设开始的。

20 世纪七八十年代，中国实行的对外开放政策有力推动了旅游经济的发展，并为旅游经济的研究提供了丰富的素材，对旅游经济问题的研究迅速开展，并取得了一批研究成果。在于光远先生的提议下，1979 年，全国经济科学规划会议将旅游经济学列入国家经济科学研究重点项目序列。1980 年，第一次全国旅游经济座谈会提出，要建立中国自己的旅游经济学，以适应旅游业和旅游教育事业的发展。1980 年，沈杰飞与吴志宏合写的《建立适合我国实际的旅游经济学科》的论文（《社会科学》1980 年第 6 期）在介绍国外旅游经济理论研究发展现状的基础上，从建立一门学科的逻辑起点出发，对旅游经济的研究对象、研究内容进行了深入的探讨。1982 年，王立纲、刘世杰出版了《中国旅游经济学》，提出了旅游经济的一些基本范畴，对中国旅游发展道路、中国旅游业的基本性质以及旅游资源开发等问题做了有益的探索。特别是 1987 年，著名经济学家孙尚清主持的"中国旅游发展战略研究"重大课题，提出了中国旅游业"适度超前发展"的战略，把中国旅游经济的研究从理论推向实践。此后，以黄辉实（1985，1990）、林南枝和陶汉军（1986，1994，2000）、陈纲（1987）、张汝昌（1990）、张辉（1991）、罗明义（1994）、王大悟和魏小安（1998）、邹树梅（1998，2001）、都家（1999）、沈桂林（2002）、田里（2002）、孙厚琴（2003）、王友明（2006）、吕宛青（2009）等为代表的一批学者分别出版了不同版本的"旅游经济学"教材。

20 世纪 90 年代以来，中国旅游业迅速反应并在国际上的影响不断扩大，旅游经济学的研究有了进一步的发展。1993 年，魏小安与冯宗苏主编的《中国旅游业：产业政策与协调发展》一书，从制定旅游产业政策角度论述了我国旅游经济的诸多方面结构。1993 年，云南大学旅游系主持了"云南旅游产业发展战略研究"，率先提出把旅游业作为云南经济发展的支柱产业来培育和建设，进一步推动了旅游产业经济和区域经济的研究与发展，对旅游经济实践活动进行一系列研究而产生了一门新兴学科。

20 世纪 90 年代中期，伴随着中国旅游业的快速发展，旅游经济的实践总结和理论研究进入高潮，各种旅游经济学著作和研究论文如雨后春笋般不断涌现，不仅为快速发展的旅游业提供了理论指导，也为迅速发展的旅游教育和研究提供了丰富的参考资料，为旅游经济学教材的完善提供了丰富的理论和实践内容，从而推动了现代旅游经济学的研究和发展。习近平总书记在党的二十大报告中指出："深入实施马克思主义理论研究和建设工程，加快构建中国特色哲学社会科学学科体系、学术体系、话语体系。"中国的旅游经济学研究在新时代中国特色社会主义政治经济学的指导下，可以取得更多的进展。

三、旅游经济学的性质

旅游现象指由旅游活动（包括旅游者活动和旅游产业活动）在一定地域和时间之内所引发的具有一定规模、强度、持续性和典型特征的旅游宏观表征，通常以旅游流的运动为导引，以旅游产业的勃兴为呼应，内容涉及一个地区的政治、经济、文化、社会、生态和环境诸多领域的复杂变化与整体形态。

学术界对旅游现象性质的认识存在两种倾向，即旅游经济倾向和旅游文化倾向。旅游经济论者多支持经济说、消费说、商品经济发展产物说，主要将旅游活动定性为经济活动或消费活动。旅游文化论者多支持文化说、审美说、娱乐说、休闲说、生活方式说等，将旅游活动定性为一种文化活动、审美活动、娱乐活动、休闲活动或生活方式。因此，旅游经济学具有不同于其他学科的特点。

（一）旅游经济学是一门应用性学科

旅游经济学是以经济学的一般理论为指导，并在经济学基础上所产生的一门应用性学科。旅游经济学针对旅游经济活动中的一系列现象以及矛盾展开研究，揭示旅游经济发展的规律及其作用的条件、范围及表现形式，从而指导旅游经济健康地发展。旅游经济学有较明显的应用性特征，属于应用经济学的范畴。

（二）旅游经济学是一门产业经济学科

旅游经济学本质上属于产业经济学的范畴。产业经济学专门针对某一经济领域的活动进行研究，从而揭示该领域经济运行的内在规律。旅游经济学作为一门产业经济学科，是专门研究旅游经济活动过程中各种经济现象之间存在的内在关系，揭示旅游经济活动过程中的特殊矛盾及固有规律，以促进旅游产业健康、持续地发展的科学。

（三）旅游经济学是一门边缘性学科

由于旅游经济活动的综合性特点，对旅游经济的研究不仅要以经济学、旅游学的理论为指导，还必须借助各种学科的理论及研究成果来丰富旅游经济学的研究内容。例如，充分运用心理学、地理学、资源学、社会学、统计学、市场学等学科的理论和方法，综合考察旅游活动在经济领域中的各种反映，进一步加深对旅游经济内在规律及其运行机制的认识，以更好地掌握旅游经济学的理论和方法。因此，与其他学科相比较，旅游经济学是一门新兴的边缘性学科。

（四）旅游经济学是旅游管理专业的基础学科

旅游经济学是旅游管理专业的基础学科，但又不同于旅游学和旅游管理学。旅游学是研究旅游活动产生、发展及其运行规律的科学，其目的是揭示旅游活动的内在性质、特点及发展趋势；而旅游经济学则是在旅游学理论的基础上，揭示旅游活动在经济领域中所发生的矛盾运动、经济关系及其发展规律的学科；旅游管理学则又是在旅游经济学的指导下，研究旅游活动和旅游经济活动的合理组织、

有机运行及科学管理，以提高旅游经济运行的整体效率和效益的
学科。因此，旅游学实际上是旅游经济学的基础，为旅游经济学
提供旅游活动的规律；而旅游管理学则是旅游经济学的延伸，是
针对旅游经济运行过程所进行的管理活动的研究。

第三节　旅游经济学的研究

一、旅游经济学的研究任务

各学科研究对象的根本性区别，在于各学科自身所具有的矛盾规律的不同。
所以，学科自身的矛盾规律决定了各学科的研究对象。在旅游经济活动过程中，
总是存在着旅游活动所引起的旅游需求与旅游供给这一主要矛盾及由此而产生的
各种矛盾。旅游经济学的根本任务就是要解决这些矛盾，揭示旅游经济活动的内
在规律及其运行机制，以有效地指导旅游实践，促进旅游业持续、协调地发展。
因此，旅游经济学的研究任务主要表现为以下几方面。

（一）揭示旅游经济的形成过程及规律

旅游活动从其产生开始，就是人类社会生活的一部分，但它并非生来就是商
品。旅游活动成为商品是人类社会发展到一定阶段的产物，是伴随着商品经济和
市场经济的发展，伴随着商品的生产和交换而形成的，是商品经济发展的必然结
果。也就是说，旅游经济活动是在旅游活动的基础上随着商品经济的发展而形成
的。因此，旅游经济学研究的首要任务就是分析旅游经济的形成条件，揭示旅游
活动的商品化过程及其客观规律，分析旅游经济在社会经济发展中的作用，以及
在国民经济中的地位和影响。

（二）分析旅游经济运行的机制及实现条件

贯穿于整个旅游经济运行过程的主要矛盾是旅游需求与旅游供给，它决定和
影响着旅游经济运行中的其他一切矛盾。因此，旅游经济学要将旅游需求和旅游
供给的形成、变化及矛盾作为研究切入点，去揭示旅游经济活动的内在规律及运
行机制，分析旅游市场供求平衡的实现条件，分析影响旅游经济运行机制的各种
因素及其变化，为旅游经济有效运行提供科学的理论指导。

（三）研究旅游经济活动利益相关者的行为

在旅游经济活动过程中，不同的利益相关者（如旅游者、旅游企业、旅游目

的地政府等）有不同的利益诉求，也就表现出不同的行为方式，旅游经济运行实际就是各利益相关者为追求自身利益最大化的行为博弈，所以旅游经济学要研究旅游经济活动利益相关者的行为。首先是旅游者在旅游消费过程中实现自身利益最大化的研究，其次是旅游企业通过经营活动实现自身利益最大化的研究，最后是旅游目的地政府通过旅游经济结构优化和宏观调控实现自身利益最大化的研究。

（四）确定旅游经济的地位及发展条件

旅游经济是国民经济的重要组成部分，在国民经济中占有十分重要的地位，旅游经济的形成和发展必须以整个社会经济发展为基础，同时旅游经济的发展又对社会经济、文化及环境具有重要的影响和作用。因此，旅游经济学必须研究旅游经济与社会经济各产业、部门间的相互联系，研究旅游经济对文化和生态环境的作用与影响，以便从整个社会的角度为旅游经济的发展创造良好的条件，从而促进旅游经济健康、快速、持续地发展。

二、旅游经济学的研究内容

对旅游经济活动过程中各种经济现象和经济规律进行研究的目的，主要在于分析旅游经济活动中利益相关者如何在现实约束条件下作出最优选择以谋求自身利益最大化，揭示影响和作用于旅游经济活动的基本因素与经济关系，探索旅游经济运行的内在机制和规律性，并为各级政府制定旅游业发展规划及方针、政策和法规提供理论依据。在上述研究目的的基础上，现代旅游经济学的研究内容涉及以下几方面。

（一）旅游消费

旅游消费是旅游者行为，是最基本、最普遍的旅游经济现象，是旅游经济活动的重要环节。由于旅游产品的特殊性，旅游消费直接表现为旅游经济活动过程中的现实消费，因此，必须研究影响旅游消费的各种因素，研究旅游者的消费倾向、结构和趋势，探寻旅游消费的合理化途径，以实现旅游者消费的最大满足。

（二）旅游产品开发

现代旅游消费的标的物是旅游产品，由于旅游产品具有不同于其他物质产品的属性和特点，因而必须首先研究旅游产品的科学含义及构成，把握旅游产品的市场生命周期，然后根据旅游产品的市场供求状况及影响因素，以及旅游供求弹性的不同特点，制定合理的旅游产品开发策略。

（三）旅游需求及客源市场开拓

现代旅游经济活动是以旅游产品的需求为出发点的，所以要研究旅游需求的含义、特点和影响因素，探索其规律。要在对旅游需求深度研究的基础上探索旅游客源市场的开拓。党的二十大报告提出，"必须坚持人民至上""必须坚持自信自立""必须坚持守正创新""必须坚持问题导向""必须坚持系统观念""必须坚持胸怀天下""站稳人民立场、把握人民愿望"，旅游需求就是人民愿望的具体内容之一。一定要把握好旅游需求的时代性，更好地满足人民的需求。

（四）旅游市场

旅游产品的交易离不开旅游市场，旅游需求与旅游供给都在旅游市场上实现。因此，必须加强对现代旅游市场的研究，掌握不同分类市场的特点及竞争态势；尊重现代旅游市场竞争规律的要求，制定规范旅游市场主体行为及旅游市场正常运行的法律法规。

（五）旅游企业和旅游产业

旅游企业是旅游市场上的另一个主体，是旅游经济活动中最重要的利益相关者之一。作为旅游产品的供给者，旅游企业通过自己的经营活动来满足旅游消费者的需求。旅游企业集合而成旅游产业，旅游产业在中国社会主要矛盾发生重大变化的新时代有着非常重要的作用，必须通过产业升级来更好地发挥其满足人民美好生活需要的功能。

（六）旅游经济运行与调控

现代旅游经济活动是一种包括微观旅游经济和宏观旅游经济的活动，其不仅涉及微观旅游经济主体的经济行为和决策，还涉及整个宏观旅游经济的运行和调控。旅游目的地政府出于多种目的，有自身的利益诉求，也会通过各种政策和发展战略来影响旅游经济。因此，要研究旅游目的地政府发展经济的决策行为。

（七）中国旅游经济发展战略

中国旅游经济发展有自己的鲜明特点，所以中国旅游经济学不仅要研究普遍性的内容，更要研究中国特色的内容。中国旅游经济主要由政府来推动，政府在旅游经济发展中发挥着主导作用，所以政府的经济战略规划对旅游经济发展至关重要。而旅游经济在中国经济发展中的地位越来越重要，为了保持中国旅游经济的高质量发展，必须重视中国旅游经济发展战略研究。

三、旅游经济学的研究方法

旅游经济学是用经济学原理去描述旅游经济现象、分析旅游经济关系、探索旅游经济规律。掌握方法是最重要的学习内容。旅游经济学的研究方法其实就是经济学的研究方法，根本方法是唯物辩证法，理论联系实际，进行系统分析；通用方法是实证分析法、规范分析法和比较择优法；特殊方法就是三重分析法、两难分析法和成本收益分析法。

（一）旅游经济学研究的根本方法

唯物辩证法即"马克思主义辩证法"，是辩证法思想发展的高级形态，是最全面、最丰富、最深刻的发展学说，既是宇宙观，又是认识论和方法论。唯物辩证法以自然界、人类社会和思维发展的一般规律为研究对象，坚持联系、辩证和发展的观点，具体内容包括三个基本规律（对立统一规律、质量互变规律和否定之否定规律）以及现象与本质、原因与结果、必然与偶然、可能与现实、形式与内容等一系列基本范畴，而对立统一规律为核心。

科学是对事物运动的客观规律性的理论概括。任何科学的理论都来源于实践，又对实践起指导作用。只有通过实践，才能发现、证实和发展真理。现代旅游经济学是对旅游经济活动实践的科学概括和总结，因此研究现代旅游经济学必须本着实事求是的科学态度，把理论与实践相结合。

一方面，坚持理论与实际相结合，要求一切研究都从旅游经济活动的客观实际出发，运用现代经济理论分析旅游经济活动中的各种经济现象和经济关系，解决旅游经济发展中的实际问题，揭示其发展变化的客观规律性，并上升为科学的理论，用于指导旅游经济的实际工作。

另一方面，坚持理论与实际相结合，必须以"实践是检验真理的客观标准"为准绳，把对旅游经济现象、经济关系及经济规律的科学总结和概括，再拿到实践中进行反复检验，并根据实践的发展进行修改、完善和充实，才能使旅游经济理论体系不断成熟和发展。

系统分析方法是建立在系统论、信息论和控制论基础之上的一种综合性的研究方法。它强调从系统、综合的角度研究事物运动的客观规律性，力图克服问题研究中狭隘、片面、孤立、静止及封闭的观点和方法。现代旅游经济活动是社会经济活动的一个子系统，是国民经济的重要组成部分。其本身是由各种社会经济要素所组成的。因此，旅游经济的研究要着眼于旅游经济活动的全局，以整个社会经济发展为背景，才能充分揭示旅游经济发展的客观规律。

（二）旅游经济学研究的通用方法

经济研究通常要解决三个层次的问题，对应三种方法，旅游经济研究也不例外。

首先是对旅游经济行为进行描述，解决"是什么"的问题，对应的方法就是实证分析法。实证分析是指排除了主观价值判断，只对经济现象、经济行为或经济活动及其发展趋势做客观分析，只考虑经济事物间相互联系的规律，并根据这些规律来分析和预测人们经济行为的效果。

其次是对旅游经济行为进行评价，解决"应该怎么样"的问题，对应的方法就是规范分析法。

最后是对旅游经济行为进行政策引导，解决"怎么办"的问题，对应的方法就是比较择优法。

（三）旅游经济学研究的特殊方法

旅游经济现象有其特殊性，就是其具有自然属性（解决人与自然的关系，也就是生产力问题）、社会属性（解决人与人的关系，也就是生产关系问题）、主观属性（解决人的主观意识和客观实际的关系）。这三种属性就是旅游经济现象的本质。所以研究旅游经济问题，要透过现象看本质，一定要用三重分析法分析旅游经济的本质。旅游经济的三重属性表明旅游经济行为包含三个方面的基本关系，实际上就是三对基本矛盾，这三对矛盾之中又包含许多具体矛盾，矛盾就意味着两难冲突，就意味着要选择、平衡，所以进行经济分析一定要用两难分析法。

以上方法都是认识旅游经济现象本质的，属于定性分析；从现实经济行为研究看，应用最多的就是成本收益分析法，这是最常用的定量分析方法。成本收益分析法是市场经济学最基本的分析方法，所以社会主义市场经济学也要使用这种方法。

🔍【本章小结】

首先，介绍旅游经济活动，旅游经济活动是旅游经济学研究的对象和基础，在梳理了旅游经济的形成和发展的历史过程之后，总结了旅游经济的发展特点，进而探讨旅游经济在国民经济中的地位和作用。其次，探究旅游经济学源流，在梳理了世界旅游经济学形成和发展过程的基础上，陈述了中国旅游经济学的发展历程和主要成果，然后总结了旅游经济学的学科特点。最后，介绍旅游经济学的研究，在阐明了旅游经济学的研究任务后，梳理了旅游经济学的研究内容，进而介绍了旅游经济学研究的根本方法、通用方法和特殊方法，旅游经济学的研究方法则体现出马克思主义政治经济学和西方经济学的融合。

 【复习思考题】

1. 旅游经济研究为什么起源于欧洲？

2. 中国旅游经济学研究发展情况如何？

3. 旅游经济学呈现出怎样的学科特点？

4. 旅游经济学的研究任务和内容是什么？

5. 旅游经济学的研究方法是什么？

 【即测即练】

 【参考文献】

[1]　田里. 旅游经济学 [M]. 2 版. 北京：高等教育出版社，2006：1–25.

[2]　吕宛青，李聪媛. 旅游经济学 [M]. 3 版. 大连：东北财经大学出版社，2021：1–36.

第二章　旅游经济学的理论基础

【学习目标】

1. 了解市场经济学和马克思主义政治经济学相关理论。

2. 熟悉中国特色社会主义政治经济学的形成过程和主要原则。

3. 掌握中国特色社会主义政治经济学对旅游经济发展的指导价值。

【能力目标】

1. 了解理论思维能力的重要性。

2. 熟悉不同的经济分析方法。

3. 掌握自主学习、合作学习和探究式学习的方法。

【思政目标】

1. 了解市场经济学和马克思主义政治经济学研究的侧重点。

2. 熟悉马克思主义政治经济学的理论志趣和研究目的。

3. 掌握新时代社会主义市场经济理论,坚定"四个自信"。

【思维导图】

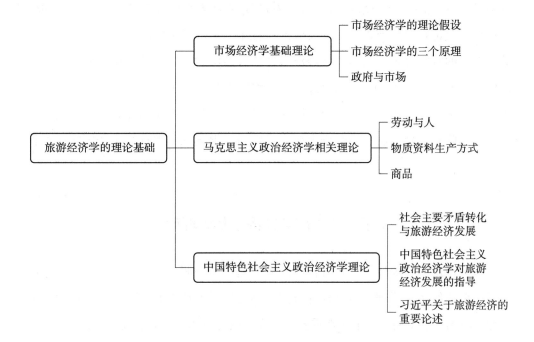

【导入案例】

经济学是一门幸福和理性的学问

每个社会、每个企业、每个人都会遇到欲望与资源的矛盾，都必须作出选择，所以经济学是关于普通民众、企业和社会在稀缺性的条件限制下进行选择的学问。经济学包含三个方面的内容：无限的欲望、稀缺的资源以及由此产生的选择。选择是为了实现最大化的目标，如个人幸福的最大化、企业利润的最大化、社会福利的最大化等。选择是需要理性的。经济学为决策者提供分析与解决矛盾问题的方法和思路。

问题：

1. 经济学是研究什么的学问？

2. 如何理解经济学与幸福、理性的关系？

　　旅游经济学是以经济学理论为指导，研究旅游经济现象、关系、规律的一门学科，是经济学的一个子学科。经济学是研究人类社会在各个发展阶段的各种经济活动和相应的经济关系及其运行、发展规律的学科。自 18 世纪建立于西欧，经济学一直都在发展演进，在其发展的过程中，形成了资本主义经济学和社会主义经济学的鲜明分野。资本主义经济学即西方经济学，是指被运用于西方市场经济国家的经济学，因特别注重对市场机制的研究，故有市场经济学之称。社会主义经济学则是指运用于社会主义国家的经济学，其立基于马克思主义政治经济学，在苏联式计划经济实践基础上探索失败后，继续在其他社会主义国家探索和发展。

第一节　市场经济学基础理论

　　作为理论的市场经济学，有自己的系列基本前提假设，并且从这些前提假设出发，形成经济学原理，通过种种方法尤其是数学方法展开演绎推理，最后得出结论。市场经济学还有一个非常重要的内容，就是市场与政府的关系问题。

一、市场经济学的理论假设

（一）"经济人"假设

　　"经济人"假设，又称理性人假设，是西方经济学中最基本的前提假设。"经济人"是对经济活动参与者的基本特征的一个一般性抽象。这个被抽象出来的基本特征就是：每一个从事经济活动的人都是利己的，也是理性的，也就是说，每一个经济活动参与者所采取的经济行为都是力图以自己最小经济代价去获得最大的经济利益；或者说，假定人的思考和行为都是目标理性的，唯一试图获得的经济好处就是物质性补偿的最大化。作为理论假设的"经济人"的内涵不断演变，今天"经济人"的内涵如下：其自利性应该以不损害他人的利益为限度；其追求个人利益最大化应该以不损害公共利益为限度；其自利和利益最大化行为应该在法制和规则的约束之下，合乎伦理和遵纪守法。

　　旅游经济活动中，各方参与者的行为也是符合"经济人"假设的。所有旅游经济活动的参与者都围绕着"利益"而采取行动，都在特定的约束条件下，来谋求自身利益的最大化，所以旅游经济活动的参与者都被称为"利益相关者"，最主要的利益相关者包括旅游者、旅游企业和旅游目的地政府。这些旅游经济的利益相关者都要认清自己的约束条件，采取谋求自身利益最大化的行动。

（二）资源稀缺假设

所谓资源是一切可被人类开发和利用的物质、能量和信息的总称，它广泛地存在于自然界和人类社会中，是一种自然存在物或能够给人类带来财富的财富。或者说，资源就是指自然界和人类社会中一种可以用来创造物质财富和精神财富的具有一定量的积累的客观存在形态，如土地资源、矿产资源、森林资源、海洋资源、石油资源、人力资源、信息资源等。

相对于人类无限增长的需求而言，在一定时间与空间范围内，资源总是有限的，相对不足的资源与人类绝对增长的需求相比造成了资源的稀缺性。由于资源稀缺性的存在，人们必须考虑如何使用有限的相对稀缺的资源来满足无限多样化的需要。这就是"经济问题"。只有资源是稀缺的，人们才会想方设法使资源的配置达到最优状态，而不是随意浪费；只有资源是稀缺的，人们才会研究如何实现自身利益的最大化；只有资源是稀缺的，人类的经济活动才需要面临选择问题，经济学理论则围绕这一问题提出观点和论证。

西方经济学研究人与社会如何作出最终抉择，如何使用有其他用途的稀缺的生产性资源，并把产品分配给社会的各个成员以供消费之用，并且分析改进资源配置形式可能付出的代价和可能产生的收益。

资源的稀缺性使社会不得不作出选择，当具有多种用途的稀缺资源使经济主体需要选择时，选择会带来成本，我们称之为机会成本，当把一定资源用于生产某种产品时，所放弃的另一种产品的数量就是机会成本，它是作出一次决策时所放弃的其他可供选择的最好用途。这样经济问题的解决被归结为如何使选择的机会成本达到最低。

旅游资源是发展旅游业的基础，所以旅游资源是旅游经济研究的重要内容。旅游资源开发成旅游产品，销售给旅游者，主要满足旅游者的高层次需求；旅游资源的价值也在于其特异性和稀缺性，因此旅游产品往往基于其资源的特异和稀缺而具有垄断性，这样才能给旅游企业带来丰厚的利润。

（三）产权保护假设

产权（property right）是经济所有制关系的法律表现形式，是指合法财产的所有权，这种所有权表现为对财产的占有、使用、收益、处分。在人类社会早期，产权与所有权是一体的，二者没有分离，拥有某种财产的所有权就意味着拥有其产权。但是在现代经济中，产权逐渐独立于所有权。当借贷资本与现代公司制度产生后，所有权与产权就分离了。所有权是指财产的法定归属权；而产权则是指除了归属权之外的三项权力，即使用权、收益分享权和转让权。在所有权与产权分离之后，商品交换便与所有权脱钩，而只与产权发生关系。在现代市场经济条件下，保护产权是产生交换关系的前提。

人的行为选择，都是在特定的产权（结构）安排下作出的。若将产权安排作为约束行为的条件，那么在不同的产权安排下，人们追求利益最大化的选择会不同。所以经济学不仅要研究人的行为规律，而且要研究市场配置资源的规律。市场经济是交换经济，而商品交换的前提之一，就是保护商品生产者的个人产权。若不保护产权，就意味着会有侵犯个人产权的行为发生而且不会受到法律惩处，这样的社会当然不会有商品交换。因此，发展商品生产和商品交换必须保护产权。

在现代旅游经济活动中，所有旅游商品都有明确的产权，所有的交易活动都是在产权明晰的前提下进行的。如果产权不明晰，旅游商品交易就无法进行，交易双方的利益要求就无法实现。旅游业是主要依托某一地区所具有的自然、文化、历史和社会等资源而开展的游览、休闲活动，是一种以精神文化消费为主的产业，它对旅游资源有着某种特殊的依赖性。离开了对旅游资源的占有，就谈不上旅游业的开发和旅游活动的开展。旅游资源尤其是自然旅游资源，在产权关系上，属于公共所有，即国家或资源所在地的地方政府及集体所有。政府对旅游资源有着垄断性，却往往不具备旅游资源开发的能力。政府开发旅游资源，很难兼顾效率与公平，因为旅游资源的公共属性和旅游商品的经济属性往往是矛盾的。旅游资源开发和景区经营中的产权关系问题是影响我国旅游业进一步发展的关键，旅游景区的产权一定要得到清晰的界定和保护。

二、市场经济学的三个原理

（一）需求原理

需求原理又称需求定律，其有狭义和广义两种理解。

狭义的需求定律是指在其他条件不变的前提下，商品的需求数量与商品价格之间的变化规律，即商品价格上升，则商品需求

扩展阅读 2.1

数量下降；商品价格下降，则商品需求数量上升。影响需求最主要的因素是价格，但是也有非价格因素，主要包括产品本身、消费者偏好和收入。

广义的需求定律则是指人类行为选择的一般规律，即如何在特定的约束条件下追求收益最大化。若将约束条件转化为"成本"，那么需求定律也可以定义为"以最小的成本争取最大的收益"。

旅游者在旅游经济活动中处于主动和主导的地位，其需求不仅五花八门，且灵活多变。旅游企业是为旅游者服务的，旅游企业所有的经营行为都是为了创造、吸引和满足旅游者的需求。需求原理决定着旅游经济活动所有利益相关者的行为。从需求原理直接引申出供求原理。

（二）供求原理

供求原理又称供求规律，指商品的供求关系与价格变动之间的相互制约的必然性。供求关系就是供给和需求的对立统一。供求规律就是商品供求关系变化的基本法则，供求变动会引起价格变动，同样道理，价格变动也会引发供求的调整。商品价格的变动不仅会引发商品需求数量的调整，而且会进一步引发商品供给数量的调整以及商品价格的变化。

供求关系的常态包括供不应求和供过于求两种。供不应求会引起价格上涨的趋势，可以在供应量不变，而需求量增加的情况下发生；也可以在需求量不变，而供应量减少的情况下发生；还可以在供应量增长赶不上需求量增长的情况下发生。商品供过于求，价格就要下降。供过于求引起价格下降，可以在需求量不变，而供应量增加的情况下发生；也可以在需求量增长赶不上供应量增长的情况下发生。

当其他因素不变时，商品需求数量与商品价格呈反方向变动，即商品价格上涨，商品需求数量减少；商品价格下跌，则商品需求数量增加。同理，市场供给与商品价格呈同方向变动，即商品价格上涨，市场供给数量增加；商品价格下跌，则市场供给数量减少。价格的涨落会调节供求，使之趋于平衡。

在旅游经济中，供求规律表现得也非常明显。完全可以说，供求规律是旅游经济活动的基本规律。

（三）分配原理

市场经济学中的分配原理即收入分配理论，是关于收入的来源和归属问题的理论。在市场经济学中，收入是由各有关生产要素共同创造的，因此，生产要素所有者在经济活动中提供的生产要素的服务，被认为是他们的收入来源；而所谓分配，是指各种生产要素的所有者各自在提供生产要素的服务之后获得收入，从而在总收入中各自都有一定的份额归属于自己。

西方经济学主张按生产要素分配。按生产要素分配是指生产要素所有者凭借要素所有权（产权），从生产要素使用者那里获得报酬的经济行为。它包括三层含义：①参与分配的主体是要素所有者，依据是要素所有权（产权）。②分配的客体是各种生产要素共同作用创造出来的价值。③分配的衡量标准，这涉及是按生产要素的质量、数量还是按贡献大小进行分配。因此，按生产要素分配的内在依据是生产要素的所有权（产权），其直接表现和标准是生产要素的数量与质量以及生产要素贡献的大小。在西方经济学中，生产要素最初就是土地、资本和劳动，后来逐渐扩大和细化，甚至已经到土地、资本、劳动、技术、管理、信息六要素。

旅游经济活动也遵循着按要素分配的原理。各种生产要素所有者根据其提供的要素价值来参与相应的分配。

三、政府与市场

市场经济的发展从一开始就存在政府和市场的关系问题，这是各个国家各种社会制度的共性问题，但在不同国家和不同社会制度中又有特殊性。如何处理二者关系，既发挥市场的优势，又发挥政府的作用，是一个世界性难题。

（一）市场自由竞争

18世纪中叶，资本主义已处于不断发展的成长时期，与进一步推动资本主义生产力发展的需要相适应，以英国亚当·斯密（Adam Smith）为杰出代表的古典经济学派创立了自由竞争理论。该理论的内容极为丰富，主要涉及竞争的功能、自由竞争的条件、竞争与垄断的关系等。斯密清醒地认识到，应消除封建主义与重商主义的障碍，为工业发展创造一个自由竞争环境。斯密对竞争的功能倍加推崇，主张完全放任的自由竞争。从自由竞争理论出发，斯密把自由竞争下的市场机制作为最佳的经济调节机制，主张国家应该实行放任自由的经济政策，取消政策或法律对私人经济活动的限制、监督，反对政府对经济活动的任何干预，把国家的任务限制在最小范围，即只要管好三件事：①保卫本国社会的安全，使之不受其他独立社会的暴行与侵略。②设立一个严正的司法行政机构，使社会中任何人不受他人的欺侮或压迫。③建立并维持社会的公共工程和公共设施。斯密的竞争理论为资本主义自由竞争的开展奠定了思想基础，促进了早期资本主义的发展，在当时历史条件下具有重要的积极意义。但斯密未能看到竞争必然导致私人垄断、个人利益与社会利益也难以自动协调一致等问题，自然未能提出保持自由竞争、防止私人垄断的具体竞争政策。完全放任的自由竞争发展到顶点之后，导致了严重的垄断、限制竞争行为和不正当竞争行为，结果反而阻碍了竞争。正因如此，随着19世纪末20世纪初垄断的形成、发展及所引发的一系列社会矛盾的凸显，该理论受到了严峻的挑战。

（二）政府干预登场

当历史进入20世纪以后，作为自由竞争市场经济典范的英国，逐步走下历史的巅峰。第一次世界大战之后，英国开始从殖民帝国、世界工厂的峰顶一步步衰退下来。1929—1933年世界经济大危机是资本主义有史以来最严重的一次危机，与以往历次的危机相比，这次危机不仅持续时间长，而且所造成的生产下降、失业增加，都是以往的危机所难以相比的，这场危机既是一场生产危机，同时也是一场金融危机，更为严重的是，在以往的危机中时常采用的旨在摆脱危机的金融货币政策完全失灵。

为了摆脱经济危机，美国总统富兰克林·罗斯福于1933年实行"新政"，实施了大规模的经济刺激计划，开创了一个资本主义国家政府全面干预经济、文化生活的先例。既然市场失灵，那么政府有必要伸出"有形之手"，在发达资本主义世界，自由竞争逐渐落幕，政府干预开始登场。

正是在这种历史背景下，出生于英国的经济学家约翰·梅纳德·凯恩斯（John Maynard Keynes，1883—1946年）于1936年发表《就业、利息和货币通论》一书，创立了现代宏观经济学的理论体系，主张国家采用扩张性的经济政策，通过增加需求促进经济增长，即扩大政府开支，实行赤字财政，刺激经济，维持繁荣。凯恩斯理论和其他建立在凯恩斯理论基础上的经济学理论被称为宏观经济学，同注重研究个人行为的微观经济学相区别。

一些西方学者依据市场和政府的关系，把发达资本主义国家划分为自由放任型市场经济模式和政府管制型市场经济模式。这种划分大体反映了发达资本主义国家市场经济模式的差别。事实上，资本主义市场经济发展的实践表明，政府和市场之间始终是相伴而生的，只不过在不同的历史时期、不同的经济形势下，政府和市场关系的具体表现形式不同而已。

第二节　马克思主义政治经济学相关理论

马克思主义政治经济学与西方经济学一样起源于古典经济学，但是与今天流行的西方经济学大相径庭，马克思主义政治经济学对劳动（人）这种生产要素给予了特别的重视，其研究的是建立在生产力（主体与客体关系）基础之上的生产关系（人与人之间的经济关系）。我们可以运用马克思主义政治经济学的相关理论来认识旅游经济活动的本质。

一、劳动与人

（一）劳动是人类的本质活动

劳动是指生产物质资料的过程，通常是指能够对外输出劳动量或劳动价值的人类运动。劳动是人维持自我生存和自我发展的唯一手段，是人类社会生存和发展的基础。

（1）劳动既把人和动物区别开，把人从自然界中提升出来，又把人与人类社会和自然界紧密地联系起来。劳动是人类的本质活动，它使人类获得自己的本质。人通过劳动改变自然，创造属于人自己的物质生活条件。人与自然又是不可分的，自然界是劳动的基础，人是劳动的主体，劳动所作用的对象是客体。

（2）劳动是人从自然界向人类社会过渡的中介，劳动就其最一般的性质而言是使用价值的创造者。它是通过人与自然之间的物质、能量、信息的变换而实现的，劳动过程也是形成人与人之间关系和人类社会的过程。

（3）劳动是揭开人类历史之谜的钥匙。所谓人类历史之谜，就是指对人类社会是如何产生、变化、发展问题的解答。唯物史观揭示了劳动是人类社会产生的基础和前提。历史过程中决定性的东西归根到底是物质资料的生产和再生产，人类的历史首先是生产发展的历史。

旅游业作为一种现代服务业，本质上是靠服务来获取收入的一种行业。旅游服务是一种非常重要的劳动，服务者在劳动过程中不仅能够帮助旅游者通过体验文化而追求文明，而且能够获得自身的存续和发展。

（二）马克思主义的劳动观

人是劳动的产物，劳动创造了人类生存所必需的全部物质条件和精神条件。劳动是人的生命存在和全部社会活动的前提，作为生命存在的人要解决吃、穿、住的生活问题，必须从事生产劳动，通过劳动改造自然，从大自然中获取生活资料。马克思说："任何一个民族，如果停止劳动，不用说一年，就是几个星期，也要灭亡，这是每一个小孩都知道的。""劳动是一切财富的源泉。其实，劳动和自然界在一起才是一切财富的源泉，自然界为劳动提供材料，劳动把材料转变为财富。"

劳动是人类全部社会关系形成和发展的基础。人们在劳动过程中，一方面和自然界发生关系，另一方面在人们之间又结成了生产关系。

在马克思、恩格斯看来，人不仅凭借劳动满足最基本的生存需要，实现社会财富的创造和积累，而且最终也要通过劳动来实现人之为人的自由本质。劳动不但创造了人的物质生活，也充盈着人的精神世界，使人得以成长。

旅游服务劳动有助于实现人的全面发展。对于接受旅游服务的旅游者来说，要承认旅游服务劳动的价值，尊重服务劳动的实施者。对于提供旅游服务的旅游从业人员来说，同样要承认旅游服务劳动的价值，要在服务过程中感受到快乐和光荣，不断提升和完善自己，实现自我价值，获得成长。

二、物质资料生产方式

（一）物质资料生产方式及其意义

物质资料，即物质产品或物质财富，人类创造的一切有用的物质产品，是人类社会赖以存续的物质基础，既包括自然界直接提供的物质财富，又包括经过劳动所取得的劳动产品；既包括可以直接满足需要的生活资料，又包括间接满足需要的生产资料。

物质资料生产就是人们通过劳动创造产品的过程，而生产方式是指社会生活所必需的物质资料的谋得方式，是在生产过程中形成的人与自然界之间和人与人之间的相互关系的体系。人们一般把物质资料生产的物质内容称作生产力，把其社会形式称作生产关系，生产方式是两者在物质资料生产过程中的能动统一。

物质资料生产方式是人类社会赖以存在和发展的基础，决定着社会制度的性质，制约着整个社会生活、政治生活和精神生活的过程，决定着社会制度的更替，是划分社会类型的基本标志。

（二）生产力与生产关系

马克思主义认为，生产力决定生产关系，生产关系反作用于生产力。

生产力是指生产主体利用劳动工具对劳动对象进行加工的能力，也就是社会成员共同改造自然、改造社会获取生产资料和生活资料的能力。生产力表现为人与自然界的关系，乃是人类征服自然、改造社会和塑造自我的能力，归根结底，是人类的本质力量在历史中的全部展开。生产力常以单位生产主体生产的产品数量和质量来衡量，故又称生产效率。生产力的本质是指生产主体与客体的关系，具体可表现为科学技术即人们利用什么样的劳动资料进行生产与生产规模的大小，以及绝对产权如经济主体对生产资料的所有权、使用权等内容。

生产关系是指劳动者在生产过程中所结成的相互关系，包括生产资料的所有关系、生产过程的组织与分工关系、产品的分配关系三个方面。这些关系有着各种各样的内容，可以包括政治关系、经济关系、文化关系等，人们结成了经济利益关系或经济权利关系就称为经济关系。

人类进行物质生活资料的生产要同自然界发生关系，人们之间也要发生一定的社会关系，这就构成了生产力和生产关系，二者辩证统一于生产方式。生产力最终决定生产方式的存在、发展和变革；生产关系则直接规定生产力的性质。生产力和生产关系的矛盾运动构成了生产关系一定要适合生产力状况的规律。

（三）经济基础与上层建筑

马克思主义认为，经济基础决定上层建筑，上层建筑反作用于经济基础。

经济基础是构成一定社会的基础，是由社会一定发展阶段的生产力所决定的生产关系的总和，主要包括生产资料所有制、生产过程中人与人之间的关系和分配关系三个方面，其中生产资料所有制是首要的、决定的部分。

上层建筑是建立在经济基础之上的意识形态以及与其相适应的制度、组织和设施，在阶级社会主要指政治法律制度和设施。一定社会的上层建筑是复杂、庞大的体系，由该社会的观念上层建筑和政治上层建筑两个部分组成。观念上层建筑包括政治、法律思想、道德、宗教、文学艺术、哲学等意识形态。政治上层建筑在阶级社会指政治法律制度和设施，主要包括军队、警察、法庭、监狱、政府机构和政党、社会集团等，其中，国家政权是核心。

（四）社会再生产

生产过程的不断反复和经常更新，从其内容看既是物质资料的再生产，又是生产关系的再生产。其包括物质资料再生产和人口再生产两个方面。

物质资料再生产，分为生产、分配、交换和消费四个环节。生产、分配、交换、消费每一个概念都有广义和狭义之分。作为物质资料再生产活动四个环节，要从狭义的角度把握其各自的含义。

（1）生产。广义的生产，指人类从事创造社会财富的活动和过程，包括物质财富、精神财富的创造和人自身的生育，亦称社会生产，而狭义的生产仅指创造物质财富的活动和过程，还有一种含义仅仅是动物的繁衍后代。

（2）分配。分配指已生产出来的产品，通过一定形式被社会成员所占有的过程。广义的分配包含生产资料的分配和消费资料的分配两部分，四个环节中的分配环节，仅指狭义的分配，即消费资料的分配。所以，定义中的产品，是指生活消费品。

（3）交换。交换指人们交换劳动产品的过程。广义的交换，包含活动交换和产品交换两部分，此处仅指狭义的交换，即劳动产品的交换。在商品经济条件下，这种交换是在等价基础上的商品交换。

（4）消费。消费指人们为维持自身的生存和发展的需要而对各种生活资料的使用与消耗过程。广义的消费，包含生产消费和生活消费两部分，生产消费实际上是指生产过程，是生产资料和劳动力的消费，此处的消费仅指生活消费。

旅游业既不是从来就有的，也不是永远存在的，而是人类社会发展到一定历史阶段的产物。旅游业同样要遵循生产力决定生产关系、经济基础决定上层建筑的社会发展规律。旅游经济活动既体现着人与自然的关系，也体现着利益相关者之间的关系，还体现着旅游者主观认识与客观现实的关系。旅游产品体现着生产力的时代发展水平，生产力的发展一方面会促进旅游需求的发展，另一方面也可以提升旅游供给的水平和能力。旅游产品同时也反映着时代的生产关系状况，旅游活动参与者之间的关系就是最直接的旅游生产关系。旅游活动是生产与消费同一过程的活动，而通过旅游交换而发生的旅游消费的能力和水平，直接受制于社会分配制度，间接取决于物质资料生产方式和社会生产的发展水平。所以旅游经济活动过程同样包括社会再生产的各个环节。

三、商品

（一）商品的概念

商品是用于交换的劳动产品，是为了出售而生产的人类劳动成果，是人类社会生产力发展到一定历史阶段的产物。而产品指的是向市场提供的，被人们使用和消费，并能满足人们某种需求的任何东西，包括有形的物品、无形的服务、组织、观念或它们的组合。产品不论是交换前或交换后都可称为产品，一种产品进入买卖交换过程时就称为商品，但是经过买卖交换进入使用过程后，就不能再称为商品了，只能称为产品。

（二）商品的二重性

商品的本质属性是使用价值和价值。一般物品的属性指的是物品的形状、大小、软硬等物理特征或其他化学特征。产品属性是指产品所固有的性质，在未产生交换前不具备价值。

商品要交换就必须有用，使用价值是物品能够满足人们某种需要的属性，它是商品的自然属性，是构成社会财富的物质内容，是人类社会赖以生存和发展的物质基础。它体现了人与自然的关系。

使用价值本身并不是政治经济学的研究对象。马克思主义政治经济学之所以要考察使用价值，是因为商品的使用价值是其交换价值的物质承担者。一种物品要成为商品，仅有使用价值是不够的，它还必须是用来交换的，即具有交换价值，交换价值是一种使用价值同另一种使用价值相交换的量的关系或比例。

价值是凝结在商品中的无差别的一般人类劳动，它是商品的社会属性，也是商品所特有的属性，体现了商品生产者相互比较和交换劳动的经济关系。马克思主义揭示了劳动是价值的源泉。价值是一个历史的范畴。作为商品的二因素之一，价值是商品最本质的因素。

例如，空气具有使用价值但是并不具备交换价值。（这里的空气指普通的大自然的空气）这种空气不能作为商品，但是如果加入无差别的人类劳动变成类似纯度较高的氧气，那么它就可以作为商品。

使用价值是价值的基础，价值是使用价值的表现形式。商品是使用价值和价值的矛盾统一体，使用价值和价值存在着对立统一的辩证关系：一方面，使用价值与价值是统一的，二者共处于一个统一体中，缺一就不称其为商品，价值的存在要以使用价值为前提，没有使用价值的东西也就不会有价值，使用价值是价值的物质承担者，价值寓于使用价值之中；另一方面，使用价值与价值又是不同的、矛盾的，这种矛盾具体表现在以下两方面。

（1）对同一商品生产者或消费者来说，同一商品的使用价值和价值不可兼得。商品生产者向消费者让渡使用价值以换取价值，消费者为得到使用价值而支付价值（以价值的货币表现即价格的方式）。

（2）使用价值是商品的自然属性，体现人与自然的关系；而价值是商品的社会属性，体现商品生产者之间的经济关系。使用价值是一切有用物品包括商品所共有的属性，是永恒的范畴；价值是商品所特有的属性，是商品经济的范畴，因而是历史的范畴。

商品之所以具有使用价值和价值两个因素，是由于生产商品的劳动具有二重性。劳动二重性决定商品二因素，具体劳动创造使用价值，抽象劳动形成价值。劳动二重性是商品二重性的根源。

（三）商品价格的决定

商品的价格是由商品的价值决定的，会受到供求关系的影响。

价格是商品的交换价值在流通过程中所取得的转化形式，是一项以货币为表现形式，为商品、服务及资产所定立的价值数字。在古典经济学以及马克思主义经济学中，价格是对商品的内在价值的外在体现，在现代市场经济学中，价格是由供给与需求之间的互相影响、平衡产生的。事实上，这两种说法辩证地存在，共同在生产活动中起作用。

旅游产品就是一种商品，是基于交换的目的而生产出来的。旅游产品具有价值和使用价值，而且旅游产品的价格取决于其价值，同时受到具体情境之下供求关系的影响。

第三节　中国特色社会主义政治经济学理论

中国旅游经济学是在中国特色社会主义政治经济学理论指导下，对中国旅游经济活动中的现象、关系和规律进行研究的一门学科。作为中国旅游经济学的理论基础，中国特色社会主义政治经济学也可以称为中国特色社会主义市场经济学，这是马克思主义政治经济学基本理论与中国改革开放新的实践相结合的成果，是中国特色社会主义理论体系的重要组成部分。坚持和发展中国

视频 2.1

中国当代特色社会主义经济学

特色社会主义政治经济学，不断完善中国特色社会主义政治经济学理论体系，对于更好地指导我国经济发展实践、推动中国特色社会主义经济建设蓬勃向前，对于增强中国特色社会主义道路自信、理论自信、制度自信、文化自信，对于坚定共产主义远大理想和中国特色社会主义共同理想，对于推进充分体现中国特色、中国风格、中国气派的经济学科的建设，都是极其重要的。

2015 年 12 月 21 日结束的中央经济工作会议提出：“要坚持中国特色社会主义政治经济学的重大原则。”这是“中国特色社会主义政治经济学”首次出现在中央层面的会议上，它的提出，具有鲜明的时代意义和深远的理论意义。

列宁指出：“政治经济学的基础是事实，而不是教条。”习近平指出：“要深入研究世界经济和我国经济面临的新情况新问题，为马克思主义政治经济学创新发展贡献中国智慧。”[①] 中国特色社会主义政治经济学立足于中国改革发展的成功实践，是研究和揭示现代社会主义经济发展与运行规律的科学，是在长期的经济发展实践中初步形成的科学完整的理论体系。

中国特色社会主义政治经济学是中国独有的创新理论，诞生于中国、发展于中国、服务于世界，为中国和世界社会主义市场经济实践提供理论支撑与科学指导。中国特色社会主义政治经济学具有中国特色，彰显时代精神，是指引当代中国不断解放和发展生产力的科学理论，是引领社会主义市场经济持续健康发展的指南，将指引中国经济赢得一个又一个胜利。

中国特色社会主义政治经济学理论对中国旅游经济的发展发挥了强有力的指导作用。无论是旅游需求的发掘和释放，还是旅游供给的培育和提供，发生在中华大地上所有的旅游实践活动，都受到当时的经济理念和经济政策的深刻影响。

一、社会主要矛盾转化与旅游经济发展

（一）中国社会主要矛盾的最新演变

2017 年 10 月 18 日，习近平总书记在中国共产党第十九次全国代表大会上指出：中国特色社会主义进入新时代，我国社会主要矛盾已经转化为人民日益增长的美好生活需要和不平衡不充分的发展之间的矛盾。这是以习近平同志为核心的党中央基于我国发展新的历史方位提出的重大战略判断，是对中国社会现状进行客观分析得出的科学论断，深刻揭示了我国基本国情的新特点、新内涵、新变化，为新时代我们党制定一系列重大方针政策提供了基本依据，为今后我国经济社会发展指明了奋斗方向，对于旅游经济来说，尤其具有重大理论和现实意义。

（二）日益增长的人民美好生活需要

社会主要矛盾变化，是我国发展确定新的历史方位的基本依据，是准确把握

---

① 习近平 . 立足我国国情和我国发展实践发展当代中国马克思主义政治经济学 [EB/OL]. https://www.gov.cn/xinwen/2015-11/24/content_5016212.htm.

社会主义初级阶段发展变化的科学认识，对于指导旅游经济发展具有重要作用。习近平总书记在党的二十大报告中指出："必须坚持在发展中保障和改善民生，鼓励共同奋斗创造美好生活，不断实现人民对美好生活的向往。"要把人民对美好生活的向往作为党和国家的奋斗目标，作为党和国家工作的基本准则，就要紧密依据人民生活需要的重大变化，更好满足人民在经济、政治、文化、社会、生态等方面日益增长的需要，不断实现人民对美好生活的向往，让人民共享经济、政治、文化、社会、生态等方面发展成果，有更多、更直接、更实在的安全感、获得感、幸福感。

在人民需求方面，我国社会人民群众的整体需求呈现出多样化、复杂化的特点。人民美好生活需要的增长不仅有数量的要求，更重要的是质量、品位、层次的要求；人民群众需要的品质层次在不断提高，生存需要正在向享受需要、发展需要拓展，内涵在不断丰富，物质需要正在向政治、文化等精神需要、社会需要拓展，人民对民主、法治、公平、正义、安全、环境等方面的要求日益增长。

建设现代化经济体系，建设体现效率、促进公平的收入分配体系，逐步缩小收入分配差距，以满足人民丰裕经济生活的需要。确保人民依法享有广泛充分、真实具体、有效管用的民主权利，尊重人民群众在实践活动中所表达的意愿、所创造的经验、所拥有的权利、所发挥的作用，不让保证和坚持人民当家作主成为一句口号、一句空话，以满足人民民主政治生活的需要。培育和践行社会主义核心价值观，坚持以人民为中心的文艺创作导向，提供人民美好精神生活所需的文化产品，以满足人民丰富文化生活的需要。保证改革发展成果更多、更公平惠及全体人民，解决人民最关心最直接最现实的利益问题，打造共建共享共治的社会治理格局，以满足人民公正社会生活的需要。形成绿色发展方式和生活方式，提供更多优质生态产品，让人民生活在天更蓝、山更绿、水更清的优美环境之中，以满足人民生态文明生活的需要。

中国特色社会主义进入新时代，人民美好生活需要日益广泛，期盼更加有尊严、有品位、有快乐的生活，不仅对物质生活提出了更高要求，要求享有明媚的阳光、新鲜的空气、清洁的水源、健康的食品、绿色的植被等，而且要充分体验美好的精神生活，如心态保持轻松愉悦、内心保持人格统一、心中保持理想激励、一生保持初心不泯、心灵保持美的追求等。这些对我国旅游业发展提出了新要求，也带来了新机遇。

（三）旅游产业成为幸福产业之首

新时代，旅游逐渐成为百姓的一种常态化生活方式，旅游业满足人民美好生活需要的功能越来越重要。随着旅游产品不断丰富、旅游品质不断提高、出游空间不断拓展，寻常百姓对旅游的幸福功能有了更深刻的领悟，如开阔生活的视野，提升人感知美、发现美的能力，改善身心健康，升华自我认知，体悟多样化人生，提高生活质量，传播文化文明、维护家庭和睦、化解家庭代际矛盾等。从旅游中发现幸福、体悟幸福，把幸福当作美好生活需要不可或缺的重要内容，几乎是所有居民的共同认知和向往。2016 年，国办发〔2016〕85 号文件《国务院办公厅关于进一步扩大旅游文化体育健康养老教育培训等领域消费的意见》明确提出要着力推进幸福产业，旅游产业被认定为幸福产业之首。

旅游业被列为"五大幸福产业"之首，主要是基于以下几点原因：①旅游是幸福生活、健康生活和美丽生活的标志，是健康的生活方式。②旅游业是"五大幸福产业"中发展最快、消费最旺、投资最热、发展最成熟、最具潜力和活力的产业，是"五大幸福产业"的龙头。③旅游带来消费、带来市场、带来服务能力提升，对培育其他幸福产业有孵化功能，有很好的带动效应，是"五大幸福产业"的先导产业和动力产业。④旅游产业与其他幸福产业可以很好地融合发展，是幸福产业发展的新动能。

二、中国特色社会主义政治经济学对旅游经济发展的指导

中国特色社会主义政治经济学包括一系列重大原则，这些原则对于中国旅游经济的发展发挥了重要的指导作用。

（一）科技领先型的持续原则

政治经济学的原理之一，是生产力决定生产关系，经济基础决定上层建筑，生产关系和上层建筑又具有反作用；其中，生产力是最革命、最活跃的因素，而掌握先进科技和管理方式的人，对生产力起着核心作用；生产力的发展，主要涉及劳动力、劳动资料和劳动对象三大实体性要素，以及科技、管理和教育这三大渗透性要素，其中科技是第一生产力，具有引领生产力发展的决定性功效。

中国特色社会主义政治经济学必须坚持科技领先型的持续原则。它依据政治经济学的一般原理，强调解放和发展生产力是初级社会主义的根本任务，是社会主义本质的组成部分之一，是社会主义社会的物质技术基础，经济建设是中心

工作；强调人口、资源与环境三者关系的良性化，应构建"人口控减提质型社会""资源节约增效型社会""环境保护改善型社会"的"三型社会"，高水平地实现可持续发展；强调自主创新，建设创新型国家，创新是发展的第一动力，要实施创新驱动发展战略。

旅游经济的发展，同样要坚持科技领先型的持续原则。旅游业要充分利用现代科技的发展，通过创新推动旅游业发展，充分发掘现代科技旅游资源，发挥科技旅游产品的教育功能，实现旅游业的可持续发展。

（二）民生导向型的生产原则

政治经济学的原理之一，是关于生产目的的理论。它揭示资本主义私有制直接和最终的生产目的是最大限度地获取私人剩余价值或私人利润，生产使用价值是为生产私人剩余价值或私人利润服务的。而社会主义公有制的直接和最终生产目的是最大限度地满足全体人民的物质和文化需要，生产新价值和公有剩余价值是为生产使用价值服务的，因而体现了"人民主体性"和民生导向性的生产目的。

中国特色社会主义政治经济学必须坚持民生导向型的生产原则。依据政治经济学的一般原理，新时代我国社会主要矛盾已经转化为人民日益增长的美好生活需要和不平衡不充分的发展之间的矛盾，只有高质量地发展生产和国民经济，才能缓解这一主要矛盾；强调发展是硬道理，发展是第一要务，要用进一步发展的方法来解决某些发展中的问题；强调要坚持以人民为中心的发展思想，这是马克思主义政治经济学的根本立场，要坚持把增进人民福祉、促进人的全面发展、朝着共同富裕方向稳步前进作为经济发展的出发点和落脚点。

旅游经济的发展，也必须坚持以人民为中心，以满足人民日益增长的美好生活需要为直接目的。进入社会主义新时代，人民对现实生活的质量和标准要求都有了大幅的提高，现在人民对生活的需要不仅仅限于衣食住行，更多地要求生活多样化、品质化、丰富化，这已经不是一种生活方式能够满足的，人民希望体验不一样的生活经历，体验非惯常环境的生活方式，从中得到物质和精神的双重独特体验。旅游业不仅能够满足人民的这一需求，而且具有"二次分配""转移支付"的功能。

（三）公有主体型的产权原则

政治经济学的原理之一，是生产不断社会化与资本主义私有制的基本矛盾，必然导致个别企业的生产经营有计划与整个社会生产和经济活动的无政府或无秩序状态之间的矛盾，导致社会生产经营的无限扩大与人民群众有支付能力的需求相对缩小之间的矛盾，导致生产和国民经济周期性地发生衰退和各种危机，以及贫富阶级对立和经济寡头垄断等一系列严重问题。因此，用生产资料公有制取代私有制，用社会主义经济制度取代资本主义经济制度，是历史的必然。

中国特色社会主义政治经济学必须坚持公有主体型的产权原则。它依据政治经济学的一般原理，强调初级社会主义由于生产力相对不发达，因而必须坚持公有制为主体、多种所有制经济共同发展的基本经济制度；强调要毫不动摇巩固和发展公有制经济，毫不动摇鼓励、支持、引导非公有制经济发展，推动各种所有制取长补短、相互促进、共同发展，同时公有制主体地位不能动摇，国有经济主导作用不能动摇，这是我国各族人民共享发展成果的制度性保证，也是巩固党的执政地位、坚持我国社会主义制度的重要保证。

我国旅游业的发展，也遵循了公有主体型的产权原则。1978 年以前，我国旅游业基本上是单一的全民所有制结构，随着改革开放的不断深入，我国旅游业已经形成了以公有制为主体、多种经济成分并存的所有制结构。我国旅游业的所有制结构是由我国的生产力水平和旅游业的客观状况决定的。我国旅游业发展之初的障碍主要是资金问题，要在短时间内形成较大的旅游业规模，无法单纯依靠国家投资，只有实行投资主体多元化的政策，即实行国家、地方、部门、集体和个人一起上的方针，才能加快旅游业的发展，产生较大的社会经济效益。

（四）劳动主体型的分配原则

政治经济学的原理之一，是生产关系中的所有制决定分配关系，资本主义私有制决定分配上必然是按资分配，雇佣劳动者只能凭借法律上的劳动力所有权获得劳动力的价值或作为其转化形式的广义工资。资本主义私有制范围内的分配，表象是按生产要素的贡献分配，其实质是按生产要素的产权分配。

中国特色社会主义政治经济学必须坚持劳动主体型的分配原则。它依据政治经济学的一般原理，强调初级社会主义由于生产力相对不发达，坚持公有制为主体、多种所有制共同发展的产权制度，因而必然实行按劳分配为主体，各种生产要素凭借产权的贡献参与分配这一基本分配制度；强调消灭剥削、消除两极分化，逐步实现共同富裕，这是社会主义的一个本质内容；强调共同富裕是中国特色社会主义的重要原则；强调要缩小收入差距，坚持居民收入增长和经济增长同步、劳动报酬提高和劳动生产率提高同步，完善市场评价要素贡献并按产权贡献分配的机制。

按劳分配为主体、多种分配方式并存的原则在旅游经济发展中得到了贯彻执行。在社会主义公有制的旅游企业中，实行按劳分配，而在众多混合所有制或者私有旅游企业中，则实行按要素分配的原则。旅游业要通过按劳分配和按要素分配，探索高效、创新和共享发展的道路。

（五）国家主导型的市场原则

政治经济学的原理之一，是价值规律是商品经济的基本矛盾即私人劳动或局部劳动和社会劳动之间矛盾运动的规律，其内涵是：商品的价值量由生产商品的社会必要劳动时间所决定，生产某种商品所耗费的劳动时间在社会总劳动时间中所占比例须符合社会需要，即同社会分配给这种商品的劳动时间比例相适应，且商品交换按照价值量相等的原则进行，而供求关系、竞争和价格波动在资源配置中的作用以市场价值为基础，是价值规律的具体实现形式。

中国特色社会主义政治经济学必须坚持国家主导型的市场原则。它依据政治经济学的一般原理，强调社会主义可以实行市场经济，要在国家调控主导下发挥市场在资源配置中的决定性作用；着力解决市场体系不完善、政府干预过多和监管不到位问题，必须积极稳妥从广度和深度上推进市场化改革，大幅度减少政府对资源的直接配置，推动资源配置依据市场规则、市场价格、市场竞争实现效益最大化和效率最优化；强调政府的职责和作用主要是保持宏观经济稳定，加强和优化公共服务，保障公平竞争，加强市场监管，维护市场秩序，推动可持续发展，促进共同富裕，弥补市场失灵。

中国旅游经济的发展，也贯彻了这个原则。政府逐步退出了旅游资源的直接配置，更多通过规划引领、宏观调控，落实全域旅游，依靠旅游资源的市场化配置推动旅游经济发展。

（六）绩效优先型的速度原则

政治经济学的原理之一，是经济增长速度与经济发展绩效要互相协调，有较高绩效的增长速度是最佳速度；资源没有充分利用的较低增长速度，不利于充分就业、积累财富和提升福利，而资源粗放利用的较高增长速度，又不利于保护生态环境、节约资源和积累真实财富；经济增长与经济发展，经济效率、经济效益与经济绩效，都是有异同点的，应突出经济发展的整体绩效优先的经济增长速度。

中国特色社会主义政治经济学必须坚持绩效优先型的速度原则。它依据政治经济学的一般原理，强调我国 20 世纪八九十年代在不断提高经济效益的基础上，国内生产总值大体翻两番，到了 2020 年，实现国内生产总值和人均国内生产总值比 2010 年翻一番，基本全面建成小康社会；强调在高速增长 30 多年的情况下，从 2013 年开始我国进入经济新常态，其标志之一是从高速增长转向中高速增长，重点是从过去突出增长速度的粗放型经济发展方式向突出经济绩效的集约型经济发展方式转变，以提质增效为中心。

旅游经济的未来发展，必须贯彻绩效优先型的速度原则。改革开放以来，我国旅游业经过 40 多年的高速发展，实现了从旅游短缺型国家到旅游大国的历史性跨越，旅游市场规模快速增长，境内旅游、入境旅游、出境旅游全面繁荣发展。"十四五"时期，要加快旅游强国建设，努力实现旅游业更高质量、更有效率、更加公平、更可持续、更为安全的发展。要从资源驱动到创新驱动，共同构建开放高效的协同创新网络；要从规模增长到品质提升，把提供优质产品放在首要位置；要从"以文促旅"到"以文塑旅"，让旅游发展承担传播文化的使命；要从点状发展到全域协同，优化旅游业整体空间布局。

（七）结构协调型的平衡原则

政治经济学的原理之一，是按比例分配社会劳动的规律（简称按比例规律）是社会生产与社会需要之间矛盾运动以及整个国民经济协调发展的规律，其内在要求是：表现为人财物的社会总劳动要依据需要按比例地分配在社会生产和国民经济中，以便保持各种产业和经济领域的结构平衡；在社会再生产中，各种产出与社会需要在使用价值结构和价值结构上均保持动态的综合平衡，从而实现在既定的生产经营水平下以最小的劳动消耗来取得最大的生产经营成果；广义的经济结构协调表现为合理化和不断高级化。

中国特色社会主义政治经济学必须坚持结构协调型的平衡原则，强调我国产业结构应从中低端向中高端提升，一二三次产业内部和之间在不断现代化基础上保持平衡，省市和区域结构应异质化发展，外贸结构应增加高新技术含量和自主品牌，企业结构应构建我国大型企业集团支配、中小企业和外资企业并存的格局，技术结构应增大我国自主创新核心技术和自主知识产权比重，供求结构应保持供给略大于需求的动态总量平衡，金融发展应为实体经济服务，虚拟经济不宜过度发展，新型工业化、信息化、城镇化、农业现代化应相互协调。

旅游经济的未来发展，也要遵循结构协调型的平衡原则，不仅要加快旅游产业的提质升级，而且要注意产品结构、产业结构、区域结构等一系列的结构平衡与优化，为旅游经济的健康运行提供基础。

（八）自力主导型的开放原则

政治经济学的原理之一，是依据国际分工、国际价值规律、国际生产价格、国际市场、国际贸易、国际金融、经济全球化等理论，在一国条件具备的情况下经济适度对外开放；一国对外经济开放的方式、范围和程度等，应视国内外复杂多变的情况而灵活有序地选择，发展中国家对发达国家的开放更要讲求战略和策略，因为开放的实际综合利益具有一定的不确定性。

中国特色社会主义政治经济学必须坚持自力主导型的开放原则。它依据政治经济学的一般原理，强调我国要在自力更生主导的基础上坚持双向对外开放基本国策，善于统筹国内、国际两个大局，利用好国际国内两个市场、两种资源，发展更高层次的开放型经济，积极参与互利共赢型的全球经济治理，同时坚决维护我国发展利益，积极防范各种风险，确保国家经济安全；强调"引进来"与"走出去"并重、后发优势与先发优势并重的方针，要大力发展中方控股份、控技术（核心技术和技术标准）和控品牌（世界名牌）的"三控型"跨国公司，防止陷入传统的"比较优势陷阱"，实行自主知识产权优势理论和战略。

旅游经济的未来发展，也要遵循自力主导型的开放原则。以自身核心竞争力的保证和提升为目标，积极参与国际竞争与合作。注意防范各种风险，增强中国资本对产权、技术和品牌的控制力，真正在国际竞争与合作中经受历练，实现高质量发展。

扩展阅读 2.2

三、习近平关于旅游经济的重要论述

党的十八大以来，习近平总书记把马克思主义政治经济学的基本原理和中国特色社会主义的实践相结合，发展了马克思主义政治经济学，提出一系列新思想、新论断，创新并丰富了中国特色社会主义政治经济学理论，给中国和世界带来了新的经济发展理念和理论。习近平总书记对旅游业和中国旅游经济的发展也非常重视，发表了一系列重要论述，为中国旅游经济的发展指明了方向、提出了要求，强有力地指导了中国旅游经济的发展。

（一）关于旅游产业的地位和作用

习近平总书记十分重视旅游产业，对旅游产业的性质、作用和地位作出了科学论断。2013 年，习近平总书记在俄罗斯中国旅游年开幕式致辞中指出"旅游是综合性产业，是拉动经济发展的重要动力"。在多次会议和考察期间，习近平总书记都强调要在旅游资源丰富的省区发挥其资源优势，把旅游业做大做强，将旅游业发展成为支柱性产业。他强调海南形成的服务产业体系要以旅游业为龙头、现代服务业为主导；2014年3月全国两会期间，习近平总书记在参加贵州代表团审议时指出，贵州要充分发挥其资源优势和生态优势，不断提高旅游业发展的层次和水平，把旅游业做大做强，使旅游业成为重要支柱产业。2015年，习近平总书记在旅游大省云南考察调研时批示，"云南旅游资源丰富，要大力发挥比较优势，大力发展旅游业"。

旅游扶贫是实施乡村振兴战略和实现全面建成小康社会的重要支撑，是脱贫攻坚的主导产业之一，据统计，我国70%的优质旅游资源都集中在经济落后的中西部、边境和革命根据地等贫困地区，针对这些地区旅游资源的开发对于解决当前我国贫困地区经济社会发展中存在的诸多问题都具有重要意义。

习近平总书记在考察调研时多次提及旅游扶贫：2012年，习近平总书记在河北阜平考察，指出阜平摆脱贫困，发展旅游业大有潜力，要依托现有旅游资源，比如晋察冀边区革命纪念馆、天生桥瀑布群等景区，借助北京、天津客源市场，五台山、西柏坡已形成的现有旅游客源市场，提出贫困地区发展要做到因地制宜，发挥自身比较优势。2013年11月，习近平总书记在湖南湘西十八洞村考察扶贫时提出"精准扶贫"思想，视察湘西吉首矮寨大桥，感慨"这里风景秀美，大桥宏伟壮观，发展旅游很不错"。

（二）关于旅游产业的提质升级

习近平总书记一贯重视旅游发展的品质问题，在国内调研时，他多次走进景区、旅游村、农家乐，要求加强旅游基础设施建设，提高旅游服务质量，满足人民群众的旅游需求。

习近平总书记重视旅游规划的功能，提出要坚持从实际出发，因地制宜，理清思路、完善规划、找准突破口，通过实施"旅游精品战略"打造出精品旅游产品；丰富旅游生态的同时，重视赋予旅游资源的人文内涵，并提出依托现有山水脉络等独特风光，让城市融入大自然，"让居民望得见山、看得见水、记得住乡愁"。

习近平总书记多次强调旅游业硬件和旅游业软件的重要性。例如在海南视察时，他指出，发展高水平旅游业，要抓硬件，更要抓软件，特别要提高服务质量，推进精细化管理，以优质服务赢得旅客的笑脸和称赞，赢得持久的人气和效益。

习近平总书记非常重视旅游基础设施建设。2012年12月，习近平总书记在河北省阜平县考察时谈到进行爱国主义教育和发展红色旅游时指出，发展红色旅游，旅游设施建设要同红色纪念设施相得益彰，要接红色纪念的地气，红色旅游不能忘记本色。习近平总书记强调，抓"厕所革命"是提升旅游业品质的务实之举。厕所问题是关乎卫生文明建设的大事情，是解决人民群众切身问题的重要举措，不但要在景区、城市搞好，也要在农村搞好，"要把这项工作作为乡村振兴战略的一项具体工作来推进"。

旅游软件是服务。优质的服务体验是旅游业高速、可持续发展的必不可少的因素，想要保持旅游业强劲的竞争力，就必须不断提高和优化服务质量，这样做不仅可以提升旅游景区口碑、提高游客满意度，还能够让游客更乐意为其他旅游服务买单。在发展旅游业的过程中，要想提升游客满意度，赢得更多的游客光顾，就需要提供优质的旅游服务，让游客对景区的印象从青山绿水更加"青山绿水"而不是成为"穷山恶水"。

对于旅游品质，习近平总书记指出了具体的提升路径：一是大力发展全域旅游，倡导吃住行游购娱各要素相关行业积极融入其中，鼓励与之相关部门齐抓共管，积极调动社区居民参与旅游业发展，提供优质体验产品给游客，满足游客不断增长的对旅游产品全方位、多层次需求。2016年7月，习近平总书记在宁夏考察时明确指出，"发展全域旅游，路子是对的，要坚持走下去"。二是坚决整改旅游中不合情、不合理的现象。2015年4月，习近平总书记强调要像反对"四风"一样，下决心整治旅游不文明的各种顽疾陋习。同时也要加强对游客的文明旅游教育。随着旅游业发展不断实践，习近平总书记在优质旅游方面提出了更高的要求。2018年4月13日，习近平在庆祝海南建省办经济特区30周年大会上的讲话中指出："要培育旅游消费新业态新热点，提升服务能力和水平，推进全域旅游发展，为国内外游客和当地群众提供更多优质服务。"

（三）提出"两山"理论，关注生态文明，指导旅游可持续发展

习近平总书记一贯高度重视生态文明建设，提出了"两山"理论，即"绿水青山就是金山银山"。践行"两山"理论对于变革人们的生产生活方式和社会功能起到重要作用，对促进新时代生态文明建设、全面推进旅游可持续发展具有重要意义。

2005 年 8 月 15 日，习近平同志在浙江省安吉县考察时，明确提出了"绿水青山就是金山银山"的科学论断。2006 年，习近平同志进一步总结了人类认识的三个阶段：第一个阶段是"用绿水青山去换金山银山"；第二个阶段是"既要金山银山，但是也要保住绿水青山"；第三个阶段是"绿水青山本身就是金山银山"。

党的十八大以来，习近平总书记从战略高度更加重视生态文明建设。2013 年 9 月 7 日，习近平总书记在哈萨克斯坦纳扎尔巴耶夫大学发表重要演讲并回答关于环境保护的学生提问时指出，"我们既要绿水青山，也要金山银山。宁要绿水青山，不要金山银山，而且绿水青山就是金山银山"，进一步升华了"两山"理论。

2016 年 3 月 7 日，习近平总书记在参加十二届全国人民代表大会四次会议黑龙江代表团审议时的讲话指出："绿水青山就是金山银山，黑龙江的冰天雪地也是金山银山。"从而把"绿水青山就是金山银山"延伸至"冰天雪地也是金山银山"。党的十九大把"两山"理念写入《中国共产党章程》，成为生态文明建设的行动指南。

总之，随着优质生态环境稀缺性的加剧及产权界定成本的降低，优质、独特的生态环境及其附加了优质生态环境的生态产品均可能通过市场进行交易，从而实现绿水青山、冰天雪地等生态环境的价值。

旅游业要发展壮大，就要走可持续发展的道路。旅游业的可持续发展要求旅游资源开发与环境保护、环境治理相结合，要想旅游业可持续发展，得从生态环境中借力，优良的生态环境也是生产力，发展旅游业要追求人与自然的和谐、经济与社会的和谐，"两山"理论深刻阐明了旅游发展和生态环境保护的关系，践行绿水青山就是金山银山理念，就是要将二者有机结合起来。

【本章小结】

首先，梳理了市场经济学的三个理论假设和三个基本原理，探讨了市场与政府的关系。"经济人"假设、资源稀缺假设和产权保护假设是市场经济学最基本的假设，而需求原理、供求原理和分配原理则是市场经济学最基本的原理。政府与市场的关系一直都是经济体制讨论的重点。其次，列举了马克思主义政治经济学的几个基本理论观点，劳动是人类的本质活动，物质资料生产方式是人类社会生存和发展的基础，商品是用于交换的劳动产品，具有价值和使用价值。最后，阐明了中国特色社会主义政治经济学的研究任务，列举了中国特色社会主义政治经济学的主要原则，并梳理了习近平总书记对推动中国特色社会主义政治经济学深化发展的理论贡献。

 【复习思考题】

　　1. 市场经济有哪些公理性假设？市场经济学有哪些原理？举例说明这些原理在现实生活中的应用。

　　2. 如何辩证地认识政府与市场的关系？

　　3. 为什么说物质资料生产方式是人类社会发展的决定性力量？

　　4. 中国社会主要矛盾转化对旅游经济发展有怎样的影响？

　　5. 新时代中国特色社会主义政治经济学对中国旅游经济发展发挥了怎样的指导作用？

 【即测即练】

 【参考文献】

[1]　王东京. 王东京经济学讲义 [M]. 北京：中信出版集体股份有限公司，2021：1–40.

[2]　余斌. 中国特色社会主义政治经济学 [M]. 北京：人民日报出版社，2018：1–256.

[3]　国家行政学院经济学教研部. 新时代中国特色社会主义政治经济学 [M]. 北京：人民出版社，2018：1–240.

[4]　程恩富. 中国特色社会主义政治经济学的八个重大原则 [J]. 经济纵横，2016（3）：1–6.

第三章　旅游消费

【学习目标】

1. 了解旅游消费效果的评价和衡量。

2. 熟悉旅游消费结构的分类和影响因素。

3. 掌握旅游消费的性质和特点。

【能力目标】

1. 了解旅游消费同一般产品消费的差别。

2. 熟悉旅游消费结构合理化的内涵，理解其与旅游业发展之间的关系。

3. 掌握无差异曲线的分析方法，并能用于分析旅游者的消费决策。

【思政目标】

1. 了解旅游消费的概念和特征，引导学生形成健康、绿色、生态环保的消费理念。

2. 熟悉旅游消费结构，形成正确的消费感知和价值取向，做理性的消费者。

3. 掌握旅游消费效果的评价，学会分析问题时思维方式的转变。

【思维导图】

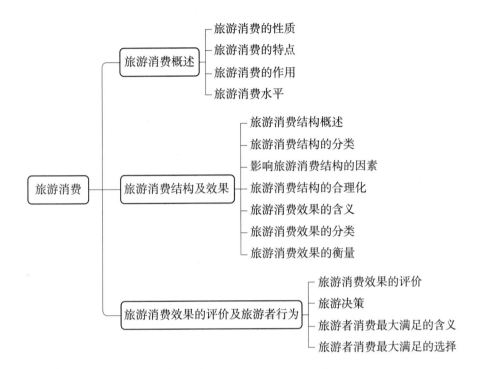

【导入案例】

科技赋能智慧景区消费新场景

为提升旅游消费的智能化和便利化水平，进而发挥新型消费的重要作用，2017年起，吉林省旅游系统就已布局智慧化建设和数字化转型，积极推进互联网、大数据、云计算等新技术与文旅产业融合发展。游客可以足不出户在网站上游览伪满皇宫的展览；净月潭国家级风景名胜区的票务系统、小程序导游导览系统、景区综管平台、停车场、灯杆等均实行了智能化管理，同时完善景区官方网站建设，提供多种语言的功能信息查询、网络宣传、门票预订及支付、虚拟景区旅游等服务。2021年，吉林文旅产品助力吉林冰雪、避暑休闲、自驾、东西部旅游双环线、边境游、红色旅游等相关信息在垂直市场的精准抵达，直接带动线上销售5 817.3万元。新技术的不断应用，让旅行因为"智慧"而精彩，也提升了游客新体验。

问题：

1. 现阶段旅游消费呈现出什么样的趋势？

2. 旅游消费者的消费方向发生了怎样的变化？

　　旅游活动作为一种生活方式，说到底是一种高级消费方式。它是在人们的衣、食、住、行等基本物质文化生活需要得到满足之后，还有多余的收入和闲暇时间而产生的新的消费需求。本章对旅游消费内容、旅游消费结构、旅游消费效果等问题进行了理论分析和阐述，其对于开拓旅游市场、制定旅游价格、投资旅游项目、建立旅游产业结构、制定旅游经济发展战略与规划，都具有十分重要的意义。

第一节　旅游消费概述

一、旅游消费的性质

　　现代旅游消费作为一种消费方式，主要由旅游消费意识、旅游消费习惯、旅游消费能力、旅游消费水平、旅游消费结构等要素构成。旅游消费意识及由此而形成的旅游消费习惯是旅游消费的基本动因；旅游消费能力和旅游消费水平是旅游消费的客观条件；旅游消费结构是旅游消费发展到一定时期的结果，其反映了旅游者消费旅游产品的数量、质量及其比例关系。

　　（一）旅游消费的概念

　　从动态意义上讲，旅游消费是指人们支付货币购买旅游产品以满足自身旅游需求的行为（过程）；从静态意义上讲，旅游消费是指"由旅游单位（游客）使用为他们而生产的产品和服务的价值"，这也是世界旅游组织给出的旅游消费定义。因而，旅游消费是指人们在旅游过程中，为满足自身的享受和发展的需要而消费的物质产品与精神资料的总和。旅游消费是人们在旅游过程中，通过购买和消费旅游产品来满足个人发展与享受需要的高层次消费。

　　（二）研究旅游消费结构的目的

　　从性质上来说，旅游消费是人们在旅游过程中，通过购买旅游产品来满足个人发展和享受需求的行为与活动，它主要是为了满足人们精神需要的一种较高层次的消费活动，属于个人消费的范畴。因此，旅游消费具有以下三种基本性质。

　　1. 个体性

　　旅游消费就其消费主体而言，属于个人消费范围。旅游者是否选择旅游消费活动、什么时候消费、消费什么旅游产品、消费层次与消费量怎样等诸多问题，都取决于旅游者个人的旅游消费意识和倾向、旅游消费习惯、旅游消费能力、旅游消费水平等，而且最终的旅游消费效果也是因人而异的。

2. 高层次性

人们的消费需要，包括基本生存消费、发展消费和享受消费三个层次。基本生存消费是维持个人和家庭最低生活保障的生活资料与服务的消费，是劳动力再生产过程所必需的最低限度的消费标准；发展消费和享受消费则是人们为了提高自身的文化素质、陶冶情操、发展智力和体力，从而达到劳动力内涵扩大再生产的要求的消费；旅游消费是人们在基本生活需要得到保障之后而产生的高层次的消费需求。

3. 精神性

旅游消费作为一种个人消费，从内容上来看，包括精神和物质两方面，除了有形的以商品形式存在的物质产品和无形的以文化形式存在的精神消费品以外，还包括以此为依托的消费性服务。所以，旅游消费包括物质产品、精神产品和以这些为依托的服务产品三个方面。其中，物质形态的消费只是一种外在的形式，旅游者真正所消费的是以物质形态旅游产品为依托的精神产品和服务产品。

二、旅游消费的特点

旅游活动涉及政治、经济、文化等广泛的社会领域，旅游消费内容包括食、住、行、游、购、娱等诸多方面，因而旅游消费具有自身的特殊性。一般产品的消费方式可以把消费过程和再生产的过程相对分开，而旅游消费可以把消费过程和再生产的过程有机结合起来。因此，旅游消费具有与一般产品消费不同的特点。

（一）综合性

旅游消费是一个连续的动态过程，贯穿于整个旅游活动之中，因而综合性是旅游消费最显著的特点。

从旅游消费对象看，旅游消费的对象是旅游产品，而旅游产品是由旅游资源、旅游设施、旅游服务等多种要素构成的综合体，既包含物质因素，也包含精神因素；既有实物形态，又有活劳动形式。因此，旅游消费对象是多种要素、多类项目的综合体。

从旅游消费效用看，旅游消费不仅满足了旅游者的精神享受需要，能够陶冶身心、增进健康，同时可以开阔视野、增长知识，通过潜移默化的作用提升旅游者的思想品德修养及文化素质。党的二十大报告指出："我们要善于通过历史看现实、透过现象看本质，把握好全局和局部、当前和长远、宏观和微观、主要矛盾和次要矛盾、特殊和一般的关系，不断提高战略思维、历史思维、辩证思维、系统思维、创新思维、法治思维、底线思维能力，为前瞻性思考、全局性谋划、整体性推进党和国家各项事业提供科学思想方法。"

从参与实现旅游消费部门看，许多经济部门和非经济部门均参与旅游消费的实现过程。经济部门包括餐饮、酒店、交通等，非经济部门包括环保、园林、文物、邮电、海关等，旅游消费是众多部门共同作用的结果。

从旅游消费内容看，旅游活动以游览体验为中心内容，但为了实现旅游目的，旅游者必须凭借某种交通工具，在旅途中购买一定的生活必需品和旅游用品，解决吃饭、住宿等问题，是集吃、住、行、游、购、娱于一体的综合性消费活动。

（二）劳务性

作为旅游消费对象的旅游产品多是以劳务形式表现的服务产品，因此旅游消费虽然包括对物质产品的消费，但更多地表现为对劳务活动的消费，对劳务活动的消费贯穿于旅游活动的始终。劳务即服务，是以劳务活动形式存在的、可满足某种特殊需要的经济活动。在旅游过程中，旅游者首先必须满足基本的生理需要，因而必然消费一定量的实物形态的产品。但从总体上看，服务消费占主导地位。旅游服务消费不仅在量上占绝对优势，而且贯穿于旅游者从常住地向旅游地的移动，到旅游地参观游览，再返回常住地这一消费过程的始终。因此，服务消费占旅游消费的主导地位，贯穿于整个旅游活动的始终，这也是旅游服务质量的高低直接关系到旅游者的整体感受的缘故。

（三）伸缩性

旅游消费的伸缩性即旅游消费的弹性，指旅游消费因影响因素的变化而表现出的扩大或紧缩的状态。一般来说，满足人们基本生存需要的消费产品的需求弹性较小，而满足人们发展和享受需要的消费产品的需求弹性较大。旅游消费的弹性较大表现在多个方面，除了随着社会经济的发展及人们收入水平的提高而大幅度提高外，国际政治经济形势，旅游者的职业、年龄、性别、受教育程度、宗教信仰、兴趣爱好，以及旅游地的社会经济发展水平、风俗习惯等，都直接或间接地影响着旅游消费数量和质量。此外，由于气候条件和节假日的影响，旅游消费的季节性变化也较大，旅游消费往往集中在某些月份或季节，而某些月份或季节旅游消费的内容又集中于某些特定的旅游消费对象。

（四）互补性和替代性

旅游消费的综合性使得构成旅游消费对象的各个部分具有互补的性质。一项旅游消费的实现必然伴随着众多的其他项目旅游消费的产生。旅游消费的这个特点要求有关部门互相配合、加强合作，以利于提高经济效益。

旅游消费的替代性是指旅游消费对象的每一构成部分之间的相互替代的性质，例如，旅游者从甲地到乙地选择了飞机就不能坐火车，选择了宾馆就不能选择民宿等，旅游者在选定某种消费之后，势必舍弃其他消费，因而这一替代性的特点加剧了旅游业的竞争。

（五）不可重复性

旅游消费的不可重复性，一方面表现在同一时间旅游者只能购买一次旅游活动，从而只能消费一个单位的旅游产品，而不像物质产品那样，消费者可以同时购买多个或多种产品；另一方面，旅游产品的使用价值对旅游产品的购买者来说在时间上具有暂时性。这就是说，某个旅游者只在他购买该次旅游活动的时间范围内，他才对该旅游产品具有使用权，而不像其他物质产品，消费者在购买后即对其拥有所有权，可以重复使用，还可以随意转借他人使用。一旦旅游活动结束，该旅游者对旅游产品的使用权即告结束，旅游者消费活动也随之停止。对于旅游产品中服务的部分而言，时间性则更为强烈。旅游活动结束后旅游者离开，旅游消费终止，旅游服务也即告终止。可见，旅游产品的不可转移性和不可储蓄性，决定了旅游者对旅游产品的消费是不可重复的。

（六）时效性

一般物质产品的生产、交换和消费是三个相对独立的环节，先有生产，然后才进行交换和消费。但就旅游消费而言，由于旅游产品具有不可移动性，旅游者必须离开常住地，亲自到旅游目的地才能实现旅游产品的交换，而服务的提供必须以旅游者的存在，即旅游者的实际购买为前提。因此，旅游消费具有强烈的时效性，它要求与旅游产品的生产、交换在时间和空间上同步进行。

扩展阅读 3.1

视频 3.1

消费观念

三、旅游消费的作用

旅游消费是人们在旅游过程中，通过购买旅游产品来满足个人发展和享受需求的行为与活动，旅游消费的作用主要表现在以下几个方面。

（一）旅游消费是旅游经济运行的原动力

从国民经济运行整体看，消费是生产的目的，而生产决定交换和分配，因而消费是国民经济运行的原动力，以销定产。旅游业关联度较大、发展带动作用较强，不仅直接对第三产业中的保险业、交通运输业和通信业等的发展起到很大的作用，而且作为国民经济新的增长点还能影响第一产业、第二产业的发展，实现产业结构的升级。同时，旅游业又是一种劳动密集型产业，比一般行业更能吸引大量的就业人口。刺激旅游消费，发展旅游经济，有利于解决我国面临的就业难题并促进社会安定，同时可以通过开发欠发达地区的旅游资源，提高当地居民的收入、改善他们的生活质量，达到加快经济增长速度的目的，缩小与发达地区的经济差距。

（二）旅游消费是旅游需求得以实现和满足的必要条件

在未来有可能实现但目前尚不具备条件的旅游消费，称为潜在旅游消费；在目前条件下能够或者已经实现的旅游消费，称为现实旅游消费。要想将潜在旅游消费变成现实旅游消费，一方面，我们要积极创造条件；另一方面，当条件具备的时候，潜在的旅游消费需求能否得到实现和满足，从而变成现实的旅游消费活动，关键就在于旅游者是否愿意参与旅游消费，这是旅游需求得以实现的必要条件。因此，旅游产业部门要积极开发新产品，吸引鼓励旅游者消费，从而拉动消费，刺激旅游经济的发展。

（三）旅游消费对旅游产品有极强的导向作用

旅游生产取决于旅游消费，旅游消费对旅游产品的生产方向、速度和规模有着显著的推动作用。随着旅游经济的不断发展，人们在基本旅游消费需求得到满足之后，又会不断地提出和产生许多新的更高的要求。旅游产品生产者和经营者也总是在不断地开发和组合新产品，以满足旅游消费者不断提高的旅游消费需求。市场经济条件下，消费对生产具有很大反作用，有时甚至是决定性的作用。消费需求的方向、规模和水平直接决定或引导生产的方向、速度和规模。同理，旅游消费对旅游生产的重要环节——产品开发具有很大反作用（有时甚至是决定性作用）。旅游消费是旅游产品的最终检验者，也是旅游产品开发的引导者。

（四）旅游消费是丰富和美化人们生活的重要手段

旅游消费是一种享受性、发展性的高层次消费，人们在基本生存需求得到满足之后，必然追求更高的精神享受。旅游者参与旅游活动最大的动机就是获得审美情趣和精神愉悦，而旅游本身也是一种高品位的文化活动，旅游者可以通过旅游活动开阔视野、学习知识、强健体魄、陶冶情操、增进对社会的了解，最终提升个人的文化素养。旅游目的地国家或地区必须依托各种旅游资源，利用各种基础设施和接待设施，为旅游者提供舒适、方便、卫生、安全的旅游服务，最大限度地满足旅游者的享受和发展需求。

（五）旅游消费是提高劳动力素质和能力的重要因素

现代化的大生产需要高素质、高质量的劳动力，要求劳动力不仅具有精湛的专业技能、广博的文化知识、高度负责的责任心，还具备积极主动的创造性、健康的体魄和饱满的热情及精力。所以劳动者要想在日益激烈的竞争中脱颖而出，就必须通过教育培训来提升自身的综合素质及能力。旅游消费是一种高层次的消费，能通过潜移默化的方式对人们进行思想品德及文化素质方面的教育培训，使人们增长知识、开阔视野、陶冶情操、增进对社会的了解，使劳动者的智力和体力都得到锻炼与发展，进而提升劳动者的综合素质和能力，提升整个社会的劳动力水平。

（六）旅游消费是旅游产品价值和旅游企业收入实现的过程

商品价值的实现，就是耗费在商品中的个别劳动被承认为社会劳动的过程。只有产品卖出去了，这一过程才算初步完成。同理，旅游产品的消费也是旅游产品价值实现的过程。从企业角度而言，其也是旅游企业收入实现的过程。

四、旅游消费水平

旅游消费水平是指旅游消费对旅游需要的满意程度，旅游消费水平有狭义和广义之分，狭义的旅游消费水平指一定时期内人均消费的旅游产品的数量，可以用货币指标表示，也可以用实物指标表示。广义的旅游消费水平不仅包括一定时期内人们消费的旅游产品的数量，还包括旅游消费的质量。

旅游消费水平是一项综合指标，不仅从数量上表明旅游消费在物质、文化方面满足旅游者需要的程度，也从质量上反映对旅游者需要的满足程度。因此，必须在数量与质量、物质消费与精神消费的统一中把握旅游消费的水平。

（一）旅游消费水平评价的数量指标

旅游消费水平评价的数量指标是以价值形态来衡量旅游消费的数量指标，即旅游者消费总额、旅游者人均消费额、旅游消费率、旅游市场渗透率等。由于旅游消费的综合性和计量上的不可累加性，价值指标具有综合性，且易受价格波动的影响。旅游市场渗透率是对旅游市场上当前需求和潜在市场需求的一种比较。计算方法为：旅游市场渗透率＝预期市场需求 ÷ 潜在的市场需求。旅游市场渗透率决定了旅游供应商的利润，还会影响旅游消费者的收益，进而对旅游消费者是否愿意购置产品及服务产生影响。

（二）旅游消费水平评价的质量指标

旅游消费水平评价的质量指标主要是旅游者满意度和景区旅游消费便利度。通过旅游者满意度的调查，了解影响旅游者消费质量的因素以帮助旅游企业提高旅游者满意水平、提升旅游目的地竞争力。随着中国经济和旅游业的发展，旅游者对旅游体验品质的要求越来越高，景区旅游消费便利度成为旅游体验的重要评价指标。加强对景区旅游消费便利度的量化评估和动态监测非常重要。

在景区信息获取、入园购票两个环节，以"互联网＋"实现景区信息及票务在线化成为提升旅游消费便利度的关键因素。利用最新的互联网数字技术，提高景区旅游消费的便利度，一定程度上可以增强旅游者的旅游消费需求，引导旅游者消费升级，进而扩大内需。

从整体看，我国旅游消费质量较高，体现在近些年旅游者投诉大大减少，但问题依然存在。影响我国旅游消费质量的主要因素如下：①旅游基础设施薄弱，表现在满足不了旅游者的需求，让旅游者不能放松身心。②旅游资源开发不合理，过度开发、景点景区同质化严重。③旅游者缺乏正确的消费观念，表现在追逐低价游。④旅游接待商的问题，如恶性价格竞争，商家之间勾结坑害消费者，最常见的就是旅行社、购物点、娱乐部门的勾结。⑤旅游接待者的问题，表现在导游水平普遍不高，服务人员素质低。

第二节　旅游消费结构及效果

一、旅游消费结构概述

（一）旅游消费结构的概念

旅游消费结构是指在旅游者旅游过程的总消费中，各种类型旅游产品及相关消费资料的数量比例关系。其不仅反映了旅游消费方式的基本特征，还反映了由生产力所决定的旅游消费的质量和水平，本质上反映了由生产关系发展变化所引起的旅游消费的特点。

对旅游消费结构应从多方面进行理解：首先，旅游消费结构是各旅游产品之间的数量比例关系；其次，旅游消费结构反映旅游业与其他行业之间以及旅游业内部各方面的经济联系；最后，旅游消费结构是一个国家政治、经济、自然、社会等因素共同影响的结果。研究旅游消费结构，对各种影响因素进行深入分析，有助于实现旅游消费结构的合理化。

（二）研究旅游消费的意义

（1）有助于通过对影响旅游消费的各种因素的探讨，预测出旅游消费结构的发展趋势，从而寻找出符合旅游者消费需要的最佳消费结构。

（2）有助于对国民经济中与旅游经济发展有关的各生产部门的生产和发展进行规划与决策。

（3）有助于制定旅游经济发展规划，建立旅游业内部的生产结构，确定各旅游企业的发展规模和速度，使旅游业内部的生产结构与旅游产品各大类的生产"成龙配套"，进而较好地满足旅游市场需求。

（4）有助于采取措施改进消费结构，实现旅游消费结构的优化，以提高旅游业的经济效益。

二、旅游消费结构的分类

（一）按满足旅游者旅游需求的不同层次划分

按满足旅游者旅游需求的不同层次，可将旅游消费划分为生存消费、享受消费和发展消费。旅游者在旅游过程中的消费具体分为食、住、行、游、购、娱等方面的消费，其中食、住、行是满足旅游者在游览过程中生理需求的消费，而游、购、娱等旅游消费则是满足旅游者精神享受和智力发展需要的消费。这几种消费交错，在旅游活动中很难划分它们之间的区别和界限。在满足旅游者生存需要中必须满足其享受和发展的需要，而在满足旅游者享受与发展需要的消费中掺杂着其生存需要的满足。

（二）按旅游产品的不同具体形态划分

按旅游产品的不同具体形态，可将旅游消费划分为物质消费和精神消费。物质消费是指旅游者在旅游过程中所消耗的物质产品，如客房用品、食物和购买的纪念品等。精神消费是指供旅游者观赏、娱乐的山水名胜、文物古迹等精神产品，还包括在旅游活动的各环节中所享受到的一切服务性的精神产品。

（三）按旅游消费内容划分

按旅游消费内容，可将旅游消费划分为基本旅游消费和非基本旅游消费。基本旅游消费是旅游活动中必不可少的旅游需求部分的消费，包括食宿消费、交通消费、游览消费等。非基本旅游消费是指旅游活动中对每个旅游者来说可发生也可不发生的旅游产品的消费，如纪念品消费、通信服务消费、医疗服务消费、娱乐服务消费等。

（四）按旅游消费资料划分

按旅游消费资料，可将旅游消费划分为食、住、行、游、购、娱等旅游消费。旅游者在其消费的过程中，因为个人的旅游目的、兴趣爱好、可支配收入等因素的影响和制约，在上述旅游消费的结构中表现出不同比例的饮食支出、客房支出等。

三、影响旅游消费结构的因素

旅游消费不是人类生存的必要消费，因此它的需求弹性较大，很多因素都会影响旅游消费的数量和质量。概括起来，影响旅游消费结构的主要因素有以下几个。

（一）经济发展水平

旅游客源地的经济发展水平直接关系到旅游者的闲暇时间和收入水平，从而直接影响着旅游者的旅游需求水平和旅游消费水平。国民经济的发展水平越高，人们所获得的可自由支配的收入和闲暇时间就越多，而这两个必要条件又会大大刺激旅游需求水平和旅游消费水平的提高，所以旅游客源地的经济发展水平是影响旅游消费结构最根本的因素。

（二）生活方式变化

现代经济发展逐渐改变人们的生活方式，人们的消费开始由追求数量转向追求质量，由低层结构向高层结构优化。我国经济正处于接近高速增长阶段，消费由温饱型向萌发享受型的方向发展。现代经济发展逐渐改变人们的生活方式，突出表现在消费社会化、享受时尚化、追求文化化、家庭小型化等方面。这些方面的变化都对旅游消费产生很大影响。

（三）国家城市化水平

国家城市化，一是促进城乡二元经济结构的调整，提高农村经济整体水平，向城市经济过渡；二是解决目前一些城市发育不成熟、存在城市农村化的问题，从而影响其城市化水平。提高城市化水平对旅游消费结构有以下影响：①有利于旅游产品交换环境的改善，走向规范化、法制化，可以使经济和社会发展结构合理化，有利于产业间的协调，给第三产业和旅游业带来发展空间。②可以促使社会分工细化和社会协作扩大化，有利于向旅游业集中更多的人力、物力，生产和组织更多旅游消费产品。③促使生活质量改善、内需增加，提高消费层次，有利于旅游消费品进入消费领域，拉动旅游产品的增长和更新换代。

（四）旅游者的收入水平

旅游者的收入水平决定旅游消费水平及旅游需求的满足程度，从而决定旅游消费方式的变化。旅游消费是满足人们高层次需求的消费。即使人们有了旅游的欲望，也只有当人们的收入在支付其生活费用之外尚有一定数量的结余，即存在一定的可自由支配收入时，才有可能外出旅游，潜在需求才能变为现实需求。旅游者的收入水平越高，可自由支配收入越多，旅游消费也就越多。

（五）旅游者的构成

年龄、性别、文化、职业、风俗习惯、兴趣爱好，都是影响旅游消费结构的因素。一般而言，青年人在住宿、饮食方面消费较低，而游览娱乐性项目的开支则较多；老年人对住宿、饮食和交通产品的质量要求比较高；女性的购物消费在其全部旅游消费中所占比重较大；而政府官员、商人、参加会议的旅游者则要求有现代化的旅游设施设备、高质量的饮食和服务以及现代化的会议设施。总之，旅游者构成中的每一个因素，都不同程度地影响着旅游消费结构的变化。

（六）旅游产品质量与价格

如果旅游产品质量差、生产效率低、使用价值小，不能满足旅游者的消费需求，必然影响到旅游消费的数量、结构和旅游消费的满足程度。旅游产品质量要求服务效率高、服务态度好、物质产品物美价廉。同时，旅游产品的需求弹性大，所以当旅游产品的价格上涨而其他条件不变时，人们就会从旅游消费转向其他替代商品的消费，使客源量受到很大影响。当旅游产品价格下跌，或者旅游价格不变而增加了旅游产品的内容，人们又会把用于其他商品的消费用于旅游，当单项旅游产品价格发生相对变化时，人们的旅游支出也有可能随之发生改变。因此，旅游产品质量和价格的变化不仅影响旅游消费结构，而且影响需求量的变化。

（七）旅游产品的结构

生产发展水平决定消费水平，产品结构从宏观上制约着消费结构。向旅游者提供的住宿、餐饮、交通、游览、娱乐和购物等各类旅游产品的生产部门是否协调发展，旅游产品的内部结构是否比例恰当，都是影响旅游消费结构的因素。特别是在国民经济结构中，向旅游业提供服务的各相关产业部门的结构如果搭配不合理，没有形成一个相互协调、平衡发展的产业网，就会导致旅游产品比例失调，各构成要素发展不平衡，不仅不能满足旅游者需求，反而造成供求失衡，破坏了旅游产品的整体性。

（八）旅游产品供求

旅游需求与供给矛盾的主要方面在于需求方，旅游供给具有一定的稳定性，旅游产品需求则具有很大的波动性，因而会形成旅游旺季和淡季。旅游经营者根据旅游者消费需求特征及其发展趋势，及时推出新产品，也能够吸引消费者进行消费。因此，旅游产品的供求关系也是影响旅游消费结构的一个重要因素。

（九）旅游者的心理因素

旅游者的消费习惯、购买经验、周围环境等都会不同程度地影响旅游消费选择、旅游消费行为，从而影响消费结构。消费方式的示范性及旅游者的从众心理也是影响旅游者支出的主要因素。例如，近些年兴起的温泉旅游热、海滨旅游热以及现代的文化、休闲旅游热等，都是因为旅游者的从众心理而产生的新型旅游方式。

四、旅游消费结构的合理化

旅游消费结构的合理化是指旅游消费结构从不合理状态逐步向合理状态的标准不断逼近的动态过程。在居民收入、闲暇时间一定的前提下，旅游消费结构合理化的内容和标准包括以下几层含义：①旅游消费的发展速度要适度，要与旅游业和其他同旅游消费有关的经济部门的发展水平相适应。②旅游消费的内容多样化，供旅游者选择的旅游消费内容和旅游活动方式必须满足旅游者各种各样的需要。③旅游消费结构优化，有利于旅游产业的良性循环。旅游消费结构影响甚至决定旅游消费资料的生产和发展速度，如果旅游消费结构合理，旅游消费各要素在发展速度和发展进程上保持平衡的比例关系，各要素协调发展，就会进一步促进旅游产业的良性循环。旅游消费结构的合理化既是一个理论问题，也是一个实际问题。党的二十大报告指出："继续推进实践基础上的理论创新，首先要把握好新时代中国特色社会主义思想的世界观和方法论，坚持好、运用好贯穿其中的立场观点方法。"在理论上应根据实际需要研究和制定合理的旅游消费结构标准，然后结合实际情况，依据标准对不同时期的旅游消费结构进行调整。根据我国旅游消费结构的状况，结合国际上旅游需求的发展趋势，合理的消费结构应满足以下要求。

（一）旅游消费水平逐步上升

旅游消费是人们文化生活的组成部分，是一种包含较多精神内容的、高层次的生活方式。它的发展必然给旅游者以新颖、舒适、优美、健康的感受；激发人们热爱生活、追求理想、积极向上、努力学习的情感和动力；不断提高人们的思想水平、艺术修养、文化修养，抵御各种腐败和不健康现象，用丰富多彩的旅游活动内容来充实旅游者的精神世界。因此，旅游消费水平越高，即旅游者对旅游产品的数量和旅游需求的满足程度越高，意味着旅游消费结构越趋向合理。

（二）旅游消费结构不断优化

旅游消费结构是反映旅游者在旅游过程中所消费的各种类型的消费资料（物质产品、精神产品和服务）的比例关系。所谓旅游消费结构的优化，就是指在旅游消费中，食、住、行、游、购、娱及其各自内部的支出比例要恰当，要体现出旅游消费的经济性、文化性以及精神享受等特点，这样才能最大限度地提高旅游消费的经济效益和社会效益，并且促进旅游者的身心健康和全面发展。

（三）旅游消费市场供求平衡

由于受多种因素的影响和制约，旅游消费需求具有较大的弹性，而旅游产品的供给一旦形成，则具有一定的稳定性。所以，合理的旅游消费结构，应保证旅游消费需求与旅游产品供给相互适应、协调发展。一方面，应保证在旅游淡季和旅游"温冷点"地区仍有一定的旅游消费规模，以提高旅游设施、设备的利用率，充分发挥旅游消费对旅游生产的促进作用；另一方面，应保证在旅游旺季和旅游"热点"地区，旅游消费的水平和结构与旅游地的接待能力相适应。

（四）旅游消费环境良性发展

良好的旅游环境既是重要的旅游资源，也是旅游产品的重要组成部分，同时是旅游消费得以顺利进行的必要条件。人们出门旅游的主要动机就是追求一个清新、优美、安静的自然环境和社会环境。因此，合理的旅游消费结构必须有利于保护环境和维持生态平衡，任何有害于环境或超越旅游资源承受能力的旅游消费项目，都应受到限制。

（五）旅游消费多样化

旅游消费多样化，是指旅游消费的内容必须丰富多彩，方式要生动活泼、多种多样。因为旅游实际上就是人们花钱买享受，它要求使旅游者玩得痛快、充实、高尚和有益，那么供旅游者选择的旅游消费内容和旅游活动方式，就必须满足旅游者各种各样的需要。既要有观光游览、休闲度假的旅游设施，又要有各种能让旅游者参与其中、亲身体验的旅游项目；既要有利于旅游者消除疲劳、增进健康，又要有利于旅游者增长知识、开阔视野。因此，旅游消费多样化是旅游消费结构合理化的基本要求。

（六）有利于社会效益的发挥

旅游业既是经济产业，又是社会文化事业；既要发挥其经济功能，又要发挥其社会效能。因此，合理的旅游消费结构的构建应把国家、地方、企业、社区和居民的利益结合起来，使之在服务于外来游客的同时，也要为当地社区和居民服务。

因此，应以上述合理旅游消费结构的原则为依据，结合一定时期的具体情况，科学地组织旅游产品的生产，正确引导旅游消费，不断改变不合理的旅游消费结构，使旅游消费结构逐渐趋于合理。

五、旅游消费效果的含义

在旅游消费中要消耗一定量的物质产品和劳务，也就是旅游消费的"投入"。而通过旅游消费，人们的体力和智力得到恢复，精神得到满足，就是旅游消费的"产出"。在旅游消费过程中，投入与产出、消耗与成果、消费支出与达到消费目的之间的对比关系，就是旅游消费效果。它包含两层含义：①从旅游消费者的角度，是指其消费支出（如货币、时间、体力和精力）与达到消费的效果之间的对比关系，即消费支出与消费期望之间的比较。②从目的地国家、地区和旅游企业的角度，是指旅游目的地国家、地区和旅游企业所提供的消费资料与满足消费者欲望之间的对比关系，即旅游产品和服务的供给与旅游消费者需求满足程度之间的比较。

六、旅游消费效果的分类

旅游消费效果可从不同角度、不同方面进行比较分类，其具体划分如下。

（一）按研究对象划分

按研究对象，可将其分为宏观旅游消费效果和微观旅游消费效果。宏观旅游消费效果就是把所有的旅游消费作为一个整体，从社会角度研究旅游消费资料的利用情况和旅游者的满意程度，旅游消费对社会生产力及再生产具有积极影响，以及对社会经济发展起到促进的作用。微观旅游消费效果是从个人角度出发，旅游者通过旅游消费，在物质和精神上所得到的反映。如旅游消费是否达到以及在多大程度上达到旅游者的预期目标，是否以及在多大程度上实现旅游者需求的最大满足等，就是微观旅游消费效果。

（二）按联系程度划分

按联系程度，可将其分为直接旅游消费效果和间接旅游消费效果。直接旅游消费效果是指一定的旅游消费支出直接得到的旅游消费满足。如旅游者花钱吃饭解决了温饱问题，花费一定的时间和金钱而获得观光游览的满足等。间接旅游消费效果是指一定的旅游消费投入所获得的非显性成果，这种旅游消费效果并不直接显示出来。例如一次美餐可以给人以良好的视觉和味觉享受，旅游消费也可以增进人们的知识、陶冶人们的情操，可以带动旅游目的地的经济发展和社会进步。

（三）按影响期限划分

按影响期限，可将其分为当前旅游消费效果和长远旅游消费效果。当前旅游消费效果是指旅游消费给旅游者生理、心理和精神上所带来的现阶段的满足程度，以及给旅游经营者和旅游目的地带来的现实经济利益等。长远旅游消费效果是指现期旅游消费对旅游者、旅游经营者及旅游目的地产生的长期的潜在效果，如通过旅游消费可以提升人们素质、提升旅游目的地的吸引力和声誉，但这些不会立即反映出来，而只能在以后一个较长时间内才能反映出来。

七、旅游消费效果的衡量

对旅游消费效果的衡量根据旅游供求可以分为两个层次：一是对旅游需求方面的衡量，也就是对旅游者消费程度的衡量；二是对旅游供给方面的衡量，也就是对旅游目的地向旅游者提供旅游产品消费后，从中得到旅游收入的消费效果衡量。

（一）旅游者消费效果的衡量

从微观层次看，旅游消费效果作为一个主观的心理评价，可用旅游者通过旅游消费获得的满足或效用来说明。旅游消费效用是指旅游者在消费旅游产品时所得到的满足程度，是对旅游消费的心理感受和主观评价，旅游者对旅游产品进行消费时会获得不同的旅游消费满足，可以将此作为衡量消费效果的标准之一。同时，由于人们收入有限，旅游者在消费时要进行消费预算，以有限的旅游消费支出获得最大的旅游消费满足，因而旅游者的旅游消费预算也是衡量旅游者消费效果的一个方面。旅游者的旅游消费效果反映为旅游者消费的最大满足，也就是旅游者在旅游过程中心理感受和主观愿望的最大相符程度。

旅游者在进行旅游消费决策时对旅游消费有一个预期的消费满足，而在对某一项旅游产品实际进行旅游消费后，对旅游消费效果又有一个实际感受的满足程度的评价。因此，对于旅游者消费效果的衡量有两个重要参数：一是决策时的旅游者消费的最大满足；二是旅游消费后的旅游者满意程度。

（二）旅游目的地旅游消费效果的衡量

在宏观层次上，可以把所有旅游消费作为一个整体，通过分析旅游者在旅游目的地的消费支出来衡量旅游目的地的旅游消费效果。这些旅游消费支出指标主要有旅游消费总额、人均旅游消费额、旅游消费率、旅游消费构成等。

1. 旅游消费总额

旅游消费总额是指一定时期内旅游者在旅游目的地国家或地区，进行旅游活动过程中所支出的货币总额。它从价值形态上反映了旅游者对旅游目的地的旅游产品消费的总量。旅游消费作为社会消费总额的重要组成部分，也是构成社会总需求的重要部分，它可以用来判断旅游目的地的旅游经济规模、资源利用状况，尤其是劳动资源的利用状况等。

2. 人均旅游消费额

人均旅游消费额是指一定时期内旅游者在旅游目的地国家或地区的旅游过程中，平均每一个旅游者支出的货币金额。它反映了旅游者在某一旅游目的地的旅游消费水平，并为旅游经营者开拓旅游市场和开发产品提供重要的依据。

3. 旅游消费率

旅游消费率是指一定时期内，一个国家或地区旅游者消费支出同该国家或地区个人消费支出总额的比例，它从价值角度反映了一个国家或地区在一定时期内旅游者的旅游消费的强度和水平。

4. 旅游消费构成

旅游消费构成是指旅游者在旅游活动过程中，对食、住、行、游、购、娱等方面的消费比例。旅游消费构成不仅反映了旅游者消费的状况和特点，而且为旅游目的地国家或地区配置旅游资源，开发旅游产品提供科学的依据。

第三节　旅游消费效果的评价及旅游者行为

一、旅游消费效果的评价

旅游消费效果不仅包含对旅游者物质需求的最大满足，更重要的是对旅游者精神需要的最大满足。因此，在旅游消费中，除了物质产品外，对旅游者的旅游服务和尊重都对旅游消费效果起着决定性的作用，从而决定了对旅游消费效果的评价。对旅游消费效果的评价应重点考虑以下几个方面。

（一）旅游产品价值和使用价值的一致性

旅游产品进入消费领域满足人们的消费需要，不仅要求旅游产品的使用价值具有某种功能，从而使旅游者得到物质与精神的满足，而且旅游产品的价值要符合社会必要劳动时间的客观要求。对于国际旅游者来说，旅游产品的价值还要符合国际社会必要劳动时间的客观要求，使旅游产品的价值正确反映它的国际价值，这样才能通过人与人之间的产品交换关系实现旅游产品价值和使用价值的一致性。此外，旅游产品价值和使用价值的一致性还要求旅游者获得与其所支付的货币量相对应的物质产品和精神产品方面的满足程度，这样才能实现旅游者消费的最大满足。

（二）微观旅游消费效果与宏观旅游消费效果的一致性

微观旅游消费效果是从旅游者个人对其旅游消费的主观评价方面来考察。旅游者的个性特征（如年龄、性别、职业、习俗、文化程度、性格爱好和宗教信仰等）不同，所反映的主观评价也会有一定的差别，从而微观旅游消费效果也不相同。而要提升微观旅游消费效果，就应根据旅游者不同消费要求提供相应的旅游产品。宏观旅游消费效果是指旅游消费对整个社会经济的促进和影响，是以微观旅游消费效果为基础的，而微观旅游消费效果则以宏观旅游消费效果为依据，两者之间既相互联系又相互影响。

（三）旅游消费效果与生产、社会效果的统一

对于旅游消费效果应当结合旅游产品的生产过程来考察。例如有些地区开发的旅游产品，可能满足了旅游者的旅游消费效果需求，但对旅游目的地的生产方

面的经济效果却很差，这就不符合宏观旅游消费效果的评价要求。衡量旅游消费效果既要重视旅游者的旅游消费效果，又要重视旅游目的地的经济效果。旅游消费活动是一种社会行为，如旅游活动中有些旅游项目虽然对旅游者消费效果或旅游目的地的经济效果是好的，但由于其消费不利于人们的身心健康，不利于旅游目的地的社会进步，甚至会造成有害的社会影响，这样的旅游消费就应坚决停止。

（四）短期旅游消费效果与长期旅游消费效果的一致性

旅游消费对旅游者个人和经济社会既会产生短期消费效果，又会产生长期消费效果。因此，在评价旅游消费效果时，必须坚持短期旅游消费效果与长期旅游消费效果的一致性。

重视对短期旅游消费效果的评价，掌握旅游者的旅游消费现状、特点及变化趋势，以便旅游经营者采取有效的措施，更好地满足旅游者的消费需求，并实现旅游经营者的短期经营目标。

重视对长期旅游消费效果的评价，即在重视短期旅游消费效果的同时，关注旅游消费的发展趋势和要求，分析旅游消费是否有利于旅游者的身心健康、是否有利于旅游目的地旅游业的发展、是否有利于实现旅游业的可持续发展等，从而实现重视短期旅游消费效果和长期旅游消费效果的统一。

二、旅游决策

对旅游者来说，旅游消费决策是非常重要的一环，它关系旅游者旅游的效果和旅游收获。不同的旅游者有不同的旅游决策特点。旅游消费的决策不同于其他物品的消费决策，深入研究旅游者的消费决策过程非常重要。

（一）旅游决策的概念和特点

1. 旅游决策的概念

旅游作为现代人休闲放松的方式成为人们日常生活的一部分，一次没有遗憾的旅游过程必然离不开考虑周全的旅游决策。整个旅游过程离不开旅游决策，对旅游的实现作用巨大。虽然"旅游决策"经常使用，但是还没有统一的定义。爱德华·J.梅奥（Edward J. Mayo）和兰斯·P.贾维斯（Lance P. Jarvis）认为，从一般决策到重大决策的连续过程构成了旅游决策，决策条件不同，决策方式不同。保继刚（1999）提出，旅游决策是指在旅游之前，人们根据自己的主观偏好收集各种有关信息，作出决定的过程。谢彦君（2001）认为，旅游决策过程是旅游者收集和加工大量有关潜在旅游目的地的信息，对自己面临的众多旅游机会进行抉择的过程。本书认为旅游决策是指旅游者个人或群体根据旅游目的在旅游发生前或进行中，收集和处理有关信息，思考并选择各类旅游的方案或计划，并按照计划实施的过程。

2. 旅游决策的特点

（1）复杂性。旅游相较一般的消费决策，层次更高，其过程要复杂很多，涉及如旅游目的地的选择、出行方式、参观景点、参与活动、交通工具的选择、住宿、餐饮等。旅游决策的制定包括各项细分的决策，而且这些细分的决策在整个决策中缺一不可。以家庭出游为例，因为家庭成员涉及各个年龄层次，要顾及年长的父母或是年幼的孩子，所以在选择旅游目的地、游览景点和交通方式时，就不能只考虑个人，而必须全面考虑旅游行程的安排。

扩展阅读 3.2

（2）顺序性。旅游决策过程和普通消费决策过程相似，是一个连续过程，包括确认需要、信息搜寻、选择评估、制定决策和游后评价。旅游决策将复杂的决策分解成不同的决策环节来分别解决，而这些细分的决策也要经历上述过程。旅游过程是一个按照需要确认、信息搜寻、评估和联合决策、旅游行程安排及随后的旅游满意度评价等顺序的决策过程。然而，旅游决策是人的主观意识，难免受个人性格偏好、喜好的影响。

视频 3.2

旅游消费者决策过程

（二）旅游决策的过程

旅游决策过程涉及什么时间出发、是独自一人还是结伴出行以及旅游中的其他事务，凡是在旅游前和旅游中的内容与活动都在决策范围之内，需要做好决定。旅游决策的过程包括以下三个方面。

1. 产生需要收集信息

需要是动机产生的前提，没有动机就不会有行为的发生。旅游需要是潜在的旅游者在时间、经济和社会条件的配合下产生的旅游欲望。旅游者离开自己的常住地出发到一个陌生的地方，势必涉及衣食住行各个方面信息的收集。

2. 评估方案确定目的地和旅游线路

信息收集完成，旅游者综合考虑自己的时间、现实情况评估可行的备选方案，旅游目的地越能满足旅游者的旅游需要，则被选中的可能性就越大。确定好目的地之后，旅游者会根据先前获得的各种信息，结合自己的经济情况，进行旅游线路的选择。

3. 实施出游

在出游的过程中，旅游者不可避免需要根据突发情况临时决策。换言之，旅游决策伴随旅游的整个过程，包括到旅游目的地之后怎么住宿、怎么吃饭、去哪购物等。

三、旅游者消费最大满足的含义

旅游者消费的最大满足是指旅游者在支出一定时间和费用的条件下，通过旅游消费获得的精神与物质上的最佳感受。其具体表现在以下几个方面：①旅游者在支出一定时间和费用条件下，通过旅游消费获得的精神和物质上的最佳感受。②在旅游之前对旅游目的地最大满足和在旅游过程中实际感受与主观愿望的最大相符。③经济学意义上，消费者可支配收入稳定，旅游市场上的各种消费品价格已知，旅游者就能获得最大满足。

四、旅游者消费最大满足的选择

旅游者消费最大满足的含义是，旅游消费者可自由支配的收入是稳定的，旅游市场上的各种旅游消费品的价格也是已知的，旅游者一定要使其购买的各种旅游消费品的边际效用与他所支付的货币量呈正向比例关系，也就是说要使其支付每一单位货币，或者购买每个单位产品，所获得的边际效用都相等（最大）。

（一）边际效用分析

效用理论也叫作消费者行为理论，它研究消费者如何在各种商品之间分配他们的收入，以达到满足程度的最大化。效用论可以分为两种：一种是以基数效用论为基础的边际效用分析；一种是以序数效用论为基础的无差异曲线分析。

总效用是指消费一定量的消费品所获得的总满足程度。边际效用是指该消费品的消费量每增（减）一个单位所引起的总效用的增（减）量，即满足程度的增（减）量。边际效用与总效用的区别：边际效用是消费者最后消费的那一单位商品或服务所获得的效用；总效用是消费全部商品所获得的效用总量。边际效用与总效用的联系是：当边际效用为正值时，总效用增加；边际效用为负值时，总效用减少；当边际效用为零时，总效用不变。旅游产品的总效用与边际效用的关系可以通过表 3-1 及绘制的图 3-1 来表示。

表 3-1　旅游产品的总效用与边际效用的关系

某旅游产品的消费量	总效用	边际效用
0	0	
1	4	4
2	7	3
3	9	2
4	10	1
5	10	0
6	8	−2

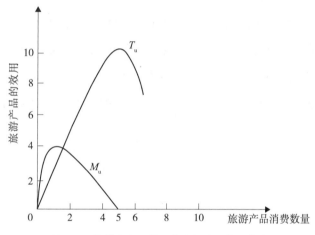

图 3-1　旅游产品总效用曲线、边际效用曲线

从表 3-1 和图 3-1 可以看出，随着旅游产品消费数量的增加，其边际效用曲线 M_u 开始呈递增趋势，总效用曲线 T_u 也随之上升，但是当某旅游产品的消费量达到一定程度的时候，再增加此种旅游产品的消费，其边际效用却是逐步递减的。这是由消费品的边际效用递减规律决定的。这一规律表明，在其他产品消费基本保持不变的情况下，随着旅游者对旅游产品的消费量的增加，其边际效用最终将趋于下降。当然，当边际效用降低到零的时候，其总效用也逐步下降。

边际效用递减规律是指随着人们所消费的某种产品的数量的增加，其总效用虽然也相应增加，但产品的边际效用（即所消费的一定量的产品中，最后增加的那一个单位所增加的效用，或最后一个单位产品所提供的效用）随所消费产品数量的增加而有递减的趋势。总效用有可能达到一个最大值，一旦越过这一点，产品的边际效用就有可能等于零或变成负数。所谓边际效用为负数，是指对于某种产品的消费一旦超过定量，不但不能增加消费者的满足和享受，反而会引起消费者对该消费品的反感和讨厌。旅游产品的消费也是如此。所以说，旅游者购买和消费旅游产品并非越多越好，而是要以合理的比例均衡购买和消费旅游产品，达到其最大效用。

（二）无差异曲线分析

现代西方经济学界，比较流行的是无差异曲线分析。效用作为一种心理现象无法计量，也不能加总求和，只能表示出满足程度的高低与顺序，只能用序数（第一，第二，第三……）来表示。序数效用论采用的是无差异曲线分析法。

1.无差异曲线的含义

无差异曲线是指在偏好既定的条件下，由能够给消费者带来相同效用的不同数量商品组合的点的轨迹，又可称为等效用曲线。无差异曲线是用来反映对消费者具有相同效用的两种或两组产品不同数量组合的曲线。无差异曲线上任何一点都是两种商品的不同组合，但是给消费者所带来的效用相同，如图3-2所示。

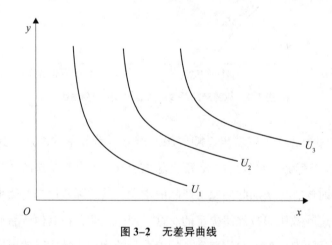

图3-2　无差异曲线

2.无差异曲线的特征

（1）同一条无差异曲线上的各个点所代表的商品组合的总效用都相同。

（2）不同消费者有不同形态的无差异曲线。

（3）无差异曲线一般向右下方倾斜，其斜率为负。

（4）同一平面图上有无数条无差异曲线，某条无差异曲线代表的效用不同，离原点越远的无差异曲线代表的效用越大。

（5）无差异曲线一般凸向原点。这是由边际替代率递减决定的。这种曲线表示消费者在一定的偏好、一定的技术和资源条件下选择商品时，对不同组合商品的满足程度是没有区别的。这时消费者对商品消费的选择，只有先后次序问题，没有大小问题。

（三）开支预算线

开支预算线又叫作预算约束线、消费可能线或价格线，它是指在消费者收入和商品价格既定的条件下，消费者将全部货币收入用于购买商品时所能购买的各种商品数量的最大组合。

图3-3假定，某同学有零花钱12元，1个面包价格为2元，一瓶饮料价格为3元。从原点到A点表示全部购买面包可以购买6个，从原点到B点表示全部购买饮料可以购买4瓶。连接A、B两点的一条直线AB被称为开支预算线。在开支预算线下方，为开支预算允许的范围，上方为超出开支预算范围，当价格不变而收入发生变化时，开支预算线将做平行移动，如图3-4所示；当收入不变而价格发生变化时，开支预算线的变化如图3-5所示。

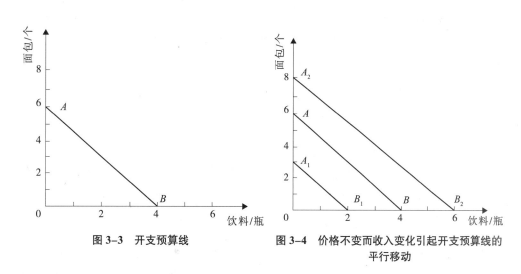

图3-3 开支预算线 　　图3-4 价格不变而收入变化引起开支预算线的
平行移动

在无差异曲线分析中，消费者均衡问题既要考虑到消费者的主观意愿，还要考虑到消费者的开支预算线的限制。消费者均衡是指在商品价格和消费者收入不变的条件下，消费者使其总效用最大化的消费选择。消费者最大效用均衡是在无差异曲线与开支预算线上的切点上，如图3-6的T点，这一点既能满足消费者的需求，又符合消费者的开支预算，此时就是消费者的最大满足。

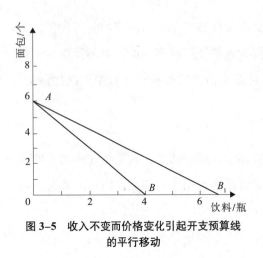

图 3-5　收入不变而价格变化引起开支预算线
的平行移动

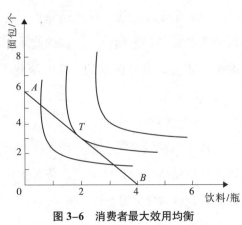

图 3-6　消费者最大效用均衡

（四）旅游消费者行为的无差异曲线分析

社会越发达，人们就越注重消费过程中的心理感受。消费者一旦受到"心理伤害"，是很难靠金钱等物质赔偿手段来进行弥补的。因此，消费心理决定了消费行为，为了更加有效地满足自身的消费心理，旅游者的消费行为通常是由无差异曲线和开支预算线来决定的，其中，无差异曲线是由旅游者的旅游动机、偏好、性格、家庭角色等一系列自然的和社会的属性共同作用而形成的。例如，对于黄山和泰山两种类似的休闲观光旅游产品的不同组合而言，科学考察和休闲度假两种类型的旅游者就会产生不同的旅游心理，休闲度假型旅游者的无差异曲线比科学考察型旅游者的无差异曲线要更远离原点，效用更大，满意度更高。进而，在同等条件下，休闲度假型旅游者选择此组合的可能性就更大。

无差异曲线与消费可能性曲线相切时，商品的组合是消费者在既定支出水平上所能实现的最大化效用。如果两条曲线相割，则是以较多的钱实现较低的满足程度；如果不相切、不相割，则是既定的无差异曲线实现不了既定的满足程度，没有意义。因此，在研究旅游消费者行为时，要在消费可能的前提下，即找到无差异曲线与消费可能性曲线的相切点。在旅游消费行为决策中，消费者均衡可以指导旅游经营者认识到潜在旅游者的消费倾向，从而有利于其积极地作出相应促销和准备工作。

假定某旅游者的假期只有 7 天，可供选择的目的地是上海或杭州，上海、杭州的旅游消费各为 80 元/天、50 元/天，该旅游者的旅游消费总额为 500 元。以时间为限制条件的旅游消费可以用时间限制线 $X+Y=7$ 来表示，如图 3-7 所示 JK 线；以费用为限制条件的旅游消费可以用预算线 $50X+80Y=500$ 来表示，如图 3-7 所示的 CD 线。图 3-7 所示 CEK 为双重限制线，CEK 与坐标轴之间的区域 OCEK 表示既满足收入和价格的限制，又满足时间的要求和消费组合。而区域 JCE 表示只满足时间限制并不满足价格、收入限制；区域 EKD 只满足价格、收入限制，但不满足时间限制。

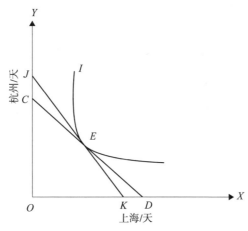

图 3-7　旅游者最大效用均衡

通过计算可以得出，旅游者最大满意的选择：E 点为均衡点，表示在杭州旅游 2 天，上海旅游 5 天，用尽 500 元收入和 7 天假期，该旅游者获得最大消费满足。图 3-7 中无差异曲线 I 与双重限制线 CEK 相切于 E 点，消费者在 E 点表示的组合进行旅游并获得的效益为最大。

可见，无差异曲线是旅游者进行旅游决策的有效途径之一。在收入、旅游偏好、时间以及两种旅游产品价格既定的前提下，消费者要获取效用最大化，对两种旅游产品的选择点应该是无差异曲线与预算约束线的切点。它运用在旅游者的消费行为决策中，为旅游者提供了一个既经济又有效的方法。

🔍【本章小结】

本章主要探讨了旅游消费的内涵、旅游消费结构的概念及分类、影响旅游消费结构的因素、旅游消费结构的合理化、旅游消费效果的含义、旅游消费效果的衡量等内容。旅游消费是人们在旅行过程中，为满足自身享受和发展的需要而进行的各种物质资料消费和精神资料消费的总和。旅游消费具有个体性、高层次性、精神性等性质。在介绍旅游消费性质、特点的基础上，阐述了旅游消费的水平、方式及结构，分析了旅游消费的影响因素，评价了旅游消费者的最大满足，这些内容的分析与研究旅游消费对旅游经济活动的影响有重要意义。

【复习思考题】

1. 如何理解旅游消费的概念和性质？

2. 怎样理解旅游消费的作用？

3. 旅游消费具有哪些特点？

4. 旅游消费结构是如何分类的？

5. 如何衡量旅游消费效果？

6. 阐述旅游消费结构的影响因素。

7. 试述旅游消费在旅游经济运行中的作用。

【即测即练】

【参考文献】

[1] 刘玉琴. 旅游经济学 [M]. 北京：清华大学出版社，2016：131–132.

[2] 谢彦君. 基础旅游学 [M]. 北京：中国旅游出版社，2011：87–93.

[3] 田里. 旅游经济学 [M]. 4 版. 北京：高等教育出版社，2019：73–77.

[4] 李金铠. 旅游经济学 [M]. 北京：高等教育出版社，2022：143–144.

[5] 保继刚，等. 旅游开发研究——原理·方法·实践 [M]. 北京：科学出版社，1996：68–70.

第四章　旅游需求与旅游客源开发

【学习目标】

　　1. 了解旅游需求的概念。

　　2. 熟悉旅游需求产生的条件。

　　3. 掌握旅游需求的特征。

【能力目标】

　　1. 了解影响旅游需求的因素。

　　2. 理解旅游需求规律的分析方法。

　　3. 掌握理论联系实际的思维能力。

【思政目标】

　　1. 了解旅游需求的意义和培养学生的服务意识。

　　2. 理解客观事物的发展规律，帮助学生学会透过现象认清本质。

　　3. 掌握矛盾分析方法，让学生可以做到具体问题具体分析。

【思维导图】

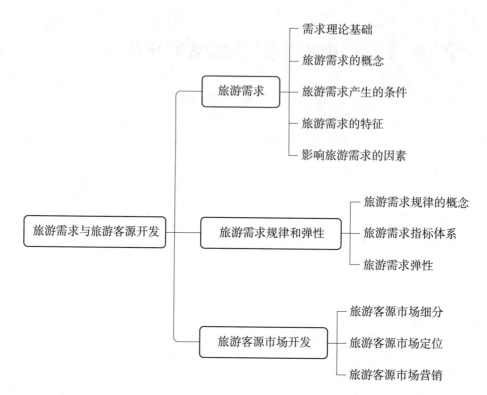

【导入案例】

国家出台旅游需求新政策

近年来，国家和有关部门出台了一系列促进旅游消费与投资的文件和法规，对推动旅游业持续较快发展发挥了积极作用。但是随着我国改革开放不断推进，城乡居民消费升级和旅游需求快速发展，我国旅游发展也面临一些比较突出的瓶颈。国家信息中心旅游规划与研究中心主任石培华教授说，满足旅游需求，不仅要加强基础设施即"旅游硬件"建设，还要在旅游软件上特别是放宽政策上下功夫，以挖掘旅游消费新热点。国务院常务会议明确提出放宽在线度假租赁、旅游租车等"互联网+"新业态的准入和经营许可，发展旅游商品创意研发，开发老年旅游、研学旅行、健康旅游和邮轮经济等。旅游对闲暇时间提出了很多个性化要求，国务院常务会议提出推动各地落实带薪休假制度，这方面可望有更多切实可行的具体措施，以相应的保障措施和条件，使潜在的旅游需求转化为现实的消费。

资料来源：国家出台的旅游业的政策有哪些 [EB/OL]．（2023–07–17）．https://aiqicha.baidu.com/yuqing?yuqingId=5c04c1ae3b73ee8a7b9d3b5b2027b103&type=aigc.

问题：

1. 什么是旅游需求？旅游需求有哪些特征？

2. 影响旅游需求的因素有哪些？

第一节　旅游需求

需求，一般指人们在一定条件下对某种事物渴求满足的欲望，是人类一切行为产生的原动力。当人们产生游览观光、休闲度假、探亲访友、健身康体、探险猎奇等旅游欲望时，表明人们具有了旅游的主观愿望，在诸多客观条件具备时，这种主观愿望就会进一步转化为现实旅游需求。旅游需求状况对发展旅游业和旅游经济至关重要，因此必须重视对旅游需求的研究。

一、需求理论基础

（一）需求的概念

需求是指消费者（家庭）在某一特定时期内，在某一价格水平时愿意而且能够购买的某种商品量。需求是购买欲望与购买能力的统一。表示某种商品的价格与需求量之间关系的表就是需求表。需求曲线是根据需求表画出的，是表示某种商品价格与需求量之间关系的曲线，需求曲线向右下方倾斜。

（二）影响需求的因素

影响需求的因素包括影响购买愿望和购买能力的各种经济与社会因素，这些因素主要为收入、替代品、消费者嗜好与预期。某种商品的需求还与其他相关商品的价格相关。相关商品有互补品和替代品两种。互补品是指共同满足一种欲望的两种商品，它们之间是相互补充的。两种互补品之间价格与需求呈反方向变动。替代品是指可以互相代替来满足同一种欲望的两种商品，它们之间是可以相互替代的。两种替代品之间价格与需求呈同方向变动。

扩展阅读 4.1

视频 4.1

马斯洛需求
层次理论

二、旅游需求的概念

旅游需求是指在一定时期内，旅游者愿意并能够以一定货币支付能力购买旅游产品的数量。对旅游需求概念的理解要注意以下四个方面。

（1）旅游需求是一种需求水平的概念，即针对某种旅游产品的各种可能的价格，都有相对应的需求数量，这样一组对应关系构成对这种旅游产品的整体需求水平。

（2）旅游需求体现了旅游者对某种旅游产品的购买意愿。市场中的消费者很多，但并非每个人都想要购买这种旅游产品，只有愿意购买这种旅游产品的旅游者才可能构成对这种旅游产品的需求。

（3）旅游需求表现为旅游者对旅游产品的购买能力。这里的购买能力不仅指经济支付能力，还要具备一定的时间，因为旅游产品的消费必须占用旅游者一定的时间，所以如果经济支付能力和时间条件有一个不满足，旅游者仍无法实现其对旅游产品的需求。

（4）需求通常多指对总体旅游产品的需求，并且旅游经济学中所讲的旅游需求是市场有效需求。

旅游需求通常包括有效或现实的旅游需求与受抑制的旅游需求，这也是旅游市场学中所讲的旅游需求的内涵。有效或现实的旅游需求指具有主观意愿和客观条件的旅游者在一定时期内对某种旅游产品的购买数量，旅游目的地国家或地区旅游统计中的旅游人次就是这种有效或现实的旅游需求的反映。受抑制的旅游需求指出于各种原因在一定时期内不能或暂缓购买该旅游产品，可分为潜在旅游需求和延缓旅游需求。其中前者指由于某些条件暂时不具备而无法形成现实旅游需求的部分，当条件转变，具备了上述条件，如原本支付能力有限的人收入提高了或原来没有闲暇时间的人现在可享受几天带薪假日，则其潜在旅游需求就可转化为有效需求。后者指的是已具备了旅游基本条件，但由于主客体方面的一些原因而推迟的旅游需求。

三、旅游需求产生的条件

（一）旅游需求产生的主观条件

旅游需求产生的主观因素，实质上是人们在各种外在因素和条件综合作用下，所反映出来的从生理和心理上对旅游的一种渴望。它包括生理性因素和心理性因素。旅游需求的主观条件就是人们具有旅游的动机。从心理学的角度来讲，动机是指发动和维持人的活动，并使活动指向一定目的的心理倾向。旅游动机是指人们意识到旅游需要的心理表现形式，即驱使人们有意于外出旅游的心理动因。旅游动机与人类其他行为动机一样，都是来自个人的需要。人们为了健康的需要到其他地方去疗养，为了开阔眼界、增长见识去异地游览风景名胜，为了消除疲劳而暂时避开紧张的工作或生活环境到一个地方去度假等，都是为了满足自身某方面的需要。相反，一个人若没有这种需要，或没有意识到这种需要，其旅游动机也就不会产生。

不同的旅游动机意味着旅游者在旅游形式、出游时间、旅游组织方式和旅游目的地类型选择上的差异。不同的旅游动机决定了旅游者类型的多样性，旅游者类型的多样性又会带来旅游者消费水平的多样性。随着旅游者旅游经历的不断丰富、网络时代的不可阻挡，以及旅游消费的模仿性，旅游动机会呈现更大的变动趋势。

（二）旅游需求产生的客观条件

1. 可自由支配收入的提高是产生旅游需求的首要条件

人们可自由支配收入的提高，是产生旅游需求的首要经济前提。可自由支配收入是指人们在一定时期内的全部收入，在扣除社会花费（如个人所得税、健康和社会保险老年退休的预支、失业补贴的预支等）和日常生活必需消费（如衣、食、住、行等）以及预防意外开支的储蓄（如突发事故所需费用）之后，剩下的收入部分。在人们可自由支配收入一定的条件下，人们用于衣食住行及其他方面的支出比例基本保持不变。但是随着可自由支配收入的增加，人们用于衣食住行等生活消费支出就会相对减少，用于其他方面的支出会增加，其中包括旅游消费支出。

2. 人们闲暇时间的增多是旅游需求产生的必要条件

由于旅游是离开常住地到异地的活动，没有足够的时间，外出旅游是不可能的。在旅游经济学中，外出旅游所需的时间称为闲暇时间。这里的闲暇时间不仅是相对工作时间而言，也相对于处理个人事务时间而言，所以概括来说，闲暇时间是指人们在进行日常工作、学习、生活和参加必要的社会活动所需时间之外的可自由支配的时间。这种可自由支配的时间越多，连续的时间越长，参加旅游的可能性越大。

一般来说，人们的闲暇时间可划分为四种基本类型：每日工作之余的闲暇时间、周末的闲暇时间、法定假期、带薪假期。这四种闲暇时间对于旅游需求的实现来说所起的作用是不同的。每日闲暇时间对于旅游需求的实现没有什么意义，周末闲暇时间在周末的休假制度下可用于短期、近距离的旅游需求的实现，法定假期中更长的闲暇时间可用于更长、更远的旅游需求的实现，如我国通过黄金周的制度安排实现了人们远距离旅游的需求，带薪假期才是未来促使旅游真正走向大众的必要条件。从这四种不同闲暇时间的作用可以看出，并非所有的闲暇时间都可用来满足旅游需求，只有历时较长的连续性闲暇时间才能实现个人旅游需求。一个国家（地区）的居民拥有的闲暇时间长短与其所在国（地区）的社会经济发展水平、科学技术水平及社会生产力水平呈高度的正相关关系。

闲暇时间对旅游需求的实现具有重要意义。它不仅直接影响居民的旅游地域范围的选择，而且对居民的旅游方式及其消费时间的集中程度产生极大的影响，进而关系到旅游产业结构的转型和产业素质的提升状况。因此，对于旅游目的地来说，不能不考虑闲暇时间带给旅游产品的设计、结构的调整及其产业运行模式的影响。

3. 现代交通运输业的发展是产生旅游需求的保障条件

交通条件是促进旅游需求产生与发展的重要保障性条件。旅游是人的空间位移，它离不开交通运输业的发展。现代科技进步为人们外出旅游提供了大量方便快捷的现代交通工具，有效刺激了旅游需求的产生和发展。交通运输业的发展不断满足既有需求的同时，也促使新的需求不断产生（如宇宙飞船的出现导致太空旅游需求的产生）。

最后，从社会方面看，工作压力、社会风气潮流和消费信贷的普及也成为旅游需求产生的客观条件。常年生活在日益明显的都市化氛围里，"回归自然"的社会文化导向与城市人期望通过旅游行为使人与自然的距离有所缩短的心理需求合而为一，形成了一股越来越大的力量。

四、旅游需求的特征

（一）高层次

马斯洛的需求理论包括生理需求、安全需求、社交需求、尊重需求和自我实现需求五个层次，随着低层次需求得到满足，人们就会追求更高层次的需求，而为了满足高层次社交、尊重和自我实现的需求，人们的旅游需求就会被激发。人们在旅游过程中能够满足其社交的需求，享受到被尊重的感觉。党的二十大报告指出："物质富足、精神富有是社会主义现代化的根本要求。物质贫困不是社会主义，精神贫乏也不是社会主义。我们不断厚植现代化的物质基础，不断夯实人民幸福生活的物质条件，同时大力发展社会主义先进文化，加强理想信念教育，传承中华文明，促进物的全面丰富和人的全面发展。"因此，旅游需求是一种高层次的需求，表现为人们追求更好的物质和精神享受方面的满足。

（二）敏感性

旅游需求表现在对社会政治条件的敏感性和对经济环境的敏感性。但相对而言，当社会发展到一定阶段以后，旅游需求对经济环境的敏感性就会稍弱。而社会政治条件的敏感性主要针对旅游目的地而言。经济环境的敏感性主要针对旅游客源国（地区）的经济发展状况以及客源国（地区）与目的地国（地区）之间的汇率变动状况而言。如旅游客源国（地区）货币相对旅游目的地国（地区）贬值；旅游目的地国（地区）的政治不稳定、社会动乱、恐怖活动、流行性传染病等，这些因素都会造成相应旅游目的地旅游需求的大幅度减小。

（三）多样性

由于人们的个性差异、生活条件的不同、经济收入的差别和人们所处的社会环境的影响，人们的需求是多样的，因而旅游需求也表现为一种多样性的需求。如有的旅游者喜欢冒险刺激，因而对攀岩、漂流、蹦极等旅游项目需求欲望较强；有的旅游者喜欢轻松舒缓，因此观赏自然风光、欣赏人文景观等旅游项目就成为他们旅游需求的主要内容；有的旅游者则注重养生，所以康养保健类旅游产品成为他们需求的主要类型；还有些旅游者的工作要求使他们产生公务旅游、商务旅游等旅游需求动机。随着社会发展，人们的个性化越发凸显，这种个性化表现在旅游需求方面则是更加多样化的需求。

（四）主导性

旅游需求的产生虽然受旅游产品吸引力作用，受经济、社会、政治、文化及环境等各种因素的影响，但最根本的还是由人的心理所决定。人们的价值观、生活方式、生活习惯、消费特点等都会直接决定和影响旅游需求的产生，因而旅游需求是一种主导性的需求。

（五）复杂性

旅游需求的复杂性，一方面由人的心理活动的复杂性所决定，如有人喜欢住高级酒店，而有人喜欢住民宿，有人喜欢冒险刺激的旅游活动，有人喜欢安全性高的旅游项目；另一方面受旅游环境的复杂性的影响，因为旅游活动是不断运动变化的，旅游活动的进行和旅游环境的变化对旅游者心理会有一定的影响，会导致旅游需求也处于变化之中，表现出复杂性的特点。

五、影响旅游需求的因素

（一）影响个人旅游需求的因素

1. 个人旅游倾向

个人旅游倾向是指个人有意外出旅游的程度。其中涉及个人的旅游意愿、对某种吸引物的偏好以及对某类旅游目的地的选择。决定个人旅游倾向的主要因素包括：①个人的心理类型。②个人所处的社会经济地位。③人口统计因素中的个人特征（如收入、年龄、性别、职业、国籍、民族、种族、信仰等）。

2. 旅游客源地与目的地之间的相关旅游阻力

旅游阻力是指那些可能妨碍游客进入目的地，从而减少乃至消除旅游需求的各种因素所产生的阻力。阻力大小主要取决于客源地与目的地之间的经济距离、文化距离、目的地旅游价格、服务质量和季节性等因素的影响。总之，就个人需求而言，旅游需求同个人旅游倾向呈正比关系，同旅游阻力成反比关系。

（二）影响旅游市场需求（整体需求）的主要因素

旅游需求除了受到旅游者的主观因素和收入水平、闲暇时间及交通条件的直接作用外，还受人口、经济、社会文化、政治法律、旅游资源等各种外在因素的影响。

1. 人口

旅游是人的一种行为，因此人口规模、分布及结构等人口因素对旅游需求产生着重要的影响。人口规模的大小是形成旅游需求的基础，一般总人口数量大则旅游需求也相对较多。第二次世界大战后现代旅游的规模不断扩大的原因之一就在于世界总人口的不断增加。而在旅游人次占总人口比例相同的情况下，总人口数量越多，旅游人次的绝对值也就越大。人口分布的城乡状况也对旅游需求产生影响。一般而言，城市居民的旅游需求远高于乡村居民。这是因为，一方面，城市居民的收入水平高于乡村居民，经济支付能力较强；另一方面，城市居民普遍受教育程度较高，希望外出增加对外面世界的了解，加上城市环境污染较严重，工作、生活压力较大，需要外出缓解压力，易产生旅游动机，同时发达的交通、通畅的信息、众多的旅游服务机构也给城市居民提供了更多便利。

人口结构指人口在年龄、性别、受教育程度、职业、家庭、民族、宗教信仰等各方面的构成。这些因素造成人口结构的不同，对旅游需求也会产生不同影响。如从年龄构成来看，不同年龄的游客之间旅游需求存在差异，青年人、中年人、老年人由于爱好、经济条件、闲暇时间、可支付能力、工作状态等方面的差异，其旅游需求也不尽相同；从性别构成看，男性旅游者和女性旅游者的旅游偏好与旅游需求也有所不同，男性旅游者或许更偏爱体育锻炼、探险、度假型旅游活动，而女性旅游者或许表现出更强烈的浪漫、购物、文化等旅游需求；另外，职业构成不同，人们的经济收入、消费偏好和闲暇时间也不同，导致人们的旅游需求也存在差异等。

2. 经济

经济因素主要包括人均国民生产总值、旅游产品价格、外汇汇率等。从旅游经济学角度看，客源地的国民生产总值高，旅游需求量就会增加；旅游目的地设施及接待条件较好，对旅游者吸引力就大。从价格和汇率方面看，旅游需求与价格呈负相关关系，当旅游产品价格上升，旅游需求量就下降；价格下跌，旅游需求量就会上升。另外，在国际旅游中，当接待国的货币升值，则前往该国的旅游者和旅游停留时间就减少；反之，前往该国的旅游人数和旅游停留时间会增加。

3. 社会文化

不同国家或地区具有不同的社会文化背景，人们在价值观念、风俗习惯、语言文字、宗教信仰、美学和艺术等方面存在差异，这将会影响人们对旅游需求的选择。因此，在研究旅游需求时，就必须注意分析目标市场所在国家或地区的社会文化特征，以及在此背景下所形成的消费习惯和需求心理，尽可能地适应旅游者的需求习惯和爱好，最大限度地满足旅游者的需求。

4. 政治法律

政治稳定、法律法规的完善是激发与促使旅游需求不断增加的重要因素。旅游目的地和接待国（地区）的政局稳定，对该国（地区）旅游产品的需求量就会增多。党的二十大报告指出："社会主义法治国家建设深入推进，全面依法治国总体格局基本形成，中国特色社会主义法治体系加快建设，司法体制改革取得重大进展，社会公平正义保障更为坚实，法治中国建设开创新局面。"旅游目的地有关法律、法规及其执行情况，也对旅游需求产生直接和间接的影响。

5. 旅游资源

旅游资源是旅游活动的吸引物，是一个国家或地区的自然、社会、历史、文化及民俗特色的体现，对生活在其他国家或地区的人们会产生强烈的吸引力。充分挖掘多元化的旅游资源，是不断满足现代旅游多样化需求的重要条件。

第二节   旅游需求规律和弹性

与一般消费需求的满足不同，旅游需求的实现是一种异地消费活动，除了受价格、可自由支配收入的影响以外，还受到闲暇时间的约束。因此，旅游需求量变化的规律性就主要反映为旅游需求量与旅游价格、可自由支配收入和闲暇时间的相关性与变动关系。

一、旅游需求规律的概念

所谓旅游需求规律，就是指在影响旅游需求量变动的其他因素不变的情况下，旅游需求量与旅游产品价格呈反方向变化，与人们可自由支配收入和闲暇时间呈同方向变化。其函数式为：$D=f(P, I, T, \cdots)$。

其中，D 指某种旅游需求；P 指某种旅游产品的价格；I 指旅游者的可自由支配收入；T 指旅游者的闲暇时间。下面是对旅游需求规律的具体讨论。

（一）旅游需求量与旅游产品价格呈反方向变化

旅游产品价格是决定和影响旅游需求量的基本因素，在影响旅游需求量的其他因素不变的情况下，旅游需求量总是随旅游产品价格的涨落而发生相应的变化。当旅游产品价格上涨时，旅游需求量就会下降；当旅游产品价格下跌时，旅游需求量就会上升（图 4-1）。

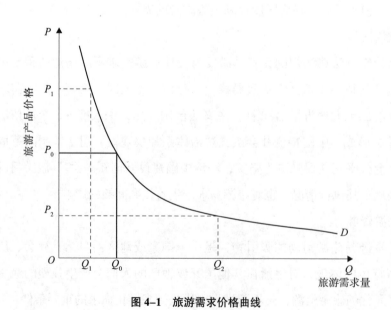

图 4-1   旅游需求价格曲线

在图4-1中，曲线 D 为旅游需求价格曲线，P_0、P_1、P_2 代表不同的旅游产品价格，Q_0、Q_1、Q_2 代表不同的旅游需求量，当某一旅游产品的价格为 P_0 时，人们对该旅游产品的需求量为 Q_0；当产品的价格上升到 P_1 时，对该产品的需求量就会减少到 Q_1；当产品的价格下降到 P_2 时，对该产品的需求量则会增加到 Q_2。因而旅游需求价格曲线 D 是一条自左上向右下倾斜的曲线，表示旅游需求量与旅游产品价格呈反比例的关系。此关系用函数式可以表示为：$D=f(P)$。其中，D 表示一段时间内的旅游需求量；P 表示该时期内旅游产品的价格；f 表示两者之间的函数关系。

（二）旅游需求量与人们的可自由支配收入呈同方向变化

在一定时期内，人们的可自由支配收入是有限的，当价格发生变化时，一定量的可自由支配收入的购买力也会随之发生变化，如当旅游产品的价格下降时，虽然可自由支配的收入没有发生变化，但是实际可自由支配收入是增加的，从而使人们有能力以原有水平的收入扩大对旅游产品的需求量。这种价格变化的收入效果表明人们的可自由支配收入的多少同旅游需求量之间存在密切的关系。一般来说，在其他因素不变的情况下，可自由支配收入同旅游产品需求量之间存在同向变动关系，即可自由支配收入越多，对旅游产品的需求量也越多，尤其表现为外出旅游次数或在外旅游天数的增加；反之亦然。根据可自由支配收入与旅游需求量的关系，可以在坐标图上形成旅游需求收入曲线（图4-2）。

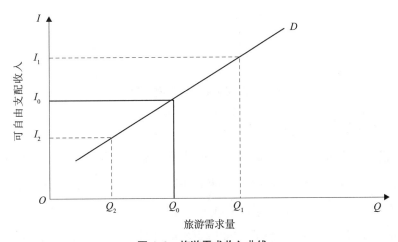

图 4-2　旅游需求收入曲线

图4-2中，曲线 D 为旅游需求收入曲线，I_0、I_1、I_2 代表不同的可自由支配收入，Q_0、Q_1、Q_2 代表不同的旅游需求量。当人们的可自由支配收入为 I_0 时，人们的旅

游需求量为 Q_0；当可自由支配收入上升到 I_1 时，旅游需求量就会上升到 Q_1；当可自由支配收入下降到 I_2 时，旅游需求量则会下降到 Q_2。因而旅游需求收入曲线 D 是一条自左下方向右上方倾斜的直线，表示旅游需求量与人们的可自由支配收入呈正比例变化的关系。此关系用函数式可以表示为：$D=f(I)$。其中，I 表示可自由支配收入；D 表示一定时期内的旅游需求量；f 表示两者之间的函数关系。

（三）旅游需求量与人们的闲暇时间呈同方向变化

旅游产品是一种特殊的消费，必须花费时间，闲暇时间不仅对旅游需求的产生具有决定性作用，而且直接影响着旅游需求量的变化，当人们的闲暇时间增多时，旅游需求量就相应增加；当人们的闲暇时间减少时，旅游需求量就相应减少。旅游需求量与人们的闲暇时间基本上呈正比例变化的关系（图 4-3）。此关系的函数式可以表示为：$D=f(T)$。其中，T 表示闲暇时间；D 表示一定时期内的旅游需求量；f 表示两者之间的函数关系。

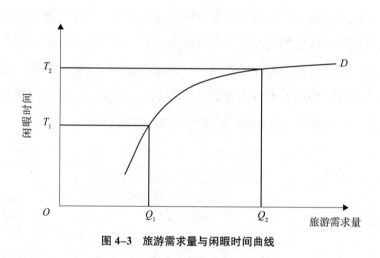

图 4-3　旅游需求量与闲暇时间曲线

（四）旅游需求曲线的变动

在旅游产品价格不变的前提下，如果其他因素的变化使旅游需求增加，则需求曲线向右平移，如由图 4-4 中的 D 曲线向右平移到 D_1 曲线的位置。如果其他因素的变化使旅游需求减少，则需求曲线向左平移，如由图 4-4 中的 D 曲线向左平移到 D_2 曲线的位置。由旅游需求变动所引起的这种需求曲线位置的移动，表示在每一个既定的价格水平下，旅游需求量都增加或者减少了。例如，人们可自由支配收入增加，引起旅游需求增加，需求曲线由 D 曲线向右平移到 D_1 曲线，在既定的旅游产品价格水平 P_0 处，旅游需求量由 D 曲线上的 Q_0 增加到 D_1 曲线上的 Q_1；

相反，人们可自由支配收入减少，引起旅游需求减少，需求曲线由 D 曲线向左平移到 D_2 曲线，在既定的旅游产品价格水平 P_0 处，旅游需求量由 D 曲线上的 Q_0 减少到 D_2 曲线上的 Q_2。

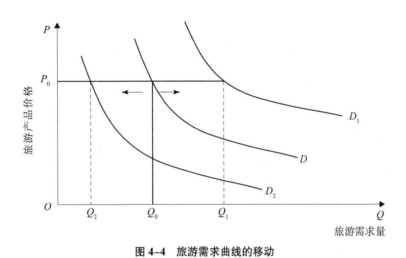

图 4-4　旅游需求曲线的移动

二、旅游需求指标体系

旅游需求指标是指综合反映旅游需求状况，并用于预测旅游需求发展趋势的指标，是旅游经济指标体系的有机组成部分。旅游需求指标反映出一定时间、地区和条件下旅游需求的现状和发展前景，主要有旅游者人数指标、旅游者停留天数指标、旅游者消费指标等。

（一）旅游者人数指标

旅游者人数指标反映了旅游目的地在一定时期内接待国内外旅游者的数量状况，包括旅游者人数和旅游者人次两个指标。

1. 旅游者人数

旅游者人数是指旅游目的地在一定时期内所接待的旅游者总人数，主要用来衡量旅游者对旅游产品的需求总量状况。

2. 旅游者人次

旅游者人次是指一定时期内到某一旅游目的地的旅游者人数与平均旅游次数乘积。因为同一旅游者有可能多次到同一旅游目的地访问，所以统计出来的旅游者人次往往会高于旅游者人数。

（二）旅游者停留天数指标

1. 旅游者停留总天数

旅游者停留总天数是指一定时期内旅游者人次数与人平均过夜天数的乘积。这一指标从时间的角度反映了旅游者对旅游目的地国家或地区的产品需求状况，同时也体现了该目的地旅游产品吸引力的大小。

2. 旅游者人均停留天数

旅游者人均停留天数是指一定时期内旅游者停留天数与旅游者人次数的商数。它从平均数的角度反映了旅游需求的现况，以便揭示旅游需求的变化趋势。

（三）旅游者消费指标

1. 旅游者消费总额

旅游者消费总额是指一定时期内旅游者在旅游目的地的全部货币支出。如旅游者在旅游过程中支出的餐饮费、住宿费、交通费等。对旅游目的地国家或地区来说，这一指标反映了该国或地区的旅游收入，具有重要的经济意义。

2. 旅游者人均消费额

旅游者人均消费额是指一定时期内旅游者消费总额与旅游者人次之比。它从平均数的角度以价值形态反映了某一时期的旅游需求状况。可以通过该指标分析各客源市场的消费水平，了解旅游者消费的变化情况，进而确定相应的目标市场和营销策略。

3. 旅游消费率

旅游消费率是指一定时期内一个国家或地区的出国旅游消费总额与该国或该地区的居民消费总额或国民收入的比值。它从价值角度反映了一定时期内某一国家或地区的居民对出国（地区）旅游的需求强度。

（四）其他旅游指标

1. 旅游出游率

旅游出游率，也称旅游密度：在一定时期内一国或一地区外出旅游的人次与其总人口的比率。

总出游率＝出国（地区）旅游人次／该国（地区）总人口

净出游率＝出国（地区）旅游人数／该国（地区）总人口

这一指标反映的是一定时期内，一个国家或地区居民出国（地区）旅游的需求状况。

2.旅游重游率

旅游重游率或称旅游频率：一定时期内一个国家或地区的出国（地区）旅游人次与出国（地区）旅游人数之比。

旅游重游率 = 出国（地区）旅游人次 / 出国（地区）旅游人数

这一指标反映的是一定时期内，一个国家或地区居民出国（地区）旅游的频率。

三、旅游需求弹性

（一）弹性的一般概念

经济学上"弹性"概念的含义——两个具有函数关系的事物或变量中，一个经济事物（因变量 Y）对另一个经济事物（自变量 X）变化的反应程度。弹性一般可分为点弹性和弧弹性。

（1）点弹性。点弹性是指当自变量变化很小时（即在某一点上）而引起的因变量的相对变化。其用公式可表示为

$$E = \left| \frac{\Delta Y / Y}{\Delta X / X} \right|$$

（2）弧弹性。弧弹性是指自变量变化较大时，取其平均数对因变量的相对变化量。其计算公式如下：

$$E_a = \left| \frac{Y_1 - Y_0}{(Y_1 + Y_0)/2} \div \frac{X_1 - X_0}{(X_1 + X_0)/2} \right|$$

式中，E_a 为弧弹性；X_0，X_1 为变化前后的自变量；Y_0，Y_1 为变化前后的因变量。

点弹性与弧弹性的重要区别在于点弹性是指因变量相对于自变量某一点的变化程度，弧弹性则是指因变量相对于自变量某一区间的变化程度。

（二）旅游需求弹性

旅游需求弹性是指旅游需求对影响因素变化的敏感性，即旅游需求量随其影响因素的变化而相应变化的程度。由于旅游产品的价格和人们可自由支配收入是影响旅游需求的最基本因素，因此旅游需求弹性可具体划分为旅游需求价格弹性和旅游需求收入弹性。

1.旅游需求价格弹性

旅游需求价格弹性是指旅游需求量对旅游产品价格的反应程度，表示在一定时期内一种旅游产品需求量的变动对该产品价格变动的反应程度。根据旅游需求规律，为了测量旅游产品需求数量随旅游产品价格的变化而相应变化的程度，引

入旅游需求价格弹性系数。旅游需求价格弹性系数，主要是指旅游产品价格变化的百分数与需求量变化的百分数的比值。其计算公式如下：

$$E_{dp} = \frac{(Q_1 - Q_0)/Q_0}{(P_1 - P_0)/P_0}$$

由于价格与需求量呈反向关系，因而旅游需求价格弹性系数为负值，于是根据旅游需求价格弹性系数 E_{dp} 的绝对值大小，通常可区分为三种情况。

（1）当 $|E_{dp}| > 1$ 时，旅游需求量变动的百分比大于旅游产品价格变动的百分比，因此称旅游需求富于弹性。如果旅游需求是富于弹性的，其需求曲线上的斜率较大。在实际中这表明旅游产品价格提高，旅游产品需求量将减少，但减少的百分比大于价格提高的百分比，从而使旅游总收益减少；相反，如果价格下降，则需求量增加，但增加的百分比大于价格下降的百分比，从而使旅游总收益增加。

（2）当 $0 < |E_{dp}| < 1$ 时，旅游需求量变动的百分比小于旅游产品价格变动的百分比，因此称旅游需求缺乏弹性。如果旅游需求是缺乏弹性的，则其需求曲线上的斜率就较小。在实际中这表明旅游产品价格提高，需求量将减少，但减少的百分比小于价格提高的百分比，从而使旅游总收益增加；相反，如果价格下降，需求量将增加，但增加的百分比小于价格下降的百分比，从而使旅游总收益减少。

（3）当 $|E_{dp}| = 1$ 时，旅游需求量变动的百分比与旅游产品价格变动的百分比相等，因此称这种旅游需求价格弹性为单位弹性。如果旅游产品的需求价格弹性属于单位弹性，则旅游需求价格的变化对旅游经营者的收益影响不大。

旅游需求价格弹性在旅行社产品定价中的运用如下。

（1）按旅游目的，其可分为观光旅游市场、会议奖励旅游市场、商务旅游市场、文艺旅游市场等。①观光旅游市场：一般来说，旅游者对价格较为敏感，旅游需求富于弹性。旅行社针对这一市场首先应考虑低价策略，以薄利多销取胜。②会议奖励旅游市场：会议奖励旅游是我国各大旅行社的重要产品，组团总量由原来的 6% 上升到 10%。其旅游费用开支由公司承担，不受旅游者收入的制约，也不受闲暇时间的制约，旅游者对价格不灵敏，旅游需求缺乏弹性。旅行社应采取高质高价的策略。③商务旅游市场：商务旅游者的收入水平较高，往往需要豪华的住宿条件和优质的服务，旅游者对价格不敏感，旅游需求缺乏弹性。旅行社应采取高质高价策略。④文艺旅游市场：如孔子文化节、青岛啤酒节，不受季节的影响，这种旅游活动与地方文化有关，市场对价格并不敏感，旅游需求缺乏弹性。

（2）按年龄，其可分为老年旅游市场、青年旅游市场等。①老年旅游市场：这一旅游群体闲暇时间多、收入高且有一定积蓄，因此，对旅游价格并不敏感，旅游需求缺乏弹性。旅行社应采取高质高价策略。②青年旅游市场：青年游客富有朝气、精力旺盛、喜欢冒险，其旅游花费主要来自家庭的收入，对价格较为敏感，旅游需求富于弹性，旅行社应采取低价策略。

影响旅游需求价格弹性的因素很多，其中主要有：①旅游产品对旅游者的重要程度，重要程度越高，需求弹性越小。例如，商务旅游等与工作息息相关的旅游类型对人们的重要程度相对较高，因此价格的变化对需求量的影响较小；反之，重要程度较低，则需求弹性较大。②旅游产品的可替代性。一般来说，一种旅游产品的可替代品越多，相近程度越高，则该产品的需求价格弹性往往就越大；反之，则需求弹性越小。③旅游产品的消费支出在消费者预算总支出中所占的比重，比重越大，需求弹性越大；反之，则需求弹性越小，这是因为当支出所占比重较小时，消费者往往不太重视旅游产品价格变化。④所考察的旅游者调节需求量的时间。一般所考察的调节时间越长，则需求弹性就越大；反之，则需求弹性越小，这是因为，旅游者在决定减少或停止对价格上升的某种旅游产品的购买之前，他一般需要花费时间去寻找和了解该产品的可替代品。

2. 旅游需求收入弹性

旅游需求不仅对旅游价格的变化具有敏感性，而且对人们的可自由支配收入变化也有灵敏反应。旅游需求收入弹性指一定时期内旅游者就某种旅游产品的需求量的变动对消费者可自由支配收入变化的反应程度。或者说，它表示在一定时期内当旅游者的可自由支配收入变化百分之一时所引起的某种旅游产品需求量变化的百分比。它是旅游产品的需求量的变动率和旅游者可自由支配收入的变动率的比值，其计算公式为

$$E_{di} = \frac{(Q_1 - Q_0)/Q_0}{(I_1 - I_0)/I_0}$$

其中，E_{di} 为旅游需求收入弹性系数；I_0，I_1 分别为初期、终期的可自由支配收入。通常旅游需求量与人们的可自由支配收入同方向变动，因此旅游需求收入弹性常表现为正值。但也存在例外情况：有些旅游产品的需求收入弹性为负值，这类产品往往属于低档品，所以当人们的可自由支配收入提高时，对它们的需求会减少。如一些大众市场的旅游产品、长途公共汽车旅游产品等。

由于旅游需求量随人们可自由支配收入的增减而相应增减，因而旅游需求收入弹性系数始终为正值，这一正值表明：当收入上升百分之一时引起需求量所增加的百分比；或者当收入下降百分之一时引起需求量下降的百分比，并且也可以区分为以下三种情况。

（1）当 $|E_{di}| > 1$ 时，旅游需求量变动的百分比大于人们可自由支配收入变动的百分比，说明旅游需求对收入变化的敏感性大，因此人们可自由支配收入发生一定的增减变化，会引起旅游需求量发生较大程度的增减变化。

（2）当 $0 < |E_{di}| < 1$ 时，旅游需求量变动的百分比小于人们可自由支配收入变动的百分比，说明旅游需求对收入变化的敏感性小，因而人们可自由支配收入发生一定的增减变化，只能引起旅游需求量发生较小程度的增减变化。

（3）当 $|E_{di}| = 1$ 时，旅游需求量变动的百分比与人们可自由支配收入变动的百分比相等，因此旅游需求收入弹性为单位弹性，即旅游需求量与人们可自由支配收入按相同比例变化。

通常，高级消费品的需求收入弹性都较大，这是因为，随着社会生产力的发展及人们收入水平的提高，人们用于低级的生活必需品的支出比重将逐渐下降，而用于高级生活消费品的支出比重将逐渐上升。旅游活动正是满足人们高层次生活的需求，并逐渐成为人们必不可少的生活消费品，所以旅游需求收入弹性一般都比较大。国际有关组织的研究表明：旅游需求收入弹性系数一般都在 1.3~2.5，有的国家（地区）甚至在 3.0 以上。

研究旅游需求收入弹性的意义就是提醒旅游目的地和旅游经营者要密切关注旅游客源地的经济发展状况以及居民可自由支配收入的变化情况，以预测这种变化对其旅游产品需求的影响，从而采取必要的措施，扩大市场需求或降低可自由支配收入减少对旅游产品需求产生的负面影响。

第三节　旅游客源市场开发

一、旅游客源市场细分

（一）市场细分的概念

市场细分又称市场分割，它是按照购买者的需求和欲望、购买态度、购买行为特征等不同因素，把一个市场划分为若干不同购买者群体的行为过程。市场细分是在20世纪50年代中期由美国营销学家温德尔·斯密斯（Wendell Smith）在总结企业按照消费者不同需求组织生产的经验中提出来的。当时对市场细分的理解是：①市场细分不是据企业产品进行分类，而是从满足消费者需求的角度进行划分。②划分结果是形成若干不同的购买群体，不同细分市场之间顾客的需求、欲望和对营销因素的反应具有明显差异；同一细分市场内，顾客的需求特征又相对比较一致。

（二）市场细分的理论依据

三种市场细分模式如图4-5所示。

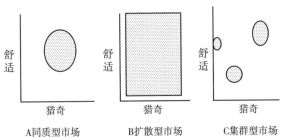

- 同质型市场：
  - 所有消费者有大致相同偏好的市场。
- 扩散型市场：
  - 消费者偏好在空间上四外散布，表明了消费者对于产品的要求存在差异。
- 集群型市场：
  - 市场可能出现有独特偏好的密集群，这些密集群可称为自然的细分市场。

图4-5　三种市场细分模式

1. 同质型市场

该市场上所有消费者的爱好大体相同，不存在自然差别市场，所以也就不存在进一步分割的必要。在这类市场上，消费者对产品的需求不存在显著的差异，因此，不同的生产者只要提供相同或类似的产品和服务，就可以吸引所有的消费者。

2. 扩散型市场

该市场上消费者的需求偏好很不集中，呈分散状态，极端的情况是任何两个消费者的需求都有差异。对于这种市场，细分是不可能的，生产者只有生产某种产品去吸引少数甚至个别消费者。

3. 集群型市场

该市场各类消费者的需求呈现几种基本状态或类型，彼此有明显的差别。在同类消费者内部，需要将具有类似需求的消费者加以归类，这样就形成若干细分市场，这是生产者将设法占据的基本领地。

现代市场实际上相当复杂，既有扩散型市场，也有同质型市场，在这两极之间还有很多过渡类型。如食盐、糖等产品，其市场需求基本上没有太大的差异，而绝大部分市场是属于需求有明显差异的市场，这种市场称为异质市场。旅游市场就是一个十分典型的异质市场。随着国际上社会经济的发展，各国（地区）间政治、经济往来日益频繁，旅游活动也越来越普及。特别是随着大众旅游的发展，人们对旅游的需求也日益复杂，对旅游业的需求类型增多、数量增加。这就要求旅游管理者针对不同旅游爱好者的需求提供相宜的旅游项目。

（三）旅游客源市场细分的概念与作用

1. 旅游客源市场细分的概念

旅游客源市场细分是旅游市场营销管理人员根据旅游消费者对旅游产品需求的差异性，将旅游客源市场划分为若干具有不同需求特征的子市场的过程。市场细分是一个先分后合的过程，市场细分的标准是不同消费者的消费特征，市场细分的最终目的是使旅游企业现有的生产能力、产品供应特征最大限度地满足消费者需求。

2. 旅游客源市场细分的作用

对任何企业来说，其各种资源要素都是有限的。企业必须进行市场定位，而市场定位的基础就是市场细分。旅游客源市场细分是指根据旅游者的需求、偏好、购买行为等方面的差异性，把一个整体旅游客源市场划分为若干个消费者群体的市场分类过程，所划分出来的每一个消费者群体就是一个细分市场。例如，旅游经营者可根据旅游者外出旅游的不同目的，将整个旅游客源市场划分为度假型、商务型、观光型、探亲访友型等。旅游客源市场的细分具有以下几个重要的作用。

（1）有利于旅游企业分析、发掘新的旅游客源市场机会。通过市场细分，旅游企业可以对每个细分市场的需求状况进行了解，掌握不同旅游者群体的需求满足程度，了解哪些旅游者群体的需求得到了满足，哪些旅游者群体的需求未得到满足或未完全满足；还可以分析比较不同细分市场中竞争者的营销状况，着眼于旅游者未满足的需求或者竞争对手较弱的细分市场，寻找有利时机，开拓新市场。

（2）有利于旅游企业的市场定位。由于市场供求状况的影响和旅游企业的实力所限，一个旅游企业难以在整体市场或者较大的市场上建立自己的竞争优势。特别是对于旅游业中的绝大多数中小旅游企业而言，通过市场细分，可以根据自身的实际情况，寻找并集中服务于某一细分市场的旅游者，推出相应的营销策略，避免与大旅游企业进行直接竞争，那么，中小旅游企业同样也可以在市场上占据一席之地。

（3）有利于旅游企业提高市场竞争力。通过市场细分，旅游企业可以根据目标市场的特点集中使用人力、物力和财力等各种资源来满足旅游者的需求，提高经济效益；同时，旅游企业还可以根据市场需求的变化，及时、准确地调整产品和服务的结构，使旅游产品和服务适销对路，扩大销售，提高资金使用率。

（4）有助于旅游企业有针对性地制定旅游客源市场营销组合策略。通过市场细分，各个目标市场的特征明确，旅游企业可以更加清楚地了解目标市场旅游者的需求和欲望，有针对性地收集细分市场的信息，使旅游企业迅速调整营销策略；同时，市场细分还能使旅游企业比较容易了解目标市场的旅游者对营销策略的反应，营销人员可以有针对性地选择促销媒介和技巧，进行准确的定位，少走弯路。

（四）旅游客源市场细分的原则

为了保证客源市场细分的质量，企业在进行客源市场细分工作时应坚持以下五个原则。

1. 可衡量性

可衡量性是指市场细分的标准和细分后的市场可以衡量。如果某些细分标准或旅游者的特点和需求很难衡量，那么这个细分市场的大小就很难测定。一些带客观性的细分标准，如年龄、性别、收入、受教育程度、地理位置、民族和种族等，往往易于确定，并且有关它们的信息和统计数据，通过统计部门比较容易获得。但是，一些带主观性的细分标准，如心理因素，则较难断定。同时，经过细分后的市场的范围、容量、潜力等也必须是可以衡量的，这样才有利于确定企业的目标市场，这样的细分方法对企业才有实际价值。

2. 可盈利性

可盈利性是指细分市场的容量能够保证从中获得足够大的经济效益。它一方面要求细分市场具有一定的规模和稳定性，有足够的潜在购买者，并且他们又有充足的货币支付能力，使企业能补偿成本，并获得利润；另一方面还要求该细分市场具有一定的潜力，企业不仅在短期内可以盈利，而且通过努力可以扩大市场，使其保证长久效益。

3. 可进入性

可进入性是指对细分出来的市场，旅游企业可以利用现有的人力、物力和财力去占领，达到能够进行有效促销和分销的程度。这些细分市场中的旅游者，必须在易于接触和沟通方面具有充分的相似之处，以便企业较经济又有效地与这些潜在顾客接触沟通。这些旅游者可能在地理上是比较集中的，也可能经常接触相同的广告媒体，这样企业便可通过使用相应的促销手段，经济而有效地向他们定向传播信息。

4. 稳定性

严格的旅游市场细分是一项复杂而又细致的工作，因此要求细分后的市场具有相对的稳定性。如果变化太快、太大，会使制定的营销组合策略很快失效，造成营销资源分配重新调整的损失并形成企业市场营销活动的前后脱节和被动局面。

5. 合法性

市场细分必须在法律和道德允许范围内进行。有些市场需求如赌博、毒品、色情旅游和不健康活动等，虽有厚利可图，但为法律或道德所不允许，也不可作为细分市场的依据，不得选为目标市场。

（五）旅游客源市场细分的方法

旅游客源市场的细分标准也称旅游客源市场的细分变量，是指由于年龄、性别、收入、职业、受教育程度、生活方式等因素的影响和作用，旅游者在欲望和消费需要方面产生了明显的差异。细分旅游客源市场所依据的标准很多，根据市场营销学的一般原理，可从地理、社会状况、购买行为和心理因素四个方面对旅游客源市场进行细分。

1. 地理

按地理细分是指营销人员按照消费者所在的地理位置来细分市场。地理细分因素包括地区、国家、城市、乡村、气候、人口密度、空间距离等，根据上述细分因素，可将旅游客源市场分为不同的细分市场。

（1）按世界上的主要地区，旅游客源市场可以分为六大区域市场：东亚及太平洋区、南亚区、中东区、非洲区、欧洲区、美洲区。通过这种地理划分，能够弄清世界旅游客源市场的区域分割、各区域市场的比重、旅游发展速度、市场潜力、旅游者流向和流量等。据有关统计，欧洲和北美出国旅游者及所接待的国际旅游者人数最多，国际旅游收入也最高。而近 20 年来，旅游业发展和增长最快的地区则是东亚及太平洋区。

（2）按接待国（地区）与客源国（地区）的距离远近，旅游客源市场可以分为近程旅游客源市场和远程旅游客源市场。近程旅游客源市场是指洲内或地区内、绝对比重大、文化差异小、时间短、重复使用率高、消费相对低、行动方便、易于接近的市场。远程旅游客源市场是指地区以外、消费水平高、逗留时间长、文化差异大、影响因素多、变化较大的市场。

（3）按人口密度、城市及气候，旅游客源市场分为城市旅游客源市场和乡村旅游客源市场；气候因素也可以构成有利的细分市场，凡气候寒冷、缺少阳光地区的游客如北欧各国旅游者一般趋向于温暖、阳光充足的地区旅游，因此地中海变成了这部分游客的主要目的地。

2. 社会状况

影响人们进行旅游活动的社会经济因素比较多，包括年龄、家庭年龄结构、生命周期、性别、种族、宗教、收入、国籍、职业、社会阶层、受教育程度、文化与血缘关系等，这些社会经济因素是重要的旅游客源市场细分依据。依据年龄因素，旅游客源市场可以划分为青少年旅游客源市场、成年人旅游客源市场、中年人旅游客源市场和老年人旅游客源市场。依据性别因素，旅游客源市场可以划分为男性旅游客源市场和女性旅游客源市场。一般来说，男性旅游者独立性较强，更倾向于知识性、运动性、刺激性较强的旅游活动，公务、体育旅游者较多；而女性旅游者更注意旅游目的地的选择，注意财产安全因素，喜好购物，对价格较敏感。依据旅游者的职业与收入，旅游客源市场可划分为豪华旅游客源市场、标准旅游客源市场和经济旅游客源市场。总之，按照旅游者的社会状况细分，也是很常见的旅游客源市场细分办法，旅游经营者需要结合实际需要进行细分。

3. 购买行为

按旅游者购买行为细分旅游客源市场，包括购买目的与时机、追求的利益、消费水平、消费者忠诚度等，被认为是旅游客源市场细分的最佳依据。

（1）购买目的与时机。旅游者由于旅游目的与动机不同，可能被不同的旅游项目所吸引。就一般旅游者外出旅游的目的来划分，大致包括以下几种主要类型的细分市场：休闲度假、探亲访友、商务及专业访问、健康医疗、宗教和其他。具体来说，休闲度假旅游，主要包括观光旅游、度假旅游、娱乐旅游等。探亲访友旅游，是以前往旅游目的地拜访亲友为主要目的的旅游类别，其特点是对价格比较敏感，停留时间较长且旅游目的地较为单一。商务及专业访问旅游，主要包括在惯常环境以外的所有商务和专业访问活动，如商务旅游、公务旅游、会议旅游、奖励旅游和专项旅游等。健康医疗旅游，指离开惯常环境的以健康、医疗为主要目的的旅游，如体育旅游、保健旅游。宗教旅游，指以朝拜、传经布道为目的的旅游活动。

（2）追求的利益。按旅游者追求的利益细分客源市场时，运用利益细分法，首先要找准顾客购买产品时到底要追求什么利益。市场按消费者的利益可分为地位、追求品牌、时髦人物、有名望的企业和产品、经济、价值、效用、物有所值、自我形象、享乐等。

（3）消费水平。按旅游者消费水平细分市场时，根据旅游者购买某种旅游产品数量，可以将市场分为批量购买者市场、适量购买者市场和少量购买者市场。具体来说，批量购买者的人数也许很少，但往往他们的旅游消费支出却占全市场支出的很大比重，并且重复购买的机会很多，应该受到旅游企业的重视。

（4）消费者忠诚度。按消费者忠诚度细分市场时，按照信赖程度可以将其划分为忠诚型旅游客源市场、中立型旅游客源市场、厌恶型旅游客源市场。忠诚型旅游客源市场对特定旅游品牌有着较高的忠诚度，一般情况下，都会选择特定的旅游服务提供商，不会轻易改变。中立型旅游客源市场对旅游品牌并无特定偏好，哪家旅游服务性价比高，就选择哪家。厌恶型旅游客源市场对某些旅游品牌存在明显的抵触心理，往往是因为这些品牌曾曝出严重负面新闻或者旅游者以往在此购买过的旅游服务体验极其不佳。

4. 心理因素

按旅游者心理因素，主要从旅游者的生活方式和旅游者的性格特征对旅游客源市场进行细分。

（1）生活方式是一个人或集团对于消费、工作和娱乐活动的特定习惯倾向性方式，与旅游者的社会经济地位、文化程度、年龄、性别、居住地区以及平时的生活习惯密切相关。

（2）旅游者的性格特征是多种多样的。如一个新、奇、特的旅游目的地对于那些自信、爱好旅游、喜欢新奇和冒险、追求独特体验的旅游者有着极大的吸引力。因此，旅游企业和旅游目的地应根据旅游者的不同需求与愿望，不断推出新的旅游产品，以满足他们的旅游需求。

二、旅游客源市场定位

（一）旅游客源市场定位的概念

1. 旅游客源市场定位的含义

旅游客源市场定位是旅游企业根据目标市场上的竞争者和企业自身的状况，从各方面为本旅游企业的旅游产品和服务创造一定的条件，进而塑造一定的市场形象，以求在目标顾客心目中形成一种特殊的偏好。旅游客源市场定位是旅游企业在全面了解、分析竞争对手在目标市场的位置后，确定自身的旅游产品及营销组合如何接近和吸引旅游消费者群体的一种营销活动。简单地说，旅游市场细分和旅游目标市场的选择是让旅游企业如何找准顾客，而旅游客源市场定位则是让旅游企业如何赢得顾客的"芳心"。

2. 旅游客源市场定位的意义

（1）有利于旅游企业营销活动的精确执行。解决旅游企业市场定位问题的好处在于，它能够帮助企业解决好营销组合问题，并保证营销组合策略的精确执行。例如，一个定位于"优质产品和服务"的旅游企业知道，它必须提供优质的旅游产品和服务，相应地，制定一个较高的价格，通过高档的销售渠道进行分销，以及在品位高的杂志上登广告，这是塑造一种始终如一的、令人信服的高质量形象的主要途径。

（2）有利于旅游企业造就和强化在旅游者心目中的持久形象，建立竞争优势。旅游企业根据目标顾客群的消费需要和企业自身情况，为产品在市场上确定一个明确的、区别于竞争者的、符合目标顾客群特殊需要的位置，突出了旅游企业的经营特色，有利于形成旅游企业的竞争优势。

（3）有利于旅游企业拓展目标市场潜力。通过市场定位，旅游企业可以集中有效地利用营销资源开展营销活动，可以充分发掘市场潜力，避免了过度开发而造成人力、物力、财力浪费。

（二）旅游客源市场定位的作用

旅游企业进行准确的客源市场定位，其作用主要体现在以下几个方面。

1. 有利于企业建立竞争优势

竞争优势，按照"战略管理大师"迈克尔·波特（Michael Porter）的描述，产生于企业为顾客所能创造的价值，而这个价值量大于企业本身创造这个价值时所花费的成本。顾客愿意花钱购买的就是价值，花费低于竞争对手的价格而获得等值的利益，或者得到足以抵消较高价格的独特利益（即超值），顾客均会感到满意。而旅游企业要建立竞争优势，最大限度地让顾客满意，就必须事先明确企业在哪些方面与竞争对手不一样，在顾客心中处于什么位置，即定好位。

2. 有利于企业营销组合策略的精确执行

营销组合——产品、价格、渠道和促销是执行定位战略的战术细节的基本手段。如果说确定目标市场是让营销人员知道为什么要制定相应的营销组合策略的话，那么准确的定位战略则是告诉营销人员如何设计营销组合的内容。旅游客源市场定位是旅游企业营销组合策略制定与执行的基础，通过细分市场，选择合适的目标市场，进行准确的市场定位，有利于确定旅游企业的经营方向、营销组合策略的内容与资源的配置，有利于营销人员制定营销组合策略并执行。

3. 避免企业间的恶性竞争

旅游企业如果不能突出自身优势，让企业与竞争对手区别开来，在争夺同样的目标旅游者时，由于客源的有限性，必然进一步加剧市场竞争，甚至会出现恶性竞争的局面。由于没有进行有效的市场定位，企业产品雷同，在产品种类、服务、人员、形象等方面没有明显的差异，企业间的竞争就会更多地反映在价格上。价格竞争又会进一步降低企业的利润，使企业缺乏技术改造和提高服务质量的资金，最终影响到企业和整个行业的发展。

（三）旅游客源市场定位的步骤

旅游客源市场定位的关键是企业设法在自己的产品上找出比竞争者更具有竞争优势的特性，根据竞争者现有产品在细分市场上所处的地位和旅游者对产品某些特性的重视程度，塑造出本企业产品的市场定位。因此，旅游企业市场定位的全过程可以通过以下三个步骤来完成。

1. 识别企业的竞争优势

顾客一般都会选择那些给自己带来最大价值的产品和服务。因此，赢得和留住顾客的关键是要比竞争对手更好地理解顾客的需要，并向他们提供更多的价值。正如美国学者波特在《竞争优势》一书中所指出："竞争优势来自企业能为顾客创造的价值，而这个价值大于企业本身创造这个价值时所花费的成本。""竞争优势有两种类型：成本优势和产品差别化。"据此，可以明确，旅游企业的竞争优势取决于其旅游产品开发设计和经营管理方面的成本优势及其旅游产品的创意设计能力。

要想确定企业的竞争优势，需要具体了解以下问题：竞争对手的产品定位是怎样的？目标市场上旅游者的需要和欲望的满足程度如何，哪些需要和欲望是尚未得到满足的？针对竞争对手的市场定位和目标市场上旅游者需要的利益，企业可以做什么？通过回答以上三个问题，旅游企业就可以从中找出与竞争对手的差异所在，并由此确定自己的竞争优势。

2. 选择有价值的竞争优势

并不是所有的差异都能成为竞争优势，旅游企业要做的就是区分哪些差异能够成为有价值的竞争优势。通常，企业要对以下几个方面进行衡量。

（1）重要性：要能够给相当数量的旅游者带来实惠。

（2）独特性：既没有其他企业使用，也不能再以更独特的方式被竞争对手使用。

（3）可沟通性：易于被旅游者见到并理解。

（4）可负担性：旅游者负担得起差异带来的费用。

（5）获利性：旅游企业能够从中获得利益。

大多数旅游者对各个旅游企业之间的细微差异并不十分感兴趣，旅游企业也没有必要费时、费力去深入探求每一处的不同。一般来说，旅游企业只需要对那些最能体现企业风格、最适合目标市场需要之处进行必要宣传即可。这就要求企业确定突出多少种差异和突出哪些差异。

3. 沟通及传播企业的市场定位

在确定了市场定位后，旅游企业就必须把它准确无误地传递给目标旅游者，使其独特的竞争优势在旅游者心目中留下深刻印象。旅游企业要通过营销活动使目标旅游者了解、熟悉、认同本企业的市场定位，并在旅游者心目中建立与其定位相一致的形象。如一家旅游企业定位于"质量上乘"，那么它就必须努力地把这种信息传播出去。优质产品的信息可以通过营销的其他要素表达出来，如高价格，因为在人们的观念中高价格往往意味着高质量：高品质的旅游产品设计、高质量的广告媒体选择、高素质经销商的合作等。这一切必须与企业"质量上乘"的定位相一致。

此外，旅游企业还要不断强化其市场形象并保持与目标旅游者的沟通，以巩固其市场地位。如果目标旅游者对企业的市场定位理解出现偏差，或者企业因宣传上的失误而造成目标旅游者的误会，企业要及时纠正与其市场定位不一致的形象。

（四）旅游客源市场定位的方法

旅游客源市场定位的常用方法有以下几种。

1. 初次定位

初次定位是指新成立的旅游企业初入市场、旅游新产品投入市场，或者旅游产品进入新市场时，企业为满足某一特定目标旅游者的需要，采用所有的市场营销组合而使其竞争优势与特色为目标旅游消费群体接受的过程。

2. 避强定位

这是一种避开强有力的竞争对手进行市场定位的方法。当企业意识到自己无力与强大的竞争者抗衡时，则远离竞争者，根据自己的条件及相对优势，突出宣传自己与众不同的特色，满足市场上尚未被竞争对手发掘的需求，这就是避强定位。这种定位的优点是能够迅速地在市场上站稳脚跟，并在旅游者心中尽快树立起一定形象。由于这种定位方法市场风险较小，成功率较高，常常为多数旅游企业所采用。

3. 迎头定位

这是一种以强对强的市场定位方法，即将本企业形象或产品形象定在与竞争者相似的位置，与竞争者争夺同一目标市场。例如，于1999年10月开通的城际快速列车，以其快速、舒适、便利、价格合理的优势，吸引了更多的乘客，与航空客运展开了针锋相对的竞争。实行迎头定位的旅游企业应具备的条件是比竞争对手设计出质量更好或成本更低的旅游产品；市场容量大，能容纳两个或两个以上的竞争者；拥有比竞争者更多的资源和能力。这种定位方法存在一定风险，但能够激励企业以较高的目标要求自己奋发向上。

4. 重新定位

重新定位是指旅游企业通过改变产品特色等手段，改变目标旅游者对产品的认识，塑造新的形象。即使企业产品原有定位很恰当，但当出现下列情况时，也需要考虑重新定位：①竞争者推出的市场定位侵占了本企业品牌的部分市场，使本企业产品市场占有率下降。②旅游者偏好发生了变化，从喜爱本企业品牌转移到喜爱竞争对手的品牌。所以，一般来说重新定位是企业为了摆脱经营困境、寻求重新获得竞争力的手段。当然，重新定位也可作为一种战术手段，并不一定是因为陷入困境，相反，可能是由于发现了新的产品市场范围。

三、旅游客源市场营销

（一）旅游客源市场营销的概念

旅游客源市场营销作为市场营销的一个分支，具备市场营销的一般内涵。我们可以这样理解旅游客源市场营销：它是旅游组织和个体（个人和组织）对思想、产品和服务的构思、定价、促销和分销的计划与执行过程，以创造达到经济个体（个人和组织）目标的交换。从上述概念中可知，旅游客源市场营销具有三层含义。

（1）以交换为中心，以旅游者为导向，以此来协调各种旅游经济活动，力求通过提供有形产品和无形劳务使旅游者满意来实现旅游企业的经济目标和社会目标。

（2）旅游客源市场营销是一个动态过程，包括分析、计划、执行、反馈和控制，更多地体现旅游组织和个体的管理功能，旅游市场营销是对营销资源（诸如旅游市场营销中的人、财、物、时间、空间、信息等资源）的管理。

（3）旅游客源市场营销适用范围较广。这一方面体现在旅游客源市场营销的主体广，包括所有旅游组织和个体；另一方面体现在旅游客源市场营销的客体也多，不仅包括对有形产品的营销，还包括对无形劳务的营销，以及旅游组织和个体由此所发生的一系列经济行为。

（二）旅游客源市场营销的特征

旅游客源市场营销作为旅游企业在市场中生存和发展的有效途径，对旅游企业的影响巨大，总体而言，旅游客源市场营销具有如下特征。

1. 营销导向

旅游企业的一切经营活动都必须以市场需求为出发点和归宿。不同的产业有不同的经营导向，诸如生产导向、推销导向和营销导向。而旅游产业由于其服务对象是人，因而如何针对不同人的不同需求设计和开发旅游产品，成为旅游企业生存和发展的根本。旅游企业以旅游者为核心，通过满足旅游者的需求而获取利润。有别于生产导向和推销导向，营销导向正是20世纪50年代后兴起的具有革命性意义的全新经营观念。

2. 管理导向

旅游企业的营销环境由诸多因素（如人口、政治、文化、经济、社会、技术等）构成，这些因素随着时间和空间不断变化，而旅游客源市场营销的实质在于

"旅游企业对于动态环境的创造性适应"，运用一切可利用的资源，通过产品、渠道、价格和促销等实现对环境的适应。环境变化，则旅游企业要做相应的变化，管理导向作为现代旅游市场营销的特征之一，日益受到旅游企业的重视和运用。

3. 信息导向

旅游客源市场营销的最终目的是满足旅游者的需求，必须借助信息的传导。现代旅游消费特征越来越个性化，对复杂、多样的旅游者需求须做深入、细致的调查。与此同时，旅游企业的内外部环境复杂多变，加之其产品缺乏专利保障，因而旅游企业之间的竞争日益侧重于旅游产品的质量、服务及旅游企业形象，无形中加大了旅游企业的经营风险，所有这些决定了信息在旅游企业市场营销中的重要地位。

4. 战略导向

旅游客源市场营销对旅游企业的长远发展有着十分重要的影响，要求旅游企业对市场环境的长期适应性。因而，现代旅游企业中最有战略眼光的旅游企业纷纷推出"绿色旅游""永续旅游""生态旅游"等，一方面使人们回归大自然；另一方面，加强环境保护意识。在当前这个日新月异的时代，旅游企业若要持续地发展，则必须依赖于对环境的适应，依赖于现代市场营销中的战略导向。

（三）旅游客源市场营销新理念

进入 20 世纪 90 年代以后，市场营销方式出现了许多新变化，旅游市场营销的概念也得到了日新月异的发展。如随着个人计算机的普及和互联网的出现，产生了"旅游网络营销"的概念；随着人们对绿色产品的喜好和对环境破坏的关注程度的增加，出现了"旅游绿色营销"的概念；"知识经济"时代的到来，促进了"旅游服务营销"和"旅游文化（知识）营销"的诞生；此外还出现了"旅游关系营销"的概念。

1. 旅游网络营销

旅游网络营销是借助联机服务网络、计算机通信和数字交互式多媒体的威力来实现旅游营销目标。旅游网络营销的实质是以计算机和互联网技术为基础，通过与潜在旅游者在网上直接接触，向旅游者提供更好的旅游产品和服务的营销活动。旅游网络营销的兴起，除了互联网技术的发展外，主要是由于利用网络来进行营销活动有很多优势。

（1）通过网络来进行营销活动，使小规模的旅游产品可以以低廉的花费实现全球营销。

（2）通过网络购物，旅游者能够根据自己所需得到旅游产品，传统的营销活动只能让旅游者大致满意。

（3）网络营销虽然是定制营销，但并没有因此而增加旅游营销成本，恰恰相反，网络营销大大降低了旅游营销费用。

（4）网络营销方式可提供全天候的广告及服务而无须增加开支，计算机软件24小时自动处理往来信息，完成统计和存档等工作，计算机工程师监控系统运作，处理突发情况，无须旅游企业本身增加营运成本或人事成本。全天候的广告及服务有利于增加旅游企业与旅游者的接触机会，大大增加潜在销售机会。

2. 旅游绿色营销

旅游绿色营销即在旅游企业生产经营活动的各个阶段减少或避免环境污染，在市场营销过程中注重生态环境保护，旅游企业发展自己的竞争优势，利用各种营销方式赢得社会的认可，制造和发现市场机遇，通过长期满足现有游客和潜在游客的需求，来实现自己的目标。从传统的市场导向型营销转变为环境导向型的绿色营销有着其深刻的驱动力因素：①环境污染的压力。②新的需求，新的市场。③追求自身利益。④树立良好的旅游企业形象。

旅游绿色营销的产品开发是满足旅游者新绿色需求、改善旅游消费结构、提高人们生活品质、改进环境质量的物质基础。要使旅游企业的旅游产品在市场上具有竞争优势，得到旅游者的认可，满足环境保护方面的要求，绿色产品开发必须遵循以下原则：①节省原料和能源。②减少非再生资源的消耗。③旅游产品低污染或者没有污染（包含物质污染和精神污染）。④不对旅游者身心健康造成损害。⑤尽可能多地以服务的形式体现。

3. 旅游服务营销

旅游服务是旅游企业向旅游者提供的，基本上是无形的活动或利益，并且不涉及任何事物的所有权，其生产可能与实际产品相关，也可能无关。旅游服务与有形产品相比有自己的特点，这些特点对服务营销方案的设计影响很大。旅游服务主要有如下特点：①无形性。②不可分性。③可变性。④易消失性。

旅游服务营销的思想起源于实体产品的销售，将服务营销引入"旅游服务产品"的销售后，旅游服务产品自身不同于实体产品的特性，使旅游服务营销也不同于一般的产品服务营销。具体来说，在传统市场服务营销的4P策略上还须加上

3P，即人员（people）、物质环境（physical environment）和流程（process）三个因素。此外，旅游服务营销除了需要传统的4P外部服务营销外，还要加上两个服务营销要素，即内部市场服务营销和交互作用的市场服务营销。外部服务营销是指旅游企业为旅游者准备的旅游服务，需考虑定价、分销、促销等服务营销组合要素，这一点与实体产品营销没有差别。内部市场服务营销指旅游服务企业必须对直接接待旅游者的人员以及相关辅助人员进行激励和培训，使其认识到应该为旅游者提供满意的旅游服务。交互作用的市场服务营销是指旅游企业的服务人员在与旅游者接触时，应具有娴熟的接待和旅游服务技能。旅游者是以自身感受及对所消费的旅游服务的满意度来评价旅游服务质量的。因此，根据不同旅游服务对象的情况，提供相应的旅游服务是很重要的。

4. 旅游文化（知识）营销

21世纪，人类前进的步伐已迈向全新的知识经济时代，旅游业的发展方向和开发重点也将发生相应的变化。文化旅游的许多特征与知识经济相吻合的状况决定了文化旅游将成为知识经济时代的旅游热点。因此，树立文化旅游营销理念十分重要。知识与经济相互渗透，知识经济时代的到来，使旅游产品不再是一个纯粹意义上的经济概念，而是一种在满足人们个性化需求（包括理想、理念、意愿等）基础上融合了文化知识因素并以文化性质为主的产品形式。作为知识经济时代特征之一的人的个性的充分张扬，是旅游产品理念化的必要条件。知识经济时代的旅游者已不再被动接受旅游企业推出的固定服务方式或产品，而是宣传或间接地参与旅游产品的创意和设计。一方面，这本身就是作为旅游者身份的人的个性充分张扬的体现；另一方面，它也是旅游产品理念化的必然趋势。

在知识经济条件下，旅游者的需求将发生根本的变化，旅游需求将是彻底个性化的，旅游消费行为将从现在的旅游者与旅游企业的交换过程，变为旅游企业与旅游者合作并满足旅游者独特需求的过程；旅游企业与旅游者的关系，由旅游者被动接受旅游企业的产品，变为旅游企业主动帮助旅游者学习旅游产品的有关知识，只要旅游者提出一项理念化的需求，旅游企业就会努力使之满足。

【本章小结】

与一般商品需求相比，旅游需求更为复杂。本章阐述了旅游需求的内涵与特点、主要影响因素、旅游需求弹性及其计算方法等，分析了旅游需求的存在条件和影响因素，还介绍了旅游客源市场细分、旅游客源市场定位和旅游客源市场营销，随着传统的营销理论不断发展，其概念也不断发展、完善，于是出现了很多旅游市场营销的新理念，如旅游网络营销、旅游绿色营销、旅游服务营销、旅游文化（知识）营销。通过这些内容的学习，有助于理解旅游经济的运行，并对推动其良好运行具有重要意义。

【复习思考题】

1. 旅游需求的产生需要具备哪些条件？

2. 影响旅游需求的因素有哪些？

3. 什么是旅游需求价格弹性？它的大小与旅游总收入之间有什么关系？

4. 研究旅游需求弹性有何意义？

5. 结合实际，谈谈旅游需求的现状。

6. 旅游客源市场营销特征有哪些？

7. 旅游客源市场细分有什么作用？

8. 旅游客源市场定位的步骤有哪些？

【即测即练】

【参考文献】

[1]　刘玉琴. 旅游经济学 [M]. 北京：清华大学出版社，2016：49-54.

[2]　谢彦君. 基础旅游学 [M]. 北京：中国旅游出版社，2011：92-110.

[3]　田里. 旅游经济学 [M]. 4 版. 北京：高等教育出版社，2019：67-77.

[4]　李金铠. 旅游经济学 [M]. 北京：高等教育出版社，2022：68-88.

[5]　赵西萍. 旅游市场营销学 [M]. 北京：高等教育出版社，2020：4-19.

第五章　旅游产品及其生产

【学习目标】

1. 了解旅游产品概念的形成及基本理论缘起。

2. 熟悉旅游产品构成要素、旅游产品的分类及其生产环节。

3. 掌握旅游产品的分类形式、要素分配及生命周期理论。

【能力目标】

1. 了解旅游产品概念基本理论来源，能够从经济视角思考旅游产品形成和发展。

2. 熟悉旅游产品构成要素，具备区分不同种类旅游产品的分析能力及思辨能力。

3. 掌握旅游产品分类形式及生命周期理论，能够在实践中解决相关问题。

【思政目标】

1. 了解旅游产品基本理论，培养学生掌握唯物辩证法。

2. 熟悉旅游产品构成要素及辨别方法，培养学生专业认同感。

3. 掌握旅游产品生命周期规律，从客观视角判断当下旅游经济高质量发展的相关问题。

【思维导图】

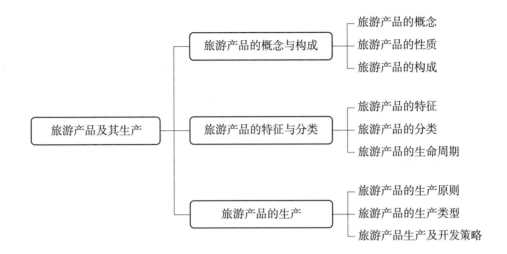

【导入案例】

清爽吉林·22℃的夏天

2021年在北京举办的吉林文旅主题推介系列活动主题为"清爽吉林·22℃的夏天"。四类文化和旅游产品被隆重推出，包括边境游、高端度假游、红色游、乡村游。会上为消费者发放吉林夏秋季线路产品册，包括7大类线路产品，涵盖58条团队游线路和8条自驾游线路。这次活动还举行了"坐着高铁游吉林"超值专列体验团招募、"吉林文旅线上旗舰店"上线启动仪式、"见证'旗'迹——驾红旗车·游新吉林"2021京津冀地区首发团连线等活动。"吉林文旅线上旗舰店"以吉林省文旅生活消费平台——"吉旅行"为依托，通过携程、去哪儿、美团、驴妈妈、飞猪、同程旅行等国内OTA（在线旅行社）平台，线上线下同步开售，首批上线涉及吉林省最具特色旅游线路产品、文创产品、景区门票、旅游酒店、特色民宿、景酒套餐等共计384款产品。吉林文旅特色产品展示活动与此同期举行，活动现场拥有吉林特色的旅游商品、文创产品和非遗制品等亮相。

资料来源：蒲钰. 吉林省在北京推介四大类文化和旅游产品[EB/OL].（2021-06-17）. https://m.gmw.cn/baijia/2021-06/17/34928164.html.

问题：

1. 此活动中的旅游产品对吉林省旅游业发展有哪些帮助？

2. 党的二十大报告指出，"繁荣发展文化事业和文化产业""推进文化和旅游深度融合发展"，在此背景下文化旅游产品为什么会成为现代旅游经济发展的主要方向之一？

第一节　旅游产品的概念与构成

旅游产品是非常广泛且多样的，特别是现代旅游产品——乡村旅游产品、研学旅游产品、红色旅游产品、露营旅游产品、亲子旅游产品、冰雪旅游产品、避暑旅游产品、体育旅游产品、工业旅游产品等。不同种类的旅游产品为适应市场新需求应运而生。生产、消费、运营等多视角对旅游产品的定义也不同，只有从不同角度理解旅游产品，才能够更加精准把握旅游产品的概念。

一、旅游产品的概念

对旅游产品的概念，国内外学者先后进行了相关阐述，如库珀等（1993）将旅游产品概括为 4AS：attractions；access；amenities；ancillary services（旅游资源、交通设施及服务、其他旅游生活设施及服务、当地旅游组织相关服务）。国内具有影响的定义为：从旅游目的地角度出发，旅游产品是指旅游经营者向游客提供满足其旅游活动需求的全部服务；从旅游者角度出发，旅游产品指游客花费一定时间、费用和精力所换取的一段经历（林南枝、陶汉军）。其他国内学者也对旅游产品或旅游企业产品、旅游产品类型、旅游商品界定等有诸多争论。随着国内学者对旅游经济、旅游产品研究增多，出现诸多不同界定。由此可见，旅游产品内涵广泛，旅游产品的形式并不是独立存在的，它融合了各行各业、社会各个部门，从不同的角度理解旅游产品概念，更有利于我们对其内涵的把握。

（一）从旅游消费者需求角度定义的旅游产品

旅游消费者是旅游市场主要群体，他们往往决定了旅游市场中旅游产品存在形式。从消费者角度出发，旅游产品是指旅游者获得的感受和经历，这种感受通过旅游者花费的时间、精力、费用获得。这些经历包括物质上的满足和精神上的感受，时间的界定是从离开居住地到旅游结束回到居住地的全过程体验。

旅游产品不断衍生出多种形式、多种组合，体现了旅游需求的不断变化，具有一定的时代性、动态性。不同的地域、不同的风俗习惯、不同的消费群体对旅游产品的组合、服务质量、服务内容等的要求千差万别，这一方面体现了旅游市场的丰富和繁荣，另一方面也从一定程度上反映了管理环节的难度。其要求旅游产品的设计是科学的、灵活的、符合人们切实需求的。只有各个环节衔接、配合好，旅游者才能够从旅游过程中得到完整的旅游经历和美好的体验感受。

（二）从旅游市场供给角度定义的旅游产品

从旅游市场供给角度，旅游产品是旅游者和旅游经营者在市场上交换并在旅游活动中消费的各种物质和产品及服务的总和。旅游产品可以分为单项旅游产品、组合旅游产品、整体旅游产品等。

1. 单项旅游产品

单项旅游产品是指旅游者在旅游活动中所购买和消费的有关住宿、餐饮、交通、娱乐、游览等某一方面或几方面的物质产品或服务。它是以单独的形式呈现的旅游者在旅游活动中购买的旅游产品，如一张车票、一顿美食、一间客房、一次团购门票、一次游览等。这些旅游产品只能满足旅游消费者在一个方面的旅游需求。

2. 组合旅游产品

由于旅游者在旅游过程中不仅是一张车票、一顿美食等单项旅游产品就能满足旅游者全部旅游需求，旅游者的外出旅行需要涉及食、住、行、游、购、娱旅游六大要素中的各个环节；不同的旅游者需求千差万别，这就需要将不同单项旅游产品组合成适应不同旅游者需求的组合型旅游产品，这种组合产品又称为线路旅游产品。在文旅融合大数据飞速发展的背景下，组合旅游产品能够通过更多渠道满足旅游者综合性的旅游需求，除了传统的旅行社可以提供组合旅游产品，线上 OTA，旅游类网页、小程序、App 等线上运营模式也可以提供该类服务。组合旅游产品在满足旅游者综合性旅游需求的同时，还可以提前预览、下单，大大节省了时间成本。对于旅游企业来说，通过对旅游者浏览记录和预订渠道的数据分析，有助于旅游企业对未来行情的把控，提前掌握市场前沿需求。

3. 整体旅游产品

整体旅游产品是指某一旅游目的地能够满足旅游者需求的全部物质产品和服务的总和，又称旅游目的地产品。它包括若干个单项旅游产品和若干个旅游线路产品，这种旅游产品更加丰富、多样，能够满足不同旅游者的基本需求。

由此可见，旅游产品不是以普通的商品形式存在的，它涉及旅游体验的全过程和旅游服务的全方面，是既有物质产品又有服务产品的一种特殊商品。旅游者根据自己的群体、需求、目的地、旅游愿望购买不同类型旅游产品，实现旅游过程的身心满足和别样旅游体验。

（三）从旅游经营者角度定义的旅游产品

从旅游经营者角度，旅游产品是指旅游经营者凭借资源、设施及其他媒介向旅游者提供的满足旅游者需求的物质产品和劳务总和。

二、旅游产品的性质

商品的属性是拥有使用价值和价值，马克思在他的著作中多次提出，商品是劳动过程中形成的能够满足人们某种需求，并且能够用于市场交换的劳动产品，它具有使用价值和价值。他提出，任何时候在消费品中，除了以商品形式存在的消费品以外，还包括一定量的以服务形式存在的消费品，这就从理论中证明了旅游产品是具有商品属性的，旅游产品虽然是一种特殊的商品，但仍满足这种属性、具有这种属性。

（一）旅游产品的使用价值

使用价值是产品的自然属性，指能够满足在物质或者精神方面的某种需求，旅游产品使用价值具有特殊性质，包含旅游产品价值的多效用性——它既能满足物质需要，也能满足精神需要，它渗透在食、住、行、游、购、娱六大方面；使用价值的多功能性体现在由于不同旅游者需求不同，消费能力的差别，使用价值必须是综合性的，能够满足不同消费层次旅游者需求；使用价值多重性体现在既有基本部分，又有特殊部分。如旅游者的特殊需要，作为附属部分旅游经营者也应当提供。

（二）旅游产品的价值

价值是商品的社会属性，是凝结在商品中无差别的人类劳动。旅游产品也一样。旅游产品价值主要包括三个部分：转移价值、补偿价值、剩余价值。

1.转移价值

转移价值指旅游经营者提供的各种服务活动的原材料和辅助材料等，是通过劳动者创造的价值转移，是社会总产品中不变部分的转移。

2. 补偿价值

补偿价值指劳动者创造的新增价值一部分，是由旅游从业人员创造的价值，形成旅游产品价值中变动部分，是社会总产品中满足劳动者需求的个人消费品。

3. 剩余价值

剩余价值指从业人员超过社会必要劳动时间创造的价值，这部分价值成为剩余部分，用于个人及累计社会资金等消费需求。个人消费需求在旅游活动中能够产生经济效益，所以，旅游产品对旅游经济乃至社会经济作出重要贡献。

（三）旅游产品价值量的确定

由于旅游产品不同于其他商品和社会产品，旅游产品价值量具有其他商品不具有的特殊性质。

1. 质量优先

人们外出旅游追求的是旅游体验的过程，这种体验是建立在旅游服务基础上的，服务是旅游体验活动的核心，服务质量的高低直接影响了旅游体验的优劣，其是旅游产品价值的体现。例如，两个类似的旅游景点，服务质量的高低，旅游者对旅游体验有着直接的影响，服务质量越好，旅游者旅游体验越好；相反，旅游服务质量低下，旅游体验便差。

旅游服务体现在两方面：一是旅游服务设施的质量。安全的玻璃栈道、靠谱的热气球、安稳的防护栏、设施齐全的母婴用卫生间……旅游服务设施的方方面面都体现了旅游开发设计者从旅游者的旅途便利及良好的旅游体验的角度出发的安全、贴心的设计；二是旅游从业人员服务质量。从业人员的职业素养、待客态度、业务水平甚至从业人员的心情都与服务质量密切相关。因此，打造高水平的旅游服务团队、旅游从业人员培训师资队伍，提升旅游服务质量，既是十分重要的，也是十分必要的。

2. 垄断性

首先，由于旅游产品不能脱离旅游地旅游资源，如不同地形地貌形成的自然旅游资源、名山大川只能到当地才能领略其绰约风姿，难以估量其价值量；又如特有的民俗风情，只能在某一特定地区才能置身其中；再如畅游文化博物馆，也只能在指定的博物馆内才能够与文物面对面，领略历史文化。这些旅游产品在旅游市场上存在不可替代性，所以其产生的价值量具有垄断性。其次，人文景观的塑造离不开从古至今的劳动人民的双手，如长城、秦始皇陵等文物古迹、园林景观、文化遗址、历史名胜等人文社会资源，其价值量无法估量。这两方面原因都反映了旅游产品在价格上的垄断性。

3. 旅游产品价值量随不同组合变化而变化

由于消费者的需求不同，市场上的旅游产品组合不同，凝结在旅游产品中无差别的社会劳动也不同。旅游者在旅游活动中享受的设施环境和服务内容不同，创造出来的价值不同，所以旅游产品价值量随不同组合变化而变化。

总之，旅游产品价值量的确定核心就是质量为主，其中包括无形的服务质量及有形的旅游环境、旅游设施等多种因素。

三、旅游产品的构成

由现代市场营销理论得出：任何产品都是由三个部分组成的，即核心部分、形式部分及延伸部分。不同部分发挥不同功能：核心部分是指产品满足消费者需求的基本效用和核心价值；形式部分是指构成产品的实体和外形，包括款式、质量、商标、包装等；延伸部分是指随产品销售和使用而给消费者带来的附加利益。旅游产品也同样由核心部分、形式部分和延伸部分所组成，如图 5-1 所示。

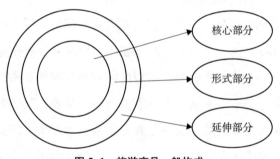

图 5-1　旅游产品一般构成

（一）旅游产品的核心部分

旅游产品的核心部分是整个旅游产品的最基本构成部分，包括旅游吸引物和旅游服务，它能满足旅游者在旅游活动中最基本的需要。

1. 旅游吸引物

旅游吸引物是指一切能够吸引旅游者的旅游资源及各种现象，一个地区能够拥有旅游吸引物是发展旅游的得天独厚的优势，旅游者选择旅游目的地也往往受旅游吸引物的影响，它是构成旅游产品的基本要素。旅游吸引物一般有自然吸引物、人文吸引物、特产吸引物等。换句话说，旅游吸引物可以是名山大川，也可以是民俗风情，甚至是一些现象。它既可以是物体，也可以是事件，又可以是自然或者社会现象。按照不同的属性，旅游吸引物可以分为许多类型，如图 5-2 所示。

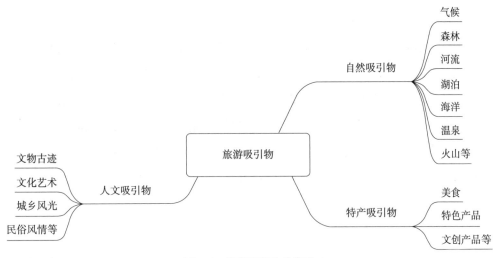

图 5-2　旅游吸引物的类型

2. 旅游服务

旅游服务是旅游产品的核心内容，是依托旅游资源和旅游接待设施向旅游者提供的各项服务。旅游产品除了在餐饮和旅游活动中消耗少量的有形物质产品外，还有大量的接待服务和导游服务等，因此旅游服务是旅游产品的核心内容。按旅游活动的过程，旅游服务可分为售前服务、售中服务和售后服务三部分。

售前服务是旅游活动前的准备性服务，包括旅游产品设计、旅游线路编排、出入境手续、货币兑换等；售中服务是在旅游活动过程中向旅游者直接提供的食、住、行、购、娱、游及其他服务；售后服务是当旅游者结束旅游后离开目的地时的服务，包括送到机场、车站，办理出入境手续，托运行李、委托代办服务等。

（二）旅游产品的形式部分

旅游产品的形式部分，通常是指旅游产品的载体、质量、特色、风格、声誉及组合方式等，是旅游产品向市场提供的物质产品和劳务的具体内容。

1. 旅游产品的载体

旅游产品的载体，主要指各种旅游接待设施、景区景点、娱乐项目等，是以物化劳动表现出来的，具有物质属性的实体。尽管有的旅游吸引物如阳光、气候、海水、森林、名山大川等属于自然生成物，不包括任何人类劳动的成分，但这些自然物却是旅游产品不可缺少的自然基础；而文物古迹、园林景观、文化遗址、历史名胜等则属于古代人类的劳动结晶，其蕴含丰富的文化价值，也是旅游产品必不可少的载体。

2. 旅游产品的特色和声誉

旅游产品的质量、特色、风格和声誉，是依托各种旅游资源、旅游设施而反映出来的外在价值，是激发旅游者的旅游动机、吸引旅游者进行旅游活动的具体形式。旅游资源和旅游接待设施等方面的差别，形成了旅游产品不同的品位、质量、特色、风格和声誉，即旅游产品的差异性。旅游产品不同的品位、质量、特色、风格和声誉，不但可以通过旅游者口耳相传，以及广告、电视等传统媒介的传播，也能够通过旅游大数据渠道进行推广、推送，为旅游产品的营销和旅游消费者的参考提供了更多的便利。

3. 旅游产品的组合方式

旅游产品也是一种组合性产品，即对构成旅游产品的各种要素进行有机组合，以更好地满足旅游者的多样性需求。因此，组合方式也成为旅游产品的形式部分，而不同的组合方式则形成不同的旅游产品。

（三）旅游产品的延伸部分

旅游产品的延伸部分是指旅游者购买旅游产品时获得的优惠条件、付款条件及旅游产品的推销方式等，是旅游者进行旅游活动时所得到的各种附加利益的总和。

虽然延伸部分并不是旅游产品的主要内容，但作用却是十分重要的。旅游者在旅游过程中购买的是整体旅游产品，因而在旅游产品核心部分和形式部分的基本功能确定之后，延伸部分往往成为旅游者对旅游产品进行评价和决策的重要促成因素。旅游经营者需注重旅游产品整体效能，发挥各部分功能和特色，才能赢得竞争优势。史蒂芬·L. J. 史密斯（Stpehen L. J. Smith）提出构成旅游产品主要包括物质基础、服务、接待业、选择自由、参与的旅游产品解释模型（图 5-3），我们可以借鉴学习。此外，随着旅游研究的日新月异，学术界也有对旅游产品、旅游吸引物的不同争论，我们也可借鉴并思考。

（四）旅游产品的需求构成

旅游产品是一种直接面向旅游者的最终消费品，从消费需求角度出发，可以从旅游者的需求程度和旅游者消费内容两方面来分析旅游产品的构成。

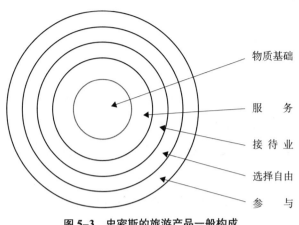

图 5-3　史密斯的旅游产品一般构成

1.按旅游者的需求程度分析

按旅游者的需求程度分析，旅游产品可分为基本旅游产品和非基本旅游产品。基本旅游产品是旅游过程中必须购买的如住宿、饮食、交通等要素。非基本旅游产品指旅游者不一定购买的、需求弹性较大的旅游产品，或某些旅游者需要、其他旅游者不需要的一些旅游产品。

随着旅游经济的发展和旅游活动多样化，旅游者对旅游购物的需求将会呈现上升的趋势。这将给旅游经营者提供更大的经营空间和市场。

2.按旅游者消费内容分析

旅游消费内容包含旅行六大要素，消费的内容也是不一样的，可分为高档消费、中档消费、低档消费等多种形式。

饮食、住宿和交通存在一定的消费极限，增加消费的途径是提高饮食质量、增加服务内容和多档次经营；游览和娱乐的消费弹性较大，增加消费的方式是尽可能增加游乐的项目，丰富游乐的内容；购物的消费弹性最大，因而要通过大力发展适销对路、品种多样的旅游商品来提高旅游的消费水平。

（五）按旅游产品供给构成

旅游经营者需要提供旅游产品给旅游消费者，从供给角度分析旅游产品，可以分为旅游资源、旅游设施、旅游服务、旅游购物品、旅游便捷性几个方面。

1.旅游资源

旅游资源是指自然界和人类社会，凡能对旅游者具有吸引力、能激发旅游者的旅游动机，具备一定旅游功能和价值，可以为旅游业开发和利用并能产生经济效益、社会效益和环境效益的事物与因素。旅游资源是一个国家或地区进行旅游开发的前提条件和基础条件，是吸引旅游者进行旅游活动的重要吸引物。旅游资源一般分为自然旅游资源和人文旅游资源两大部分。自然旅游资源是指天然存在并能给人以美感的自然物象和生态环境，包括各种地文景观、山水风光、生物景观、气象天体等；人文旅游资源是指社会环境中一切吸引人们进行旅游活动的各种人文景观，包括各种古迹和建筑、民族民俗、宗教园林、文化娱乐和旅游商品等。

旅游资源作为旅游活动的对象物，其本身就具有吸引旅游者的功能，同其他资源相比较的最大差异性，就是能够激发旅游者的旅游动机，并促成旅游行为。根据不同旅游资源的特点，通过开发和组合可以为旅游者提供各种观光游乐、休闲度假、科学考察、探险寻秘、文化交流等旅游活动，以满足人们丰富生活、增长知识、陶冶情操等多方面的需求。

旅游资源是旅游业赖以存在和发展的基础，对旅游资源的合理开发、科学开发以及高质量开发，会使旅游资源得到永续的利用，产生良好的经济效益、社会效益和生态效益，促进旅游业的可持续发展。

2. 旅游设施

旅游设施是实现旅游活动必须具备的各种设施、设备和相关的物质条件，也是构成旅游产品的必备要素。旅游设施一般分为旅游基础设施和旅游专门设施两大类。

（1）旅游基础设施。旅游基础设施是指为旅游活动有效开展而必不可少的各种公共设施，包括城镇（风景区）道路、桥梁、供电、供热、通信、给排水、排污、消防、环境保护和环境卫生及城市美化、绿化、路标、路灯、交通工具、停车场等，也是旅游业存在和发展必不可少的条件。基础设施虽然不直接为旅游者提供服务，但在旅游经营中是直接向旅游者提供服务的旅游部门和企业必不可少的设施。

（2）旅游专门设施。旅游专门设施是指旅游经营者用于直接服务旅游者的凭借物，通常包括游览设施、餐饮设施、住宿设施、娱乐设施等。游览设施指旅游景区、景点的开发和建设，主要包括供人们登临、游览、憩息的各种设施和设备。餐饮设施是指为旅游者提供餐食服务的场所和设备，包括各种餐馆、冷饮店、咖啡厅、饮食店等。住宿设施是旅游者在旅行途中的"家"，是能够提供多种服务功能的饭店、度假村、别墅等。娱乐设施是指各种音乐厅、健身器械、游乐园等。

3. 旅游服务

旅游服务是旅游产品的核心，旅游经营者除了向旅游者提供餐饮和旅游商品等少量有形物质产品外，还大量提供各种各样的接待、导游等服务。因此，旅游产品的无形性主要是由它的服务性质所决定的。旅游服务的内容主要包括服务观念、服务态度、服务项目、服务价格、服务技能等。

（1）服务观念。服务观念是指旅游从业人员的价值观，是从事旅游服务工作的前提。旅游服务过程表现出的是一种人与人的关系，因而只有建立完整的合乎实际的服务观念，达到社会认知、自我认知和工作认知的协调一致，才可能具有积极主动的服务精神和服务态度。

（2）服务态度。服务态度是服务观念的具体化和外在化，是服务质量的具体表现，不仅表现出服务人员对旅游者的尊重和理解，而且表现出服务人员的气度、修养和文明素质，因此服务态度是旅游者关注的焦点，也是提高旅游服务质量的重点。

（3）服务项目。旅游服务是依托旅游服务设施向旅游者提供的各种服务，服务项目内容的多少和服务效率的高低，不仅决定着是否能为旅游者提供方便、快捷和高效的服务，也是增强旅游企业竞争力的关键所在。

（4）服务价格。服务价格是旅游服务内容和质量的货币表现形式，与服务内容和质量密切相关。通常，质价相符，旅游者满意；质优价低，旅游产品竞争力强；质低价高，旅游者不满意。因此，不同的价格反映出所提供的不同等级的服务，这是国际旅游业的通行原则。

（5）服务技能。服务技能是提供优质旅游服务的基础，高超而娴熟的服务技能会成为一种艺术表演，使旅游者从中获得享受，满足旅游者的旅游需求，并提高旅游企业的形象和信誉。因此，服务技能水平的高低就成为评判旅游企业服务质量的标准。党的二十大报告指出，"着力推动高质量发展"。这一目标体现在旅游从业者提供旅游服务的各环节时，需要提供更加高超、精准的旅游服务。只有提供更高质量的旅游服务，才能适应不断更迭的旅游者的旅游需求。

4. 旅游购物品

旅游购物品是指旅游者在旅游活动中所购买的，对旅游者具有实用性、纪念性、礼品性的各种物质形态的商品，也称旅游商品。旅游购物品反映了旅游目的地国家或地区的文化和艺术，能够使旅游者更好地了解旅游目的地国家或地区的文化传统，并留下美好的回忆。

旅游购物品的类型，主要有旅游工艺品、旅游纪念品、文物古玩、金银玉器、土特产品及书法绘画等，但从广义角度看，只要是旅游者在旅游活动中购买的产品都可以称为旅游购物品。由于旅游购物品的种类多、价格高、消费潜力大，因此旅游购物品是旅游产品的重要组成内容，也是旅游创汇的重要来源。

5. 旅游便捷性

旅游便捷性是旅游产品构成中的基本因素之一，它不仅是联结旅游产品各组成部分的中心线索，而且是旅游产品能够组合起来的前提性条件，具体表现为进入旅游目的地的难易程度和时效标准。旅游便捷性的具体内容主要包括以下几个方面。

（1）良好的交通通达条件。如现代化的交通工具和方式；国际和国内交通运输网络衔接与联系的方便程度等。

（2）方便的通信条件。其包括通信设施具备与否，其配套状况、规模、能力以及线路布置等是否方便、快捷。

（3）便利的出入境签证手续。其包括签证的难易、出入境验关程序、服务效率和咨询信息等，不仅影响到旅游目的地的客流量大小，而且对旅游产品的成本、质量、吸引力等都有重要的影响和作用。

（4）旅游目的地的社会承受能力。其主要指当地社会公众对旅游开发的态度、社会公众舆论、社会治安状况、社会管理水平、人口密度、交通管理等状况，这些都是影响旅游便捷性的重要因素。图5-4为基于携程网站的吉林省数字化的民宿产品评论。

图5-4　基于携程网站的吉林省数字化的民宿产品评论

如上文所述，旅游产品由供给、需求上的不同构成，传统的旅游构成在新业态、新场景、新模式的数字化的发展模式下面临诸多新挑战：如何对旅游产品信息进行发送，如何预订酒店、民宿、景点门票，如何购买线上旅游购物品，如何进行定制化的旅游线路和服务，如何进行旅游监督管理，如何进行旅游应急指挥。从需求方面出发：旅游消费者将在更多、更广阔的平台了解到旅游产品的内容、文化、内涵、经营模式、评价等内容，旅游产品更加公开、透明地展示在消费者面前，数字化渗透在旅游产品经营的全过程和全方面；从供给方面出发：旅游企业需要更精细地经营自身旅游产品，精进服务，学习如何在竞争激烈的市场中宣传自身产品文化、内涵，同时进行线上、线下运营；提升自身数据分析能力、把握市场风向，提升综合竞争力。

第二节　旅游产品的特征与分类

一、旅游产品的特征

旅游产品既有不同资源禀赋，又有服务导向的特征呈现给旅游者，旅游产品具有独有的特征，主要表现如下。

（一）综合性

旅游产品的综合性，一方面体现在旅游产品不是独立存在某一项旅游活动中，它涉及国民生产的各个部门，除了文旅产业还包括餐饮、交通、农业、商业、保险业、建筑业、食品业及卫生、安全、科技、园林、教育等各行业和部门；另一方面，对于旅游者来说，一个旅游目的地旅游产品是一种总体性产品，是有关企业为满足旅游者各种需求，而提供设施和服务的总和，大多数旅游者在前往旅游目的地前，往往将各种旅游产品结合起来考虑。在某种意义上，旅游产品是一种综合性的群体产品或集分产品。综上，旅游产品具有综合性。

（二）无形性

旅游产品的无形性是指由于服务是旅游产品主要的呈现方式，服务质量难以在消费之前进行衡量。旅游产品的质量和价值是凭借旅游消费者的印象、感受、体验、评价甚至旅行回忆等因素衡量的，这种无形服务在旅游产品中起主导作用。

（三）同一性

旅游产品的同一性是指生产和消费同时发生，也就是旅游者在消费的同时能够获取旅游体验，这种同一性是不可以转移也不能够储存的。

（四）依赖性

旅游产品的依赖性是指旅游产品依托当地旅游资源、旅游服务人员提供的服务才可以发生；旅游产品也依托公共服务设施，如公共交通、公共卫生间、公园等，社会其他行业部门、非旅游者也会利用这些设施。

（五）固定性

旅游产品的固定性，理解起来比较简单：旅游产品凭借旅游资源、旅游设施和其他基础设施的位置是相对不变的，旅游者想要体验相应的旅游环境，则必须赶赴当地进行旅游。旅游服务的完成需生产者和消费者双方共同参与，是不可分割的，这是旅游产品市场营销中至关重要的特点。

（六）敏感性

旅游产品的敏感性是指旅游产品受到外部环境和内部环境的影响，容易随着各种因素的变化而发生变动。最典型的案例，由于疫情的影响，近几年旅游业受到比较大的冲击。这是由旅游产品的综合性、无形性、生产和消费同一性等特征来决定的。旅游产品各个组成部分之间要保持一定的质量和比例，各组成部分或行业之间也必须协调发展，否则就会对整体旅游产品产生不利影响。此外，各种自然、政治、经济、社会等外部因素会对旅游产品供给与需求产生影响。

问题：你能表达出图 5-5、图 5-6 旅游数据时间上的变化吗？

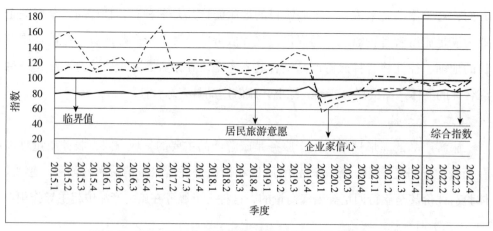

图 5-5   2015—2022 年分季度国内旅游景气及居民出游意愿指数
资料来源：旅游经济文化和旅游部重点实验室。

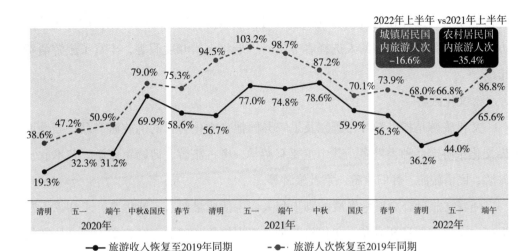

图 5-6　2020—2022 年各假期旅游数据恢复情况

资料来源：迈点研究院、知乎。

二、旅游产品的分类

（一）按旅游产品的组合形式分类

视频 5.1

旅游产品的分类

旅游产品是一种综合性产品，但在旅游过程中往往以某一组合旅游产品的形式提供给旅游者。因此，按照旅游产品的组合形式可划分为观光旅游、度假旅游、文化旅游、公务旅游和生态旅游等多种形式。

1. 观光旅游

观光旅游是指以观赏、游览自然风光、名胜古迹等为目的的旅游产品，是一项最基本的活动内容。这类旅游产品在世界许多国家又被称为"观景旅游"产品，主要有山水风光、城市景观、名胜古迹、国家公园、主题公园、森林公园、海洋公园等。观光旅游是传统旅游产品，其构成了世界旅游产品的主要部分。从旅游产品发展趋势看，大部分观光旅游产品不仅仅是纯观光旅游，其往往包含了较丰富的文化、娱乐内涵。观光旅游可以达到改变常居环境、开阔眼界、增长见识、治愈心情等目的。

2. 度假旅游

度假旅游指旅游者利用假期进行休养和消遣的旅游方式。度假旅游通常有海滨旅游、乡村旅游、森林旅游、露营旅游等多种形式，随着旅游市场的细分，度假旅游细分也越来越多。度假旅游主要以休闲和消遣为主，对周围环境需求较高。

许多旅游者会选择在假日或者气候适宜时休假旅游，这成为时下流行的休闲旅游方式，特别是越来越多的人选择春节出行、老年人错峰度假等，丰富了旅游消费市场。

3. 文化旅游

文化旅游是指以学习、研究及了解异国他乡文化为目的的旅游产品。当今世界文化旅游产品种类繁多，其中主要有游学、考古旅游、博物馆旅游、艺术欣赏旅游、民俗旅游、怀旧旅游、宗教旅游等。

随着文旅融合高质量发展的脚步和人们生活质量要求不断提高，求知欲不断提高，文化旅游日渐风靡。文化旅游是在观光旅游基础上丰富旅游内涵，从文化的角度：在旅行中获取知识成为广大旅游者出行的目的，这种旅行方式特别受到研学旅行者、进修旅行者的欢迎。

4. 公务旅游

公务旅游是指人们以出差、参加会议、经营洽谈、商务活动或交流信息等为目的的旅游活动。公务旅游，是以公务为主要目的，以旅行为手段，以游览和娱乐为其辅助活动。

5. 生态旅游

生态旅游是指以注重生态环境为基础的旅游，其主要吸引那些关心环境、追求回归自然，并希望了解地方生态状况和民族风俗的旅游者。随着党的二十大的胜利召开和民族复兴、乡村振兴的脚步加快，生态旅游受到旅游者的欢迎，无论是主流媒体或自媒体都在推崇生态旅游的形式，绿色、环保的理念也逐渐渗透到旅游者、旅游经营者的意识中，更好践行绿水青山就是金山银山的理念。生态旅游的特点是知识性要求高、参与体验性强、客源市场面广、细分市场多，如森林旅游、农业旅游、乡村旅游、野营旅游、探险旅游、民俗旅游等都可视为生态旅游的内容。

（二）按旅游产品的基本功能分类

旅游产品从满足人们的多样性需求出发，可按其基本功能而划分为康养旅游、享受旅游、探险旅游、特种旅游等多种形式。

1. 康养旅游

康养旅游是指能够使旅游者身体素质和体能得到不同程度改善的旅游活动。任何一种旅游活动都有益于旅游者的身心健康。康养旅游一般包括体育旅游和保健旅游：体育旅游包含滑雪、高尔夫、探险、漂流、冲浪、滑水、蹦极等；保健旅游包含健身旅游、疗养旅游、森林旅游等。康养旅游通常需要一定的设施、器材和场地等条件，受到体育爱好者、老年人和健身爱好者的欢迎。

2. 享受旅游

享受旅游是指随着人们物质生活水平的提高，为满足人们物质和精神上的享受而提供的旅游产品，是目前许多国家积极发展的新兴旅游产品。享受旅游主要有豪华列车旅游、豪华游船旅游、美食旅游、新婚旅游等。享受旅游通常具有消费支出高、娱乐项目多、活动自由和专业服务人员提供服务等特点。

3. 探险旅游

探险旅游是指旅游者从未见过、听过或经历过，既标新立异又使人特别兴奋或惊心动魄的旅游活动。探险旅游主要有秘境旅游、海底旅游、火山旅游、沙漠旅游、惊险游艺旅游、斗兽旅游、观看古怪比赛旅游等形式。探险旅游能充分满足旅游者的好奇心，令旅游者处于高度紧张和兴奋状态，从而给旅游者留下难忘的记忆。

4. 特种旅游

特种旅游是指旅游者在外出旅游的同时，把学习和探求专业知识、技能作为旅游的主要目的，以增长知识、开阔视野，促进自身业务水平的提高。特种旅游主要有研学旅游、工业旅游、务农旅游、学艺旅游、科技旅游、考察旅游等形式。特种旅游大多数是满足旅游者某一方面的特殊需要，其内容多数也是业务性很强的活动，是一种积极的旅游活动。

（三）按旅游产品的开发程度分类

为了有效地满足旅游者需求，必须对旅游产品进行开发和提升。按照对旅游产品的开发程度其可分为全新旅游产品、换代旅游产品、改进旅游产品等。

1. 全新旅游产品

全新旅游产品是指为了满足旅游者新的需求，运用新技术、新方法、新手段对新的旅游资源进行创新开发而形成的旅游产品，包括新的旅游景点、新的旅游饭店、新的旅游项目、新的旅游线路以及新的专项旅游活动等。全新旅游产品开发一般周期长、投资多、风险大，而且具有很大的难度，因此必须认真研究，科学地开发。

2. 换代旅游产品

换代旅游产品是指对现有旅游产品进行较大的改造而形成的旅游产品，如对旅游饭店进行改造而提高服务档次和服务质量；对旅游景点进行改造而丰富游览内容；在旅游度假中增加保健旅游产品；把一般公园改造为主题公园等。换代旅游产品的开发周期虽然相对较短、风险较小，但创新不够。因此，必须针对旅游者的需求变化来进行旅游产品的换代。

3. 改进旅游产品

改进旅游产品是指对原来的旅游产品不进行较大的改造而形成的旅游产品，通过局部的改变或添加部分内容以增强旅游产品的吸引力，从而巩固和拓展客源市场。如旅游饭店增加服务内容，旅游景区增加新景点，旅游路线增加新内容等。

（四）按旅游产品的销售方式分类

按旅游产品的销售方式，旅游产品一般可分为团体包价旅游产品、散客包价旅游产品、半包价旅游产品、小包价旅游产品、零包价旅游产品和自助旅游产品等。

1. 团体包价旅游产品

团体包价旅游产品是指旅行社根据旅游市场需求，把若干旅游者组成一个旅游团体，按照统一价格、统一行程、统一内容所进行的旅游活动。团体包价旅游产品是一种大众化旅游产品，在国际、国内旅游市场上占有十分重要的地位。

团体包价旅游产品的特点：①旅游者一旦购买团体包价旅游产品，只要随团旅游即可，一切旅游活动均由旅行社负责安排，既方便便宜，又安全可靠。②旅行社一旦销售出团体包价旅游产品，就要配备领队和导游，并负责安排好食、住、行、游、购、娱等一切活动及全程安全等。③团体包价旅游通常是把旅游者的食、住、行、游、购、娱等全部包下来，但也可以只包其中一部分。

2. 散客包价旅游产品

散客包价旅游产品是指旅游者不参加团体旅游，而是以一个人或一家人向旅行社购买某一旅游产品的包价旅游。散客包价旅游一般没有较多的约束，比较自由，安排也根据旅游者需求而较灵活，受到旅游者的广泛欢迎，因而在国际、国内旅游市场上发展很快，也是现代旅游发展的趋势。但是，散客包价旅游不能享受团体旅游的优惠，因而其价格一般都高于团体包价旅游。

3. 半包价旅游产品

半包价旅游产品是指在全包价旅游的基础上，扣除中餐、晚餐费用的一种产品形式，其目的在于降低产品的直观价格，提高产品的竞争力，同时也是为了满足旅游者在用餐方面的不同要求。

4. 小包价旅游产品

小包价旅游产品又称可选择性旅游产品，由非选择和可选择两个部分组成。非选择部分包括接送、住房和早餐等，可选择部分包括导游、节目欣赏和参观游览等。旅游者可以根据需要、兴趣、时间和经济条件等因素自由选择。小包价旅游产品对旅游者来说具有更多的优势。

5. 零包价旅游产品

零包价旅游产品是一种特殊的旅游产品形态，多见于旅游业发达的国家（地区）。选择这种旅游产品的旅游者必须随团前往和离开旅游目的地，但在旅游目的地的活动完全是自由的，形同散客，但旅游者可以获得团体机票的优惠。

6. 自助旅游产品

自助旅游产品是指旅游者不通过旅行社组织，而是自己直接向航空公司、车船公司、旅游饭店、旅游景区预订或购买单项旅游产品，按照个人需求及偏好所进行的旅游活动。自助旅游一般不通过旅行社，故通常不归为旅游产品。但是，由于其购买的是单项旅游产品，是由自己组合的旅游线路产品，所以从本质上也可视为旅游产品。

三、旅游产品的生命周期

我们知道了旅游产品按照开发程度分类可以分为全新旅游产品、换代旅游产品、改进旅游产品。不同旅游产品和市场上其他商品一样，同样具有生命周期，遵循产品生命周期理论。生命周期会随着旅游产品的更新换代、需求等诸多因素兴衰变化，如图 5-7 所示。

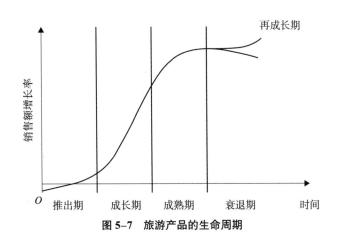

图 5-7 旅游产品的生命周期

旅游产品生命周期通常以销售额和利润或累计增长率变化衡量,不同生命周期阶段具有不同特点。

（一）旅游产品的推出期

在旅游产品的推出期,旅游产品初步建成,是进入市场的过程,在这一阶段,市场上潜在旅游者较少,旅游产品销售量增长缓慢,增长率起伏波动。旅游企业投入较多,接待较少,经营单位成本较高。此时,为了使旅游者进一步了解和认识旅游产品,旅游企业需要做大量的广告和促销工作。在这一阶段,旅游者的购买很多是尝试性的,重复购买者较少;旅游企业通常也采取试销态度,使企业销售水平低,利润极少,甚至亏损。在旅游产品的推出期,市场上一般还没有形成同行竞争。

（二）旅游产品的成长期

在旅游产品的成长期,旅游景点、旅游设施及旅游地开发初具规模,旅游服务逐步配套,使旅游产品基本定型并形成一定的特色。由于前期宣传促销开始体现效果,这时旅游产品在市场上开始有一定知名度,产品销售量和销售额迅速增长。旅游者对产品有所熟悉,越来越多的人购买这一旅游产品,重复购买者也逐步增多;旅游企业的单位广告费用相对减少,平均销售成本大幅度下降,利润迅速上升。在旅游产品的成长期,其他同类旅游企业看到该旅游产品销售很好,就有可能组合相同的旅游产品进入,市场上开始出现同行竞争。

（三）旅游产品的成熟期

在旅游产品的成熟期,旅游市场上的潜在顾客逐步减少,大多数旅游者属于重复性购买,市场需求量已达饱和状态,旅游产品的销售额达到最高点,增长率开始下降。在旅游产品成熟期,由于很多同类旅游产品进入市场,扩大了旅游者对旅游产品的选择范围,市场竞争十分激烈,加上新产品对原有旅游产品的替代性,差异化成为旅游市场竞争的核心。通常,在成熟期的前期销售量可能继续增长;中期处于增减幅度较平稳状态;后期则销售增长率趋于零或略有下降;利润增长也将在达到最高点后呈下降趋势。此时,如果旅游企业能够审时度势,及时分析和发现新的市场需求,采取有效措施,延长旅游产品生命周期,那么可使旅游产品进入再成长期。

（四）旅游产品的衰退期

在旅游产品的衰退期,旅游产品的市场吸引力持续下降,新的旅游产品已进入市场并逐渐代替旧旅游产品，旅游者或丧失对原来旅游产品的兴趣，或由对新旅游产品的兴趣所取代。旅游产品的衰退期，除少数名牌产品外，大多数旅游产品销售增长率日益下降，价格不断下跌而使利润迅速减少，甚至出现亏损。

以上是对旅游产品生命周期的规律性分析，其具有以下几点意义：①任何旅游产品都有一个有限的生命，大部分旅游产品都经过一个类似 S 形的生命周期。②每个产品生命周期阶段的时间长短因旅游产品不同而不同。③旅游产品在不同生命周期阶段中，利润高低不同。④对处于不同生命周期阶段的旅游产品，需采取不同的营销组合策略。⑤针对市场需求及时进行旅游产品的更新换代，适时撤退或改造过时的旅游产品以免遭受不应有的损失。根据以上对旅游产品市场生命周期的分析，针对旅游产品在不同市场生命周期阶段中的特点，必须根据旅游市场需求及时进行旅游产品的更新换代，适时开发旅游新产品或改造过时的旅游产品，才能保持旅游业持续、稳定地发展，如表 5-1 所示。

表 5-1 旅游地阶段划分及其阶段特征

阶段	特征
探索	少量的探险者偶然地光顾，没有公共设施 到访者被旅游地的自然特色所吸引
参与	当地居民提供旅游基本设施 确定的客源市场开始出现 开始有了旅游季节，广告也开始出现
发展	旅游设施得到发展，促销力度得到加大 外地对旅游业的控制加大 旺季的旅游人数远远超过了当地人口数量，致使当地人对旅游者产生敌对情绪
巩固	旅游业成为当地经济的主要组成部分 成熟的客源市场已经形成 本地的一些陈旧老化设施已降为次等设施 当地作出努力来延长旅游季节
停滞	旅游者数量及旅游容量达到高峰 旅游地形象已定型并广为人知，但不再时兴 旅游设施的供应逐渐减少，其转手率较高
衰落或复兴	旅游者被吸引至新的旅游地 旅游设施逐渐被非旅游设施所取代 旅游地变成了旅游贫民区或是完全没有了旅游活动 采取适当的措施，如重新定义旅游吸引物，改善环境等，则可能出现不同程度的复兴

不同的旅游地及旅游景区，其生命周期的表现形式往往会有所不同，不同性质的旅游目的地的生命周期在各阶段的表现形式也会有所差异，有的甚至还会有起伏的现象出现。在诸多的生命周期理论中，余书炜（1997）建立了双周期模型。长周期是指旅游地从起步到最终衰落区消亡的漫长的周期，短周期是指旅游地在旅游吸引力环境保持不变的一段时期内所历经的周期。在短周期内，旅游地的演进只表现为旅游接待状况的变化。双周期模型的意义在于：短周期告诫人们，旅游地若不作出复兴努力，那么它终将会"中途"衰落下去；长周期则是预示在最终衰落及消亡时，旅游地存在着复兴的可能性。

当然，不是所有旅游产品都遵循上述规律，也有风行旅游产品、延伸旅游产品等其他生命周期类型，这需要同学们在实践中学会辨别。

第三节　旅游产品的生产

一、旅游产品的生产原则

旅游产品是依托市场需求和地区资源进行生产的，无论是景区景点、饭店、娱乐餐饮的生产还是线路组合，都需对市场的需求、市场环境、投资风险、宏观政策等因素进行深入分析，旅游企业也应探索市场中的各种要素环境，作出正确、具有竞争力的方案。旅游产品的生产应遵循以下原则。

（一）市场导向原则

旅游产品的生产必须以市场为导向，牢固树立市场观念，以旅游市场需求为旅游产品生产和运营的出发点。没有旅游市场需求的产品，不仅不能形成有吸引力的旅游产品，反而会造成对旅游资源的不良开发和对生态环境的破坏。

坚持市场导向原则，要根据社会经济发展及对外开放的实际状况，正确进行旅游市场定位，以确定客源市场的主体和重点、明确旅游产品生产的针对性，提高旅游产品生产的经济效益。同时要根据市场定位，调查和分析市场需求与供给，把握目标市场的需求特点、规模、档次、水平及变化规律和趋势，从而开发出适销对路、具有竞争力的旅游产品。

（二）效益观念原则

旅游业是经济产业，必须始终把提高经济效益作为旅游产品生产的主要目标；同时旅游业又是文化事业，要求在讲求经济效益的同时，必须坚持社会效益和环境效益，也就是从整个旅游产品生产的总体水平考虑，谋求综合效益的提高。

坚持效益观念原则，一要讲求不论是旅游地的生产，还是某条旅游线路的组合，或是某个旅游项目的投入，都必须先进行项目的科学论证，认真进行投资效益分析，不断提高旅游产品生产的经济效益。二要讲求社会效益，在旅游产品生产中要充分考虑当地社会经济发展水平；要考虑政治、文化及地方习惯；要考虑人民群众的心理承受能力，形成健康文明的旅游活动，并促进地方精神文明的发展。三要讲求生态环境效益，按照旅游产品生产的规律和自然环境的可承载力，以生产促进环境保护，以环境保护提高生产的综合效益，从而形成保护－生产－保护的良性循环，创造出和谐的生存环境。

（三）产品形象原则

旅游产品是一种特殊商品，是以旅游资源为基础，对构成旅游活动的食、住、行、游、购、娱等各种要素进行有机组合，并按照客源市场需求和一定的旅游路线而设计组合的产品。因此，拥有旅游资源并不等于就拥有旅游产品，旅游资源要生产成旅游产品，必须根据市场需求进行生产、加工和再创造，从而组合成特色鲜明、适销对路的旅游产品，树立良好的旅游产品形象。

坚持产品形象原则，要以市场为导向，根据客源市场的需求特点及变化，进行旅游产品的设计；要以旅游资源为基础，把旅游产品的各个要素有机结合起来进行设计和生产，特别要注意在旅游产品设计中注入文化因素，增强旅游产品的吸引力；要充分考虑旅游产品的品位、质量及规模，突出旅游产品的特色，努力生产具有影响力的拳头产品和名牌产品；要随时跟踪分析和预测旅游产品的市场生命周期，根据不同时期旅游市场的变化和旅游需求，及时推出新的旅游产品，不断改造和完善旅游老产品，从而保持旅游业的持续高质量发展。

二、旅游产品的生产类型

旅游产品的生产主要包括资源依托型旅游产品、资本依托型旅游产品、组合型旅游产品几种类型。

（一）资源依托型旅游产品

1. 以自然旅游资源为主的旅游产品

以自然旅游资源为主的旅游产品，主要以保持自然风貌的原始状况为主，但需要进行道路、食宿、娱乐等配套旅游设施建设，进行环境绿化、景观保护等。

以自然旅游资源为主的旅游产品的生产必须以严格控制建设量和建设密度，使人造建筑与自然环境协调一致，不冲淡和破坏自然景观为前提。

2. 以人文景观资源为主的旅游产品

以人文景观资源为主的旅游产品，主要凭借丰富的历史文化古迹和现代建设成就，进行维护、修缮、复原等工作，使其具有旅游功能，如有重要历史文化价值的古迹、遗址、园林、建筑形态等。以人文景观资源为主的旅游产品的生产一般需要较大的投资和维修费用。

3. 以民族文化旅游资源为主的旅游产品

以民族文化旅游资源为主的旅游产品，主要围绕少数民族地方的民族风情、传统风俗、文化艺术等进行挖掘、整理、改造、加工和组合，并在此基础上生产成各种旅游产品。由于民族文化旅游资源较为广泛，对这类旅游资源的生产需要与有关部门进行广泛的合作，统一规划、共同生产。

（二）资本依托型旅游产品

资本依托型旅游产品主要依靠现代科技和资本的投入，在现代旅游产品生产过程中越来越受到旅游者欢迎，其中最具有代表性的是应用高科技进行生产的旅游产品，这类产品受到不同类型的旅游者的欢迎。应用高科技进行生产的旅游产品是运用现代科学技术手段，通过精心构思和设计，以新颖、奇幻的特点，融娱乐、游艺、刺激为一体，创造出颇具特色的旅游活动项目，丰富旅游活动的内容与形式，提高旅游目的地的吸引力，如"迪士尼乐园""未来世界""民族风情园（村）"等。

（三）组合型旅游产品

组合旅游产品，也可以理解为旅游线路的设计。旅游线路设计就是把旅游资源、旅游设施和旅游服务综合地联系起来，并与旅游者的期望相吻合，与旅游者的消费水平相适应。通常，旅游产品生产和开发是否成功与旅游线路能否为旅游者所接受密切相关，因为旅游线路是旅游者消费并满足其旅游需求的具体体现。从设计过程来看，旅游线路生产和开发充分反映了旅游产品与物质产品在策划和设计方式上的区别。一般物质产品是人们借助劳动工具将劳动对象加工改造为特定的外貌和内质全然不同的符合人们新需求的有形产品；而旅游产品则是旅游从业人员凭借着已设计的旅游资源和已建成的旅游设施和其他服务设施，组合成各种不同旅游线路，以满足旅游者多方面的旅游需求。

旅游线路策划与设计的种类可以从不同角度进行划分。按旅游线路的性质，其可分为普通观光旅游线路和专项旅游线路两大类；按旅游线路的游程时间，其可分为一日游线路与多日游线路；按其使用的主要交通工具，其可分为不同的交通工具旅游线路；按使用对象的不同性质，其可分为团体旅游线路和散客旅游线路。

三、旅游产品生产及开发策略

扩展阅读 5.2

旅游产品的策划和设计是一项非常重要的工作，为了最有效地利用资源，最大限度地满足旅游者的旅游需求，在旅游产品开发规划的指导下，必须采取正确、合理的旅游产品生产及开发策略。常用的旅游产品有以下几种生产及开发策略。

（一）市场型组合策略

市场型组合策略是针对某一特定旅游市场提供其所需要的产品。如旅行社专门为某一客源市场提供观光、修学、考古、购物等多种旅游产品；或以青年市场为目标，开发探险、新婚、修学等适合青年口味的产品。市场型组合策略有利于旅游企业集中力量对特定的目标市场进行调研，充分了解其各种需求，开发满足这些需求的多样化、多层次的旅游产品。但这种策略所选择的目标市场较单一，市场规模有限，会使旅游企业的旅游产品销售受到限制。

（二）产品型组合策略

产品型组合策略是指以某一种类型的旅游产品去满足多个目标旅游市场的同一类需求。如某旅行社主要开发观光旅游产品或生态旅游产品等多种旅游产品来满足所接待的各种各样的旅游者的需求。由于采取这种策略，一方面旅游产品线路单一，所以旅行社经营成本较低，易于管理；另一方面可集中旅游企业，不断完善和开发某一种旅游产品，进行该旅游产品的深度加工，培育精品和名牌旅游产品，树立鲜明的旅游形象。但是，这种组合形式一定程度上增大了旅游企业的经营风险。

（三）"市场－产品型"组合策略

"市场－产品型"组合策略是指旅游企业开发、经营多种不同的旅游产品，同时或分批推向多个不同的旅游市场。如某实力雄厚的国际旅行社，同时经营观光旅游、度假旅游、探险旅游、会议旅游等多种旅游产品，既以国内的中高端旅游消费者为目标市场，经营国内旅游和国际旅游，又以欧美市场、日本市场、东南亚、澳洲等多个旅游市场为目标市场，经营国际入境旅游。采取"市场－产品型"组合策略，可以满足不同旅游市场的需要，扩大市场占有份额，减少和分散经营风险等。当然，同时开发多种旅游产品，会使企业经营成本增加，也会对企业的人力资源等产生较大的需求。因此，旅游企业具备较强的实力，才能有效地采用"市场－产品型"组合策略，推进旅游产品的策划和设计。

无论是何种旅游产品的生产和开发，都应该遵循旅游市场经济秩序，遵守旅游产品生产、开发原则；紧紧把握旅游市场供需关系进行设计、组合、搭配，以高质量发展为目标，使其在旅游市场上具有竞争优势，使旅游者在享受旅游产品时拥有美好的旅游体验。

【本章小结】

本章介绍了旅游产品的概念、构成、生命周期以及旅游产品的生产，从不同角度对旅游产品进行了定义，介绍了当下旅游业界对于旅游产品主流定义的内涵；对旅游市场上旅游产品从不同角度进行细分，详细讲解了旅游产品的一般构成、产品划分类型、旅游产品的生命周期以及旅游产品生产应遵循的原则；本章学习内容，通过渗透经济学（劳动经济学、微观经济学）思维，结合经济学内容，让学生从"经济"角度（劳动者、非劳动者）进行思考，运用经济学思维思考旅游产品形成、发展规律，为后续课程提供知识养分，有利于学生对旅游产品概念的认知和经济规律的把握。

【复习思考题】

1. 旅游产品有哪些构成要素？

2. 新冠感染疫情结束后，旅游业有望复苏，旅游市场应如何把握旅游产品的价格刺激旅游消费者进行消费？

3. 旅游企业可以通过哪些渠道实现利润最大化？

4. 作为未来旅游从业者，你还知道哪些当下热门旅游产品？

5. AI（人工智能）旅游产品的出现能替代传统旅游产品吗？

【即测即练】

【参考文献】

[1]　蒲钰.吉林省在北京推介四大类文化和旅游产品 [EB/OL].（2021-06-17）.
https：//m.gmw.cn/baijia/2021-06/17/34928164.html.

[2]　张立生.旅游经济学 [M].北京：中国人民大学出版社，2010：14.

[3]　吕宛青，李聪媛.旅游经济学 [M].2 版.大连：东北财经大学出版社，2019：
44-64.

[4]　吴晋峰.旅游吸引物、旅游资源、旅游产品和旅游体验概念辨析 [J].经济管理，
2014（8）：137-147.

[5]　钱海燕，赵书虹.旅游业态与旅游产品的概念内涵及关联研究 [J].旅游研究，
2022，14（1）：88-98.

[6]　王珂.切实提高旅游服务质量 [EB/OL].（2021-06-04）.http：//www.gov.cn/
xinwen/2021-06/04/content_5615435.htm.

[7]　戴斌.春节旅游市场高开 全年旅游经济稳增 [EB/OL].（2023-01-28）.http：//
www.ctaweb.org.cn/cta/ztyj/202301/024211b1b9d943c480b4987c4f2b4409.shtml.

[8]　李辰琪.权威解读 I 关于《旅游度假区等级划分》国标修订，你想知道的这
里都有 [EB/OL].（2022-08-10）.https：//hct.henan.gov.cn/2022-08/10/2557909.
html.

第六章　旅游供给与旅游投资

【学习目标】

1. 了解旅游供给的概念、特征和影响因素，旅游投资的概念、特点和分类。

2. 熟悉旅游供给弹性的类型及计算方法。

3. 掌握旅游供给规律。

【能力目标】

1. 了解旅游建设项目的内容，培养学生进行可行性分析的实践能力。

2. 熟悉旅游供求均衡理论，培养学生将现实问题抽象为理论模型进行分析和指导实践的能力。

3. 掌握旅游供给规律和弹性理论，培养学生分析现实经济问题的能力。

【思政目标】

1. 了解旅游供给弹性的类型及计算，培养学生用经济思维思考问题的能力。

2. 熟悉旅游供给的影响因素，增强学生辩证和逆向的思维。

3. 掌握对旅游投资进行可行性分析，培养学生严谨创新的工作态度。

【思维导图】

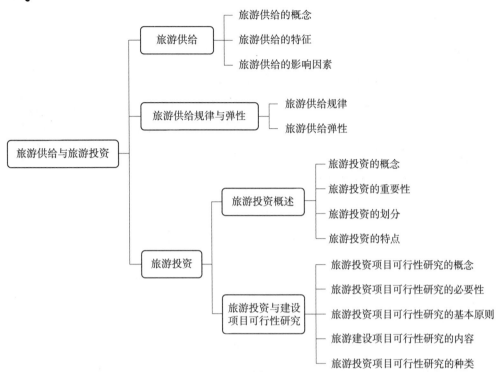

【导入案例】

新旅游新供给，拓展产业发展新空间

发展"新旅游"，要始终从市场和游客角度出发，以需求侧发力牵动供给侧结构性改革，形成新需求牵引新供给、新供给创造新需求的更高水平的动态平衡。吉林省梅河口市东北不夜城内，一场以"粽情端午"为主题的包粽子比赛在这里举行。梅河口东北不夜城跻身第一批国家级夜间文化和旅游消费集聚区名单，从服务配套、业态创新等方面进行了升级扩容，进一步让"旅游＋市场"持续为经济内循环赋能。端午假期，长春九台区土们岭街道马鞍山村游客不断。马鞍山村将乡村振兴与乡村旅游相结合，"田园综合体""特色民宿"等众多文旅项目相继落户，2021 年全村旅游业人均增收 2 000 余元，带动村民就业 300 余人。

资料来源：杨晓艳，李樊 ."新旅游"绘就美好生活新画卷 [N]. 吉林日报，2022-06-09.

问题：

1. 梅河口市和长春市的案例给我们什么启示？

2. 从供给者的角度如何来打造旅游新供给？

第一节　旅游供给

一、旅游供给的概念

供给和需求是相互对应、相互联系的一组经济概念。需求针对消费者而言，而供给则针对生产经营者而言，指生产者在一定条件下愿意并且能够提供的某种产品的数量。从旅游经济的角度看，现代旅游供给是指在一定条件和一定价格水平下，旅游经营者愿意并且能够向旅游市场提供的旅游产品数量。正确认识和理解旅游供给的概念，必须把握好以下几点。

视频6.1
旅游供给的概念

（一）旅游供给以旅游需求为前提条件

旅游需求是旅游供给的基本前提条件，即旅游企业必须以满足人们的旅游需求为其经营目标和目的，通过建立一套适应旅游需求的旅游供给体系，保证提供满足人们旅游需求的、高质量的旅游产品数量和种类。旅游供给不能脱离人们的旅游需求，人们的需求总是要以一定的物质条件为基础，所以旅游供给首先应包含旅游资源、旅游设施等满足人们旅游需求的物质基础。同时，旅游供给又是一种市场导向的社会生产活动，必须以旅游需求为旅游供给的前提和依据。因此在提供旅游产品的时候，必须对现代旅游需求的内容、层次和变动趋势进行调查研究与预测，根据旅游需求来有效地制订旅游供给计划，科学地组织旅游产品的生产，以达到满足人们不断增长的旅游需求的目的。

（二）旅游供给是愿意提供的旅游产品

虽然旅游需求决定着旅游供给的数量和质量，但在旅游市场上，真正决定旅游供给数量、质量和类型的关键在于旅游经营者是否愿意并且能够提供相应的旅游产品。这种旅游供给同旅游需求一样，是相对于旅游产品的价格而言的，即在一定的价格条件下，旅游经营者愿意提供一定的旅游产品数量，并随着旅游价格的增减变动而相应变动供给的数量。同时，从满足人们旅游需求的角度出发，旅游产品的供给不仅表现为旅游产品的数量，还综合表现为旅游产品的品种、规格和质量。因此，在旅游供给过程中，旅游经营者既要重视抓好旅游产品的数量，更要重视提高旅游产品的质量，重视提高旅游服务质量和旅游设施水平，才能增加有效的旅游供给，更好地满足旅游市场上人们的旅游需求。

（三）旅游供给是能够提供的旅游产品

旅游供给必须是一种有效供给。这种有效供给取决于两方面，即基本旅游供给和辅助旅游供给。基本旅游供给是指一切直接与旅游者发生联系或旅游者在旅游过程中亲身接触和感受的旅游产品，它是由旅游资源、旅游设施、旅游服务和旅游购物等组合成的综合旅游产品，也是旅游供给的主要内容，其质量和水平决定了旅游目的地的吸引力与声誉。辅助旅游供给是指为基本旅游供给提供配套服务的其他设施，也称旅游基础设施，包括交通运输、水电供应、供气供热、邮电通信、医疗卫生和城市环境等各种公共产品和辅助设施。辅助旅游供给作为一种公共产品和辅助设施，除了为旅游者提供直接服务和间接服务外，也为非旅游者提供服务。因此，只有当基本旅游供给和辅助旅游供给相互配合，并在数量、结构等方面相适应时，才能向旅游者提供有效的旅游产品。

二、旅游供给的特征

旅游供给是一种特殊的产品供给，旅游供给除了具有一般产品的供给特征外，还具有不同于一般产品供给的特殊性。这种特殊性是由旅游产品的特点所决定的，主要表现在以下几方面。

（一）不可累加性

旅游产品的综合性特点意味着旅游供给是由多种资源、设施与服务要素构成的，由于这些构成要素具有异质性的特点，因而旅游供给既不能用各种要素的累加来反映，也无法用综合旅游产品数量来测度，只能用旅游者数量来表征，也就是用可能接待的旅游者人数来反映旅游供给的数量及生产能力水平（容量）。

（二）产地消费性

一般物质产品的生产主要是通过流通环节，把产品从生产地运输到消费地进行消费，因此产品的生产和消费是可以分离的。但在旅游供给中，由于旅游产品的固定性和生产消费的同一性，旅游者是被吸引到旅游产品生产地进行消费的，发生空间移动的是人而不是物。因此，在规划旅游产品的生产和供给时，除了要考虑旅游者的运输问题外，还要重点考虑旅游景区、景点的环境容量及旅游目的地的综合接待能力，因为其直接影响和决定着旅游供给的数量与水平。

（三）可持续性

通常，一般物质产品的供给主要通过再生产而得以持续，如果再生产停止，则产品的生产与供给也就相应停止。而旅游产品的供给则不一样，无论是景区、景点建设，还是宾馆、饭店服务，一旦建成，就能在较长一段时间内持续供给，有的甚至可以永续利用。但是，生产一般工农业物质产品的设施和条件若受到破坏，则可以通过另建或恢复保持持续供给；而旅游产品或旅游景点一旦遭受破坏，则可能使某种旅游产品的供给能力受到影响，乃至永久丧失供给能力。因此，在旅游产品的开发和销售中，必须重视对旅游对象物的保护和维护，以保障旅游供给的可持续性。

（四）非储存性

旅游供给的非储存性是由旅游产品生产与消费的同一性所决定的。通常，工农业等物质产品可利用储存作为调节供需矛盾的主要手段，来实现产品的供求平衡。但对旅游产品来讲，由于旅游产品生产、交换与消费的同一性，旅游产品既不能先于消费而生产，也不可能通过旅游产品储存来调节旅游供需矛盾，只能通过增加旅游者数量或相应提高旅游供给能力来实现旅游产品的供求平衡。

（五）多样性

旅游产品的使用价值在于满足旅游者生理、心理和精神的需求，而旅游者的需求总是千差万别的，从而使旅游供给也必须具有多样化的特征，既要满足多数旅游者的需求，又要满足个别旅游者的需求。即使采用组团旅游的方式来提供组合旅游产品，也要注意满足团队中个别旅游者的特殊需求。因此，旅游供给较之于工农业物质产品的供给具有多样性的特征，其对于满足旅游者的多样性需求是十分重要的。

三、旅游供给的影响因素

在旅游经济中，凡是使旅游供给增加或减少的因素都可视为旅游供给的影响因素。一般情况下，除了旅游设施、旅游服务、旅游购物和旅游便捷性等基本因素对旅游产品供给的数量、质量、规模和水平会产生重要影响外，以下因素也会对旅游供给产生影响。

扩展阅读 6.1

（一）旅游资源状况与环境容量

旅游供给的基本要素是旅游资源，而旅游资源是在特定的自然和社会条件下形成的，是旅游经营者不能任意改变的。旅游经营者只能把旅游资源优势作为旅游供给和旅游经济增长的依托点，以市场为导向，通过对旅游资源的合理开发，向旅游市场提供具有特色的旅游对象物，实现旅游资源优势向经济优势的转化。但是，旅游资源的开发不是无限的，它受到旅游环境容量的限制。旅游环境容量是指旅游目的地接待旅游者的最大数量，因此旅游目的地的环境容量在很大程度上决定和影响着旅游供给的规模与数量。如果旅游者数量超过了旅游目的地的环境容量，不仅会造成对自然环境的污染和破坏，而且会引起当地居民的不满，甚至产生一系列社会问题，从而直接影响到旅游产品的吸引力。因此，旅游资源状况与环境容量是直接影响旅游供给的重要因素之一。

（二）旅游产品和相关产品的价格

旅游供给直接受旅游产品价格的影响。当旅游产品价格提高，则旅游经营者在同样的成本投入中可获得更多的利润，因而会刺激旅游经营者增加旅游供给量；相反，当旅游产品价格下降，则会导致旅游经营者的利润减少，从而会减少旅游产品的供给量。因此，旅游供给的规模和数量直接受到旅游产品价格变化的影响，并与旅游价格呈同方向变化。

旅游供给除了直接受旅游产品价格的影响外，还会间接地受其他相关产品价格变化的影响。例如，对于国际旅游来讲，如果国际旅游的支出不变，当国际旅游交通费用上涨时，则会引起旅游目的地的旅游产品价格相对降低，从而使旅游目的地的收入和利润也随之减少，进而导致旅游供给减少；相反，当国际旅游交通费用降低时，则会使旅游目的地的旅游产品价格相对提高，从而使旅游目的地的相对利润增加，进而导致旅游供给增加。因此，无论旅游相关产品的价格是上涨还是降低，都必然引起社会要素资源的重新配置，进而影响到整个旅游产品供给量的变化。

（三）旅游生产要素的价格

生产要素价格的高低直接关系到旅游产品的成本高低，尤其旅游产品是一个包含食、住、行、游、购、娱多种要素在内的综合性产品，各种要素价格的变化必然影响到旅游产品供给的变化。在旅游产品价格不变的情况下，若各种要素价格均提高，则必然使旅游产品的成本增加而利润减少，从而导致旅游产品供给量也随之减少。相反，若各种要素价格均降低，则使旅游产品成本降低而利润增加，从而刺激旅游产品供给量随之增加。因此，旅游生产要素的价格也直接对旅游供给产生着重要的影响。

（四）社会经济发展水平

旅游业不仅是一个综合性经济产业，也是一个依赖性很强的产业。旅游业的健康发展离不开社会生产力的发展，它需要在社会现有的经济发展基础上为旅游业提供必需的物质条件，才能形成旅游的综合接待能力，提供一定数量和质量的旅游产品。如果社会经济发展水平低，不能保证旅游供给所需的各种物质条件，就不能提供有效的旅游接待能力。因此，社会经济发展的状况和水平不仅为旅游供给提供各种物质基础的保证，而且一定程度上也决定着旅游产品的供给数量和质量。

（五）科学技术发展水平

科学技术是第一生产力，是推动社会经济发展的强大动力，也是影响旅游供给的重要因素之一。科学技术进步为旅游资源的有效开发提供科学的手段；为开发有特色的旅游产品提供科学的方法；为保护旅游资源，实现旅游资源的永续利用提供科学的依据；为旅游者提供具有现代化水平的、完善的接待服务设施，为旅游经济发展提供科学的管理工具和手段，从而增加有效旅游供给，加速旅游资金的周转，降低旅游产品的成本，提高旅游经济的效益。

（六）旅游经济方针和政策

旅游目的地国家或地区有关旅游经济发展的方针和政策，也是影响旅游供给的重要因素之一。特别是有关旅游经济发展的战略与规划，扶持和鼓励旅游经济发展的各种税收政策、投资政策、信贷政策、价格政策、社会文化政策等，不仅对旅游经济发展具有重要的影响和作用，而且直接影响到旅游供给的规模、数量、品种和质量。因此，旅游经济方针和政策是影响旅游供给的重要因素，是不断提高旅游综合接待能力的生命线，也是促进旅游经济发展的重要推动力。

第二节　旅游供给规律与弹性

一、旅游供给规律

从以上分析可以看出，旅游供给的变化受多种因素的影响和制约，不同的因素对旅游供给的变化具有不同的影响，概括起来主要包括以下几个方面。

视频 6.2

旅游供给规律

（一）旅游供给量与旅游产品价格呈同方向变化

根据旅游供给量和旅游产品价格的相互联系，在其他因素

既定的情况下，旅游产品价格上涨，必然引起旅游供给量增加；旅游产品价格下
跌，必然引起旅游供给量减少。也就是说，旅游供给量具有与旅游产品价格呈同
方向变化的规律性。

设纵坐标为旅游产品价格，横坐标为旅游供给量，S-S 为旅游供给曲线。则在
图 6-1 中，旅游产品价格的任一变动，都有一个与之相对应的旅游供给量，并形
成旅游供给曲线 S-S。当旅游产品价格为 P_0 时，有相对应的旅游供给量 Q_0；当旅
游产品价格从 P_0 上涨到 P_1 时，旅游供给量由 Q_0 上升到 Q_1；当旅游产品价格从 P_0
下跌到 P_2 时，旅游供给量由 Q_0 下降到 Q_2。因此，旅游供给曲线是一条自左下向
右上倾斜的曲线，该曲线反映了旅游供给量与旅游产品价格呈同方向变化的客观
规律性。

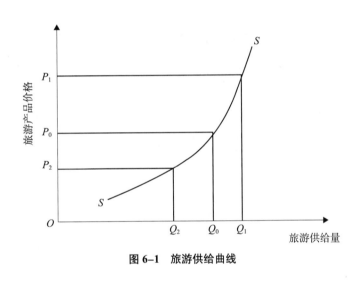

图 6-1　旅游供给曲线

旅游供给量与旅游产品价格呈同方向变化的规律性，是由旅游经营者追求利
润最大化所决定的。因为，在旅游产品生产技术和各种生产要素价格既定的情况
下，如果旅游产品价格上升，就意味着利润增加，于是旅游经营者就会投入更多
的生产要素来生产和提供旅游产品，从而使旅游产品的供给量增加；相反，在旅
游产品生产技术和各种生产要素价格既定的情况下，如果旅游产品价格下降，就
意味着利润减少，于是旅游经营者就会减少生产要素的投入，或者把生产要素投
向其他产品的生产，从而使旅游产品的供给量减少。

（二）旅游供给能力在一定条件下的相对稳定性

旅游供给能力是指在一定条件下（包括时间和空间等）旅游经营者能够提供

旅游产品的最大数量。由于旅游产品是一种以服务为主的综合性产品，因此旅游供给能力以接待旅游者数量多少来反映，而不像物质产品以产品数量多少来反映。根据旅游产品的特征，旅游供给能力具体可分为两种，即旅游综合接待能力和旅游环境承载能力。

（1）旅游综合接待能力。旅游综合接待能力是指旅游目的地国家或地区通过旅游资源开发、基础设施和接待设施建设而形成的能够接待旅游者的数量，是一种现实的旅游生产力，体现了旅游目的地国家或地区旅游业发展的现实可能性。

（2）旅游环境承载能力。旅游环境承载能力是指旅游目的地国家或地区在一定时间内，在不影响生态环境和旅游者体验的基础上，能够保持一定水准而接待旅游者的最大数量，它是一种潜在的旅游生产力，体现了旅游目的地国家或地区发展旅游业的最大可能性。

根据旅游供给能力的概念，结合旅游供给的特点及有关影响因素的作用，旅游供给量与旅游产品价格的同方向变化并不是无限制的。事实上，由于旅游供给能力在一定条件下是既定的，从而决定了旅游供给量的变动也是有限的。特别是旅游供给受旅游环境承载能力的限制，决定了在一定时间、一定空间条件下，旅游供给量必然受到旅游供给能力的制约。旅游供给能力一旦达到上限，即使旅游产品价格再高，旅游供给量也是既定不变的。

在图 6-2 中，当旅游供给量小于 Q_2 时，旅游供给量随旅游产品价格变化而同方向变化，即当旅游产品价格由 P_0 上升到 P_1 时，旅游供给量由 Q_0 上升到 Q_1；当

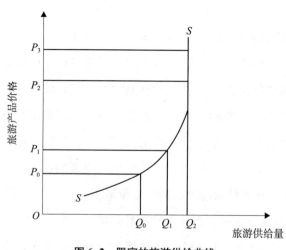

图 6-2   限定的旅游供给曲线

旅游供给量达到 Q_2，即达到最大旅游供给能力时，无论旅游产品价格如何变化，即当价格在 P_2 以上时，旅游供给量仍不会发生变化，因此旅游供给具有相对稳定性。

（三）旅游供给水平受其他因素影响而变动

旅游供给量的变化不仅受旅游产品价格变动的影响，也受其他各种因素的影响和作用。在旅游产品价格既定的条件下，其他因素的变动而引起的旅游供给的变动，称为旅游供给水平变动。

在图6-3中，假定在旅游产品的生产技术水平不变且旅游价格为 P_0 的既定条件下，若生产要素价格下降，必然引起旅游产品成本下降，使旅游供给水平增加，从而引起旅游供给曲线由 S-S 右移到 S_1-S_1；相反，若生产要素价格上升，必然引起旅游产品成本上升，使旅游供给水平降低，从而引起旅游供给曲线由 S-S 左移到 S_2-S_2。这时，尽管旅游产品价格保持不变为 P_0，但旅游供给量已发生变化，分别由 Q_0 上升到 Q_1 或下降到 Q_2。

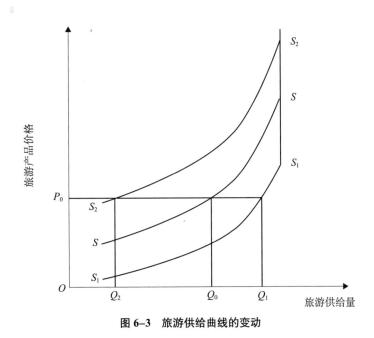

图6-3　旅游供给曲线的变动

二、旅游供给弹性

旅游供给弹性是指旅游供给对各种影响因素变化作出的反应。由于旅游供给不仅受旅游产品价格的直接影响，还受生产规模、生产成本和旅游环境容量等多种因素的影响，因而旅游供给弹性包括旅游供给价格弹性、旅游供给交叉弹性、旅游价格预期弹性等，下面着重分析旅游供给价格弹性和旅游价格预期弹性。

（一）旅游供给弹性的影响因素

不同的旅游产品供给弹性大小不一，在不同的时期，旅游供给弹性也不同。在一个较短的时间内，受资源、技术、设施等条件的制约，旅游价格的变化只会引起旅游供给量较小幅度的变化，故其价格弹性系数较小；在一个较长的时间内，旅游目的地会针对旅游价格的上涨设法增加旅游设施和基础设施，旅游价格的变化则会引起旅游供给量较大幅度的变化，故其价格弹性系数较大。在旅游经济运行中，由于旅游业的特殊性，旅游供给弹性通常较小。特别是在旅游业已具相当规模或者旅游环境容量已趋于饱和的情况下，一个旅游目的地要想迅速扩大旅游供给相对比较困难。造成这种情况的原因，一方面是旅游供给的扩大涉及旅游服务设施和旅游基础设施的增建或扩建，以及旅游从业人员的招聘和培训，为人、财、物和时间所限；另一方面是旅游供给的扩大也会受到当地环境容量以及社会容量等诸多因素的制约，很难通过有效的方式迅速增加，因而旅游供给弹性通常较小。

（二）旅游供给价格弹性

旅游供给价格弹性是指旅游供给量对旅游产品价格的反应及变化关系。根据旅游供给规律，在其他影响旅游供给的因素不变的情况下，旅游供给随旅游产品价格变化同方向变化。为了测定两者之间的变化程度，即旅游供给对价格的敏感性，就必须计算旅游供给价格弹性系数。旅游供给价格弹性系数是指旅游供给量变化的百分比与旅游产品价格变化的百分比之比。

设：E_{sp} 为旅游供给价格弹性系数；P_1，P_2 为变化前后的旅游产品价格；Q_1，Q_2 为变化前后的旅游供给量。

则有旅游供给价格点弹性系数计算公式（6-1）：

$$E_{sp} = \frac{Q_2 - Q_1}{Q_1} \div \frac{P_2 - P_1}{P_1} \qquad (6\text{--}1)$$

旅游供给价格弧弹性系数计算公式（6-2）：

$$E_{sp} = \frac{Q_2 - Q_1}{(Q_2 + Q_1)/2} \div \frac{P_2 - P_1}{(P_2 + P_1)/2} \qquad (6\text{--}2)$$

【例6-1】某旅游度假酒店对外提供家庭套餐（两荤两素），当每份价格为20元时，企业每天配菜50份，当每天价格为25元时，企业每天配菜80份，计算

价格为 25 元时的旅游供给价格点弹性系数，价格为 20~25 元时的旅游供给价格
弧弹性系数。

解：根据旅游供给价格弹性系数计算公式，可以计算出该旅游度假酒店的旅
游供给价格点弹性系数和旅游供给价格弧弹性系数如下。

点弹性系数：

$$E_{sp} = \frac{\dfrac{80-50}{50}}{\dfrac{25-20}{20}} = \frac{\dfrac{3}{5}}{\dfrac{1}{4}} = \frac{3}{5} \times \frac{4}{1} = \frac{12}{5} = 2.4$$

弧弹性系数：

$$E_{sp} = \frac{\dfrac{80-50}{(80+50) \div 2}}{\dfrac{25-20}{(25+20) \div 2}} = \frac{\dfrac{30}{65}}{\dfrac{5}{22.5}} = \frac{6}{13} \times \frac{22.5}{5} = \frac{135}{65} \approx 2.1$$

由于旅游供给量与旅游产品价格同方向变化，因而其弹性系数为正值。根据
旅游供给价格弹性系数 E_{sp} 值的大小，可以区分为以下几种情况。

（1）当 $E_{sp}>1$ 时，则表明旅游供给量变动百分比大于旅游产品价格变动百分
比，即旅游供给是富有价格弹性的，如图 6-4 中的 AB 弧即表明这一特点。若旅
游供给是富于弹性的，则说明旅游产品价格的微小变化将引起旅游供给量的大幅
度变化。

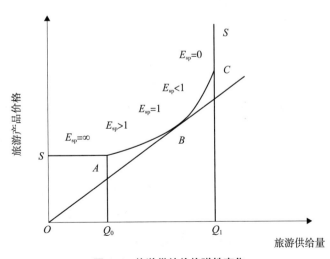

图 6-4　旅游供给价格弹性变化

（2）当 $E_{sp}=1$ 时，则表明旅游供给量变动百分比同旅游产品价格变动百分比是相等的，即旅游供给具有单位弹性，图6-4中 B 点的供给价格弹性系数就是单位弹性。

（3）当 $E_{sp}<1$ 时，则表明旅游供给量变动百分比小于旅游产品价格变动的百分比，因而旅游供给弹性不足，图6-4中 BC 弧的旅游供给弹性就表现为不足，其实质上说明旅游产品价格的大幅度上涨或下跌，对旅游供给量变化的作用不强。

（4）当 $E_{sp}=0$ 时，称旅游供给完全缺乏价格弹性，因而在图6-4中的旅游供给曲线是一条垂直于横轴的直线，表明无论旅游产品价格怎样变动，旅游供给量基本保持不变。

（5）当 $E_{sp}=\infty$ 时，则称旅游供给是完全富有价格弹性的，或称旅游供给具有无限价格弹性，因而在图6-4中的旅游供给曲线是一条平行于横轴的直线，表明在既定的旅游产品条件下旅游供给量可任意变化。

（三）旅游价格预期弹性

旅游价格预期弹性是指未来旅游价格的相对变动与当前旅游价格相对变动之比。当前旅游价格相对变动是指目前旅游市场上实际旅游价格相对于旅行社报价的变化；而未来旅游价格的相对变动则是指未来旅游市场上旅游者预期价格相对于旅行社报价的变化。把未来旅游价格相对变化与现期旅游价格相对变化进行比较，即可计算出旅游价格预期弹性系数。

设： E_f 为旅游价格预期弹性系数； F 为未来价格； P 为现期价格。

则有旅游价格预期弹性系数的计算公式：

$$E_f = \frac{\dfrac{\Delta F}{F}}{\dfrac{\Delta P}{P}} \qquad (6-3)$$

不论是对于旅游者还是旅游经营者来讲，旅游价格预期弹性系数都是一个重要的决策影响系数。

1. 对旅游者而言，旅游价格预期弹性的作用相对较小

当 $E_f>1$ 时，表明旅游者预期未来旅游价格的相对变动大于现期旅游价格的相对变动。当现期旅游价格上升，旅游者预期未来旅游价格上升的幅度可能更大，于是就会增加现期旅游产品的购买；当现期旅游价格下降，旅游者预期未来旅游价格下降的幅度可能更大，从而就会减少现期旅游产品的购买。

当 $E_f<1$ 时，表明旅游者预期未来价格的相对变动将小于现期价格的相对变动，于是现期旅游价格提高，就会使旅游者持币待购从而引起现期旅游需求减少。但由于旅游需求同时受闲暇时间因素的影响，因而价格预期对于旅游需求的影响相对较小，即旅游价格预期弹性系数一般都较小。

2. 对旅游经营者而言，旅游价格预期弹性的作用相对较大

当 $E_f>1$ 时，表明旅游经营者预期未来价格的相对变动将大于现期价格的相对变动。于是当现期旅游价格上升，旅游经营者为了将来获得更大的收益，就会减少现期的旅游供给，并加大投入以期增加未来的旅游供给量；当现期旅游价格下降，为了保持经营的稳定性，旅游经营者也会适当减少现期的旅游供给。

当 $E_f<1$ 时，表明旅游经营者预期未来价格的相对变动将小于现期价格的相对变动，即旅游市场价格稳定，于是旅游经营者就会加大旅游宣传促销，以增加现期的旅游供给。

第三节　旅游投资

一、旅游投资概述

（一）旅游投资的概念

"投资"一词具有双重含义：①指特定的经济活动，即为了将来获得收益或避免风险而进行的资金投放活动。党的二十大报告指出："我国成为一百四十多个国家和地区的主要贸易伙伴，货物贸易总额居世界第一，吸引外资和对外投资居世界前列。"投资活动按其对象分类，可分为产业投资和证券投资两大类。产业投资是指经营某项事业或使真实资产存量增加的投资。证券投资是指投资者用积累起来的货币购买股票、债券等有价证券，借以获得效益的行为。②指投放的资金，即为了保证项目投产和生产经营活动的正常进行而投入的活劳动和物化劳动价值的总和，主要由固定资产投资和流动资产投资两部分构成。在实际生活中，投资的这两种含义都被人们广泛地应用着。

旅游投资是指在一定时期内，根据旅游业或旅游企业发展的需要，为获得收益而投放到某一旅游项目上的一定数量的资金。旅游业是向旅游者提供旅游产品的行业，这些产品包括食、住、行、游、娱、购六大内容，其中，每一方面都需要投入必要的资金，而对旅游投资来说，着重研究的是固定资产投资。固定资产

投资与流动资产投资相比有其不同的特点：首先，固定资产投资的结果形成的是旅游基础设施和配套设施，它决定了未来旅游活动的地点、规模和特色，并且决定了相应流动资产投资的数量和结构；其次，固定资产投资回收期长，并且由其所决定的未来旅游活动的地点、规模和特色，还相应地影响着流动资产的周转速度，影响着全部投资风险的大小。由此可见，旅游投资决策的关键是如何进行固定资产投资决策。

（二）旅游投资的重要性

旅游投资是一个国家或地区旅游经济发展必不可少的前提条件，也是旅游实现扩大再生产的物质基础。因此，旅游投资在国民经济发展中具有重要作用。

1. 旅游投资是国民经济的组成部分

马克思曾经指出：社会的生产力是用固定资本来衡量的，它以物的形式存在于固定资本中。固定资产是国民经济的物质财富，是国家国民财富的主要组成部分，是社会再生产的物质技术基础，为工业、农业、交通运输业、建筑业、商业等物质生产部门实现再生产提供劳动资料（包括劳动工具和劳动条件），是人民物质文化生活的条件，为人民居住、文化、教育、卫生和科学研究提供必不可少的设施。

2. 旅游投资对国民经济有较强的推动力

社会发展的各个时期，没有一定量的投入，经济是难以启动和发展的。马克思曾经说过：积累是扩大再生产的唯一源泉。值得重视的是，投资的重要作用还表现在它的乘数效应。投资的乘数效应指的是一定量的投资可引起数倍于它的国民收入、国民生产总值的增长。增加适度的投资数量和提高投资的效率，是促使国民经济增长的首要推动力。此外，旅游业在国民经济中有很高的产业关联度，即旅游业的发展会大幅度拉动或推动相关产业的发展，投资对国民经济的作用在旅游业显得很"敏感"，这也是我国许多地区关注旅游投资的原因之一。

3. 旅游投资可以改善人民物质文化生活水平

旅游投资是一种非生产性投资，转化形成非生产性固定资产，是直接为满足人民的物质文化生活需要服务的。它对现代化精神文明建设和物质文明建设发挥着重要作用。

4. 旅游投资可以解决劳动者就业问题

我国人口众多，就业问题是一个重大社会问题。投资的实施要由建筑业承担建设任务。现阶段建筑业手工操作仍占较大的比重，是劳动密集型的行业。投资推动建设工程兴建，需要有计划、有步骤地发展建筑业，吸收为数众多的劳动用工，这就为促进解决劳动者就业问题广泛开辟了场所。同时，旅游业也是典型的劳动密集型产业，当旅游投资项目竣工投产交付使用之后，也可为劳动者就业提供机会。

（三）旅游投资的划分

根据不同的划分方法，旅游投资可以划分为不同的种类。

1. 按投资领域分类

按投资领域，旅游投资可分为景区项目投资、饭店宾馆投资、旅游教育投资、游乐设施投资、旅游交通投资、旅游商品开发投资以及其他投资等。这种划分，要注意区分为了其他目的的投资与为了旅游目的的投资。在现实生活中，这种差别有时很难区别开。比如某地区投资改造一条道路或建设一个购物中心。这条道路和购物中心既可以服务于非旅游部门，也可以服务于旅游部门。在这种情况下，该怎样来判断该项投资是旅游投资还是非旅游投资？我们认为，判断的标准主要是看在投资动机中是否兼有发展旅游的目的。如果某项投资完全不考虑旅游的目的，则即使该项目建成后对旅游发展有促进作用，也不能视为旅游投资；相反，某项投资虽然兼有其他社会文化活动的目的，但其投资具有发展旅游的目的，能扩大旅游者的流量，促进旅游者扩大消费等，则可以定为旅游投资。将旅游投资按投资领域进行分类是最基本的投资分类方式，它具有针对性强、分类界限清晰、简单等优点，在各种场所广泛使用。

2. 按投资目的划分

按投资目的，旅游投资可分为三种类型：①为获取经济和财务收益的旅游投资。如旅游饭店的建设，其主要目的是获取超过投资成本的利润，这类投资多属于企业性投资。②为获取包括经济效益在内的旅游综合效益的投资。如改善和提高漓江水位等，主要是为了发展当地的拳头旅游产品，既有经济效益，又有文化、环境和社会效益，这类投资多属于国家或地区性投资。③为获取特定的经济或非经济效益的投资。前者如开设免税品商店，以赚取外汇；后者如旅游院校、培训设施、培训基地的建设，以培养和训练旅游业发展所需要的各类层次专业人才，这类投资也多属于国家或地区性投资。

3. 按投资性质划分

按投资性质，旅游投资可分为有形资产投资和无形资产投资。有形资产投资主要指资本物的购置和旅游景点的开发。如兴建酒店、兴建旅游车船公司、道路修筑、亭台楼阁的搭建等，这类投资能够形成实实在在的有形资产。无形资产投资包括两个部分：一部分指以有价证券为载体，以金融资产为对象，通过金融市场进行的间接投资，如购买旅游企业债券、旅游上市公司股票等；另一部分是对旅游教育科技的投资，通过对旅游教育、科技投资，可以提高旅游管理水平和旅游服务水平。这种管理能力和服务能力同样可以形成旅游业的资产，只不过这种资产存在于旅游从业人员的脑子里，是一种没有具体形态的资产，只有在生产具体旅游产品时，才以卓越的管理技能和优质的服务水平等形式体现出来。旅游教育科技的投资主要包括岗位业务技能培训和院校教育投资等。

4. 按投资主体划分

按投资主体，旅游投资可分为中央政府投资、地方政府投资、企业投资和个人投资等。

5. 按投资期限划分

按投资期限，旅游投资可分为短期投资和长期投资。一般投资回收期在一年以内的投资为短期旅游投资。这类投资主要用于项目的改建、扩建等，所增加的一般是一些寿命短、消耗快的流动资产；这类投资具有工期短、见效快的特点。另外，购买旅游企业短期债券也属于短期投资。长期投资是指回收期在一年以上的投资活动。长期投资形成的主要是固定资产，如新建或重建旅游项目；有时为了树立本国或本地区旅游产品的品牌形象而进行的宣传和促销开支及购买旅游企业长期债券、股票等也属于旅游长期投资。

6. 按建设性质划分

按建设性质的不同，旅游投资可分为新建项目投资、改建项目投资、扩建项目投资和重建项目投资。

新建项目投资是固定资产扩大再生产的一种重要形式，它有利于开发新旅游资源和旅游产品，有利于改变旅游生产力的布局和旅游经济结构的调整，但投资周期长，投资规模大。

改建项目投资是旅游经营者为提高本企业或本国、本地区旅游经济效益，改进产品和服务质量，对原有设施或工作流程进行技术更新改造时进行的投资活动。这种投资规模一般较小，投资回收期较短，投资形成的旅游产品供应规模一般并不会比投资前增加，但旅游产品的质量会得到改善。

扩建项目投资是旅游经营者为了增加和完善旅游服务设施，扩大与提高旅游产品供应规模和生产能力而在原有规模上适当增建部分设施时的投资。扩建项目投资也是固定资产扩大再生产的一种形式，但新增投资规模不得超过原有投资规模的 3 倍，否则应属于新建项目投资。扩建项目投资与新建项目投资比较起来，投资规模小，投资周期短；但与改建项目投资相比，投资规模又较大，投资周期较长。

除了以上三种建设类型投资外，有时旅游资产会出于人为和自然灾害等原因部分或全部报废时在原有规模上重新进行的投资即为重建项目投资。

需注意的是，按这种方法所划分的旅游投资类型实际上并没有包括旅游投资的全部内容，如对管理和技能培训方面的投资、对旅游品牌宣传促销方面的投资等都没有包括在这一分类中。但由于对旅游固定资产的投资是旅游投资的主要部分，因此对旅游固定资产按建设性质专门作出分类是有重要现实意义的。

旅游投资的分类除了以上几种类型以外，还有其他一些类型。如按投资的方式可分为直接投资和间接投资，按投资地域可分为国内投资和国际投资等。有时某一具体的投资活动可能属于几种投资类型，但这并不影响我们对投资方案进行论证和决策，对投资分类的态度应以方便报批、论证和决策为原则，有目的地对投资活动进行归类，而不是为了分类而分类。

（四）旅游投资的特点

投资作为社会经济活动的重要领域，是国民经济的重要组成部分，具有和一般物质生产、流通领域诸多不同的特点。深刻认识这些特点，对于研究和掌握投资活动的规律，具有重要意义。

1. 投资领域的广阔性和复杂性

投资活动是国民经济最重要的活动之一。投资领域涉及面宽广，几乎覆盖社会经济的方方面面。这是因为，国民经济各部门都必须以固定资产为自身活动的物质条件和基础，旅游业也是如此。一切能发挥综合生产能力和工程效益的固定资产，都必须通过投资建设方能形成。国民经济各部门在各个不同时期为求得自身的生存和发展，必须有计划、有步骤地进行投资。投资在国民经济中的这种作用，使其与各部门存在内在的密切联系性。与此同时，投资活动的进行和投资事业的完成，也离不开国民经济各部门的支持，需要各部门发展生产、积累资金、提供投资品、培训劳动力以及提供生活资料，否则投资活动将成为无源之水和无本之木。

投资领域的广阔性必然带来投资活动的复杂性。这种复杂性可以从宏观与微观两个层面来看。一方面，投资涉及社会总产品的供求平衡，涉及与财政、金融、外汇、物资供应的关系，非常复杂；另一方面，投资涉及计划、决策、资金筹措、工程招投标、土地购置、生产准备、竣工验收、偿还贷款等。投资者还要与投资主管部门、投资公司、工程承包公司、勘察设计单位、施工单位、工程招投标管理机构、建设监理机构、金融机构、地产管理部门、物资供应单位等发生错综复杂的经济关系。

旅游投资领域经济关系的上述特点，使投资的宏观调控与微观管理更具复杂性。在社会主义市场经济条件下，正确处理投资领域错综复杂的经济关系，建立合理的投资管理体制和运行机制，制定切实可行的投资政策，做到宏观管好、微观搞活，是十分重要的。

2. 投资周期的长期性

生产领域中的工业等部门，其产品体积一般都较小，生产活动中总是一边投入资金和消耗资金，一边推进生产过程，每小时、每日、每月或每季度都能完成产品。旅游投资活动则不是这样：直接投资用于形成固定资产，投资项目的造型庞大、地点固定，又具有不可分割性，这些决定了投资建设的周期很长；在投资实施和资产形成时期，大量的一次性费用长时间内退出国民经济流通，并在这一较长阶段内不能创造出任何有用成果，要到整个建设周期结束，才能形成资产产品。

就微观经济投资活动而言，一个旅游项目的投资周期主要由投资决策期、投资建设期（即投资实施期）和投资回收期三个阶段构成。通常，投资决策期应予合理保证，以便对投资进行充分审慎的研究论证，避免仓促拍板上马；投资建设期则要在保证质量的前提下力争缩短时间，以加快建设速度；投资回收期则要快，以尽快收回投资，从而实现投资的良性循环。过去我国的投资实践，在整个投资周期中，投资决策期一般都很仓促，投资建设期和投资回收期却拖得很长，这种现象是很不正常的，必须加以克服、纠正。

3. 投资实施的连续性和波动性

旅游投资的实施，客观上是一个不可间断的过程。从事直接投资，在决策立项之后，投资项目一旦被批准动工建设，就必须不断投入资金和其他资源，以保证连续施工和均衡施工的需要。投资实施的连续性遭到破坏和中断，不仅不能按期形成新增固定资产，为社会增加产品和积累，而且已投入的大量资金占用和停滞于未完工程，不能周转，扩大了投资支出，失去了时间价值。对于已建造起来的半截工程和已到货的设备，如果保养维护不妥，会造成严重的损失浪费。

旅游投资活动还表现出投资的内在波动性。投资支出具有高峰期的特点，通常在一个投资项目的投资周期中，实施期的投资支出要比决策期多，建筑施工阶段的投资支出要比建设准备阶段大，到了建筑施工中期，设备大多到货，投资达到高峰。这一特点要求规划好项目进度和投资分布，在安排宏观、中观投资计划时，要正确处理好在建投资规模和投资总规模的关系，协调好投资续建项目、新开工项目和竣工项目之间的比例，在安排项目尤其是大中型投资项目时，应力求做到均衡投资，错开投资高峰和低谷。在一定年度里，新开工的项目，特别是大中型投资项目不宜过多；否则，到了一定年度，过多的项目同时处于投资高峰，资金和投资品如果都满足不了需要，那时无论是对投资项目"撒胡椒面"、平均缺额分配资源，或是实行清理整顿、停缓建一批在建项目，都会导致投资连续性的破坏与中断，拉长宏观、微观投资周期，损害投资事业。

4. 投资收益的风险性

投资收益的风险性，是指投资实施结果的风险性（或不确定性），即投入的资本可能不仅不能得到预期收益，甚至可能发生亏损或血本无归的危险。旅游投资一般都是在预测的期望值高于银行信用利率的基础上作出决策的。但是，实施投资的结果，是不是就一定能带来预期的收益？这很难断然肯定。不能保值、增值，甚至发生亏损而不能收回投资的风险是存在的。旅游投资收益的风险性与投资活动涉及面广、影响因素多、投资周期长密切相关。具体分析起来，旅游投资收益风险性大的原因有：①旅游投资预测和决策立足于对已知的数据和信息作出判断，而未来的情况是多变的，投资周期长使这种变化与人们主观上的预测会有更大的差距。②管理因素对效益的形成与大小影响很大。投资者即使拥有稳定的投资来源和足够的投资品，也未必就能保证一定实现期望值，因为在周期很长的投资过程中，投资管理是否得力，将在很大程度上决定着投资的收益。③旅游投资预测和决策本身也难免有技术上的偏差和失误，这也是造成投资收益不确定的一个方面。

旅游投资收益不确定的特点促使投资者科学预测、慎重决策、强化管理，尽量避免和减少投资的失误，争取更大的效益。同时，还要因势利导，建立和健全投资责任制和投资风险的预警、承受机制。

扩展阅读 6.2

二、旅游投资与建设项目可行性研究

（一）旅游投资项目可行性研究的概念

旅游投资项目可行性研究是指在旅游项目的投资前期，对拟建项目进行全面、系统的技术经济分析和论证，从而为项目投资决策提供可靠依据的一种科学方法和工作阶段。对旅游投资项目可行性研究的具体理解，可从以下几个方面进行。

（1）旅游项目开发单位必须根据旅游市场需求和旅游业发展规划的要求，对拟建项目有关的市场、社会、经济技术等各方面情况进行深入细致的调查研究。

（2）旅游项目开发单位必须对各种可能拟订的技术方案和建设方案进行认真的技术分析和比较论证，对项目建成后的经济效益和社会效益进行科学的预测和评价。

（3）旅游项目开发单位必须对拟建项目的技术先进性和适用性、经济合理性和有效性，以及建设项目的可能性和可行性进行全面分析、系统论证、多方案比较和综合评价，由此确定该项目是否应该投资和如何投资等结论性意见，为项目投资决策提供可靠的科学依据和为开展下一步工作打下基础。

（二）旅游投资项目可行性研究的必要性

1. 可行性研究是旅游投资项目建设必不可少的工作

旅游投资项目建设一般要经历三个阶段，即投资前阶段、投资建设阶段和生产经营阶段。可行性研究属于投资前阶段的主要工作内容。为了保证旅游投资项目的有效实施，达到投资的基本目标，并且在生产经营过程中实现投资利润的最大化，旅游项目开发单位就必须对旅游市场（包括旅游者客源市场和同业竞争者市场）进行分析；对旅游投资项目的选址和区域特点进行分析；对旅游生产经营过程中的各种要素资源的来源渠道、价格等进行分析；对旅游投资项目的建设总成本进行估算；对生产经营成本与收益进行分析，以确定旅游投资项目在技术上是否可行、开发上是否可能、经济上是否合理，从而为投资开发提供决策依据。

2. 可行性研究是评估旅游投资项目的重要依据

可行性研究是旅游投资项目建设中一项重要的前期工作，是旅游投资项目建设得以顺利进行的基础和必要环节。可行性研究的主要目的就是判断拟建的旅游投资项目能否使投资者获得预期的投资收益。而要达到或完成这一目的，就必须用科学的研究方法，经过多方案分析和评价，并提供可行性研究报告，作为有关部门或投资者对该项目进行审查、评估和决策的重要依据。

3. 可行性研究为筹集旅游投资项目建设资金提供参考依据

旅游投资项目大多属于资金密集型项目，特别是在建设初期往往需要投入大量的资金。因此，对于旅游项目开发单位而言，除自筹资金和在个别时候有国家少量预算内资金外，旅游投资项目建设的大部分资金需要通过金融市场融资，其中主要渠道是向银行贷款。作为商业银行，为了保证或提高贷款质量，确保贷款资金的按期收回，往往要实行贷前调查，并对旅游投资项目的可行性进行审查。因此，可行性研究报告可为银行或资金借贷机构的贷款决策提供依据。

另外，可行性研究还可作为旅游项目开发单位与各有关协作单位签订原材料、燃料、动力、运输、通信、工程建筑和设备购置等购销合同或有关协议的依据；作为环保部门审查项目对环境影响的依据；作为向有关部门申请建设执照的依据；作为施工组织、工程进度安排及竣工验收的依据；也作为项目总结和评估的依据等。

（三）旅游投资项目可行性研究的基本原则

旅游投资项目可行性研究，是对拟建的旅游投资项目提出建议，并论证其在技术上、开发上和经济上是否可行的重要基础工作。在对旅游投资项目进行可行性分析和论证时，必须遵循以下基本原则。

1. 目的性

旅游投资项目目的的千差万别，决定了可行性分析无千篇一律的固定模式。作为一个动态研究过程，必须根据旅游投资项目的目的要求进行研究，这就要求我们在实际工作中，应根据旅游市场需求和旅游投资项目的具体情况与目的要求，科学合理地确定旅游投资规模，进行项目的开发设计，以及编制财务计划等。

2. 客观性

旅游投资项目可行性分析是供旅游投资者、旅游开发者、旅游经营者和有关部门决策的重要参考依据，因而可行性分析报告的依据必须充分具体，论证必须详细全面，并明确提出可靠结论和合理建议，为投资决策者提供客观准确的判断依据，以便其进行正确合理的投资方案选择，提高旅游投资项目的科学决策水平。

3.科学性

在旅游投资项目可行性分析中，为了保证可行性分析的科学、可靠，必须把定量研究方法和定性研究方法相互结合，并灵活、正确地使用。通过科学的方法和精确可靠的定量计算，使所得出的数据和结果能强有力地支持定性分析的结论，从而使旅游投资项目可行性分析更具科学性、正确性和可操作性。

4.公正性

旅游投资项目可行性分析是旅游投资决策的重要依据，也是银行或资金借贷机构发放贷款的重要依据，因而必须坚持实事求是和公正性。如果经过分析，认为某项目无法取得预期的效益和目标，就应本着实事求是的态度，如实地向投资者报告，从而避免该项目实施后带来的巨大损失；如果认为某项目经重新设计或调整后还可建设，也需要提供修改建议和方案，并再次进行评价。

（四）旅游建设项目可行性研究的内容

旅游建设项目可行性研究关系到现实的投资能否在未来取得更大的收益。它不仅要求对涉及项目建设的诸多方面进行调查与分析，而且要求在研究中必须坚持认真负责、实事求是的态度。因此，进行项目最终可行性研究的不应是项目的开发者，因为项目的开发者往往对建设项目开发前景抱有乐观的态度。另外，各种不同的旅游建设项目，尽管投资者多是以获得经济效益为目的，然而也可能有某些项目不单纯是为了获得经济利益，而是为了取得经济、社会、环境、文化等综合效益或是为了其他目的。因此，在可行性研究中，应首先明确项目建设的目的性，并根据不同的目标进行论证，用不同的方法比较方案的优劣。就一般而言，旅游建设项目可行性研究的内容主要包括以下几方面。

1.总编

总编主要阐明项目提出的背景、投资的必要性、经济意义以及研究工作的依据和范围。

2.市场需求预测及拟建规模

市场需求状况是企业经营活动的起点。对旅游建设项目进行可行性分析时，首先必须进行市场需求调查，并在调查的基础上对未来的市场需求进行科学的预测。同时对市场现有的供给状况也必须加以分析，在此基础上提出拟建项目的建设规模、产品方案和发展方向的技术经济比较分析。

3. 市场区域特点和选址方案

旅游建设项目总是在一定的地域上建设。要对项目选址的地理位置、气象水文、地质、地形等地理条件，交通运输、供水、供电、供气、供热、通风等市政公共设施条件以及当地或邻近地区的社会经济状况进行分析，以确定建设的可行性。

4. 项目工程方案研究

项目工程方案研究主要研究项目的建设工期、进展速度、建设的标准、建设的内容、主要设施的布局、主要设备的选型及其相应的技术经济指标、确定项目提供的产品或服务的规格要求等。

5. 项目的政策环境研究

旅游项目的政策环境主要包括国家的法律制度、税收政策、项目生产经营许可或其他政府限制政策等。

6. 劳动力的需求和供应

劳动力的需求和供应主要研究旅游项目建设过程和建成后的劳动力使用、来源、培训以及人员组织结构等方案，以确保投资项目建成后有充足合格的劳动力，保证生产经营活动的顺利进行。

7. 原材料、燃料、动力供应

原材料、燃料、动力供应主要研究旅游项目建成后，原材料、燃料、动力等供应渠道及其价格变动趋势、使用情况、维修条件等，以保证项目建成后，生产过程所需要的各种物质生产要素能及时得到供应。

8. 投资额及资金筹措

投资额及资金筹措主要包括投资总额、投资结构、外汇数额、固定资产和流动资金的需求量、资金来源结构、资金筹措方式、资金成本等问题的分析研究。

9. 综合效益评价

综合效益评价主要研究旅游投资项目的总体效益评价，包括经济效益、社会效益和环境效益。经济效益主要有项目净限制指标和投资收益率指标等。社会效益和环境效益主要研究旅游项目建成后对社会和环境的积极作用和消极影响。

（五）旅游投资项目可行性研究的种类

世界各国对项目可行性研究采用的内容和方法等不尽相同。一般来说，可行性研究可分为三种，即投资机会研究、初步可行性研究和最终可行性研究。三个种类又可以依次作为可行性研究的三个阶段。

1. 投资机会研究

投资机会研究亦称投资机会鉴定，是指在一个确定的地区或部门内，在利用现有资源的基础上所进行的寻找最有利投资机会的研究。其主要任务是在确定地区或部门内，通过对资源和市场的调查，选择投资项目，寻找投资机会。其主要目的是对旅游投资项目提出建议。旅游投资项目建议书就是在投资机会研究的基础上形成的。这个阶段，调查工作比较粗略，主要数据和情况多为参考同一类型项目的经验数据，准确程度较差。它只是表达一种意向，还不能作出真正的决策。

2. 初步可行性研究

初步可行性研究亦称预计可行性研究。初步可行性研究是在投资机会研究的基础上，对拟建的旅游投资项目的可行性所进行的进一步研究。初步可行性研究是投资机会研究的继续和深化，其任务是在分析投资机会、研究结论的基础上，对项目一些关键性的问题进行辅助研究，从而阐明这个项目是否具有生命力、是否可以进行、是否需要进行详细的可行性研究。

在初步可行性研究阶段，可以广泛地进行各种方案的进一步分析比较，从中排除不利方案，为缩小技术经济可行性研究的范围准备条件。

3. 最终可行性研究

最终可行性研究亦称详细可行性研究或技术经济可行性研究。最终可行性研究，即在上级主管部门批准立项后，对旅游投资项目进行技术经济论证，它所研究的内容和方法要求全面、科学。投资项目越大，其内容越复杂。最终可行性研究是建设项目投资决策的基础，也是有关管理部门和银行进行进一步审查与资金借贷的依据。

综上所述，旅游投资项目可行性研究，是一个由浅入深、循序渐进的过程。工作范围越来越集中，研究内容越来越深化，工作量由小到大，投入的人力、资金由少到多，花费的时间由短到长。可行性研究无论进行到哪个阶段，只要已认定该建设项目不可行，研究就要停下来，从而避免盲目前行，导致人力、物力和财力的浪费。

总之，可行性研究被视为决定项目命运的关键，是项目投资前期必须认真进行的一项重要工作。可行性研究质量的好坏，是决策正确与否的必要条件。我们必须在确定项目之前利用比较充分的时间，花费较大的费用与人力，把建设项目的主要问题弄清楚，以避免盲目建设，造成更大的损失。

【本章小结】

旅游供给是旅游供求关系中的一个重要概念。在旅游市场中，旅游供给即旅游企业向旅游市场所提供的旅游产品数量、品种和质量等，它与旅游需求存在着既相互矛盾，又相互统一和依存的关系。本章从旅游供给的概念入手，把西方经济学的供给理论引入旅游经济的研究中，分析了旅游供给的基本概念、主要特征和各种影响因素，揭示了旅游供给的规律，为以后章节旅游供给矛盾问题的分析提供了解决方式。旅游投资是一个国家或地区旅游经济发展必不可少的前提条件，本章从供给者角度分析了旅游投资的概念、分类和特点，并对旅游投资项目可行性研究从概念、原则和内容上进行了分析，保证投资决策的正确。

【复习思考题】

1. 何为旅游供给？其有哪些特点？

2. 阐述影响旅游供给的因素。

3. 如何对旅游市场上的供求矛盾进行调节？

4. 何为旅游投资？旅游投资的分类有哪些？

5. 在对旅游投资项目进行可行性分析论证时，坚持的基本原则有哪些？

【即测即练】

【参考文献】

[1] 朱伟. 旅游经济学 [M]. 2 版. 武汉：华中科技大学出版社，2021：137-160.

[2] 吕宛青，陈昕. 旅游经济学 [M]. 3 版. 天津：南开大学出版社，2019：84-88.

[3] 贺小荣. 现代旅游经济学 [M]. 武汉：华中科技大学出版社，2022：70-74.

[4] 田里. 旅游经济学 [M]. 北京：科学出版社，2021：194-200.

[5] 周振东. 旅游经济学 [M]. 7 版. 大连：东北财经大学出版社，2022：178–187.

[6] 马洪，孙尚清. 经济社会管理知识全书：第 3 卷 [M]. 北京：经济管理出版社，1988：155–160.

[7] 中国旅游协会区域旅游开发专业委员会. 区域旅游开发研究 [M]. 济南：山东省地图出版社，1996：39–45.

[8] 傅殷才. 当代西方经济学 [M]. 北京：经济科学出版社，1995：87–92.

[9] 高汝熹. 管理经济学 [M]. 上海：上海远东出版社，1995：105–112.

第七章　旅游市场

【学习目标】

1. 了解旅游市场的失灵。

2. 熟悉旅游市场的概念、构成、特点、功能与分类。

3. 掌握旅游市场的供求均衡与旅游市场的竞争。

【能力目标】

1. 了解旅游市场失灵的原因，能够针对不同的失灵原因提出有针对性的解决方案。

2. 熟悉旅游市场的特点，学会区分不同的市场，提高对旅游市场的认知。

3. 掌握旅游市场的供求均衡分析，可以根据具体旅游市场的情况判断其供求关系。

【思政目标】

1. 了解宏观上的旅游市场平衡，塑造大局观与全局意识。

2. 熟悉旅游市场的总体规模，增强学生民族自豪感和自尊心。

3. 掌握旅游市场竞争的结构，有助于坚毅品格的塑造。

【思维导图】

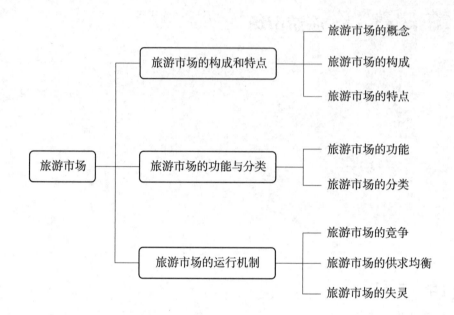

【导入案例】

数字文旅市场环境分析

党的二十大报告指出，要"加快发展数字经济，促进数字经济和实体经济深度融合"。数字文旅产业依托旅游禀赋，围绕文化资源，创造文化价值，传播文化内容，销售文化创意，实现文化旅游全领域的数字化重构。数字文旅产品通过数字化手段实现数字文旅内容的整合与应用，具有独特的物理特征、典型的产品特征、显著的经济特征及特殊的市场特征。

中研普华产业研究院发布的《2022—2027年中国数字文旅行业市场运行环境分析及供需预测报告》显示：数字文旅的发展动力来自"科创＋文创"双轮驱动。"科创＋"立足于将5G（第五代移动通信技术）、大数据、人工智能、虚拟现实、超高清等数字技术运用于文旅产品的创作、生产、传播等环节，打造在线旅游、数字化产品、线上文博等新业态，逐渐打造具有国际竞争力的文旅数字产业集群。

随着新基建技术的发展，文旅产业链进一步整合，场景创新已经成为文化旅游新兴消费的核心驱动力，IP（知识产权）开发是文旅产业核心价值实现和提升的核心，沉浸式产业已经成为文旅产业的制高点和核心竞争力，2021年中国数字文旅资产规模达到 2.37 万亿元。

资料来源：周迅 . 中国数字文旅行业市场运行分析 数字文旅行业市场供需预测 [EB/OL].
（2023-08-31）. https://www.chinairn.com/hyzx/2023-01/06/180108275.shtml.

问题：

1. 数字文旅市场具有哪些特征？

2. 数字文旅市场的未来发展如何？

第一节　旅游市场的构成和特点

一、旅游市场的概念

市场起初就是商品交换的场所，后来发展为一种以商品交换为内容的经济联系形式。早期的旅游活动并不是以商品形式出现的，而是一种社会现象。随着生产力的发展和社会分工的深化，商品经济迅速发展，旅游活动才逐渐变成商品并进入市场交换。旅游市场作为旅游产品交换的场所，不仅是旅游经济运行的基础，也是反映旅游供给与旅游需求的相互关系和矛盾运动、实现旅游供求平衡的重要机制和场所。通常，可以从广义和狭义的两个视角去界定旅游市场。

（一）广义旅游市场的概念

广义的旅游市场，是旅游需求市场和旅游供给市场的合体，是指在旅游产品交换过程中所反映出来的旅游者与旅游经营者之间的各种经济行为和经济关系的总和，反映着国家之间、国家与旅游经营者之间、旅游经营者之间、旅游经营者与旅游者之间错综复杂的经济关系。旅游市场的形成和发展是这些关系协调发展的必然产物。在理解广义的旅游市场概念时须注意：①明确旅游市场的交换主体——旅游者和旅游经营者。②需要包含旅游市场交换的对象——旅游产品。③具备有助于旅游产品交换的手段和媒介，如货币、广告、信息媒体、场所等，这是旅游产品交换和旅游市场存在的条件。

（二）狭义旅游市场的概念

狭义的旅游市场是指在一定时间、一定地点和一定条件下对旅游产品具有支付能力的现实和潜在的旅游消费者群体，也就是一般所说的旅游需求市场或旅游客源市场。狭义的旅游市场的容量取决于四个因素：旅游者数量、旅游购买力、旅游购买欲望和旅游购买权利。

1.旅游者数量

旅游者是构成旅游市场主体的基本要素，旅游者数量的多少决定了旅游市场规模的大小。通常，如果一个国家或地区总人口多，则可能产生的旅游者就多，旅游市场规模就大，对旅游产品的需求基数就大；相反，如果一个国家或地区总人口少，则可能产生的旅游者就少，旅游市场规模就小，对旅游产品的需求基数就小。因此，一个国家或地区的总人口数量决定了旅游者的数量，而旅游者数量的多少又反映了旅游市场规模的大小。

2.旅游购买力

旅游市场大小不仅取决于人口数量及旅游者人数，还取决于旅游购买力。所谓旅游购买力，是指人们在其可支配收入中用于购买旅游产品的能力。通常，旅游购买力是由人们的收入水平所决定的，随着人们收入水平的提高，用于购买旅游产品的支出也会相应提高。如果没有较高的收入水平和足够的支付能力，旅游者的旅游活动便无法进行，旅游市场也只是一种潜在市场。

3.旅游购买欲望

旅游购买欲望反映了旅游者购买旅游产品的主观愿望，是把旅游者潜在购买力变成现实购买力的重要条件。如果人们没有旅游购买欲望，即使有较高的收入和可支付能力，也不可能形成现实的旅游市场，旅游者也不会主动地选购各种旅游产品。因此，只有当旅游者既有旅游购买力又有旅游购买欲望时，才能形成现实的旅游需求，才可能形成现实的旅游市场。

4.旅游购买权利

旅游购买权利是指允许消费者购买某种旅游产品的权利。在旅游市场上，尤其是在国际旅游中，会由于旅游目的地国家（地区）或旅游客源国（地区）任何一方的政策限制等，人们即使有钱、有旅游愿望，但没有获得旅游购买权利，因而也不能到某些国家（地区）去旅游，从而无法形成旅游市场。因此，旅游购买权利也是形成旅游市场的基本要素之一。

二、旅游市场的构成

扩展阅读 7.1

旅游市场的宏观环境主要由政治法律、社会文化、经济、人口、科学技术和自然生态环境等因素构成。对旅游企业而言，旅游市场的宏观环境构成因素对其影响力更大，也更难以控制。因此，旅游企业要使自己的市场经营计划取得成功，就需要适应旅游市场的宏观环境。根据市场环境的状况及其变化趋势，有针对性地制订和调整市场经营组合计划，以争取、融入对本企业更加有利的宏观环境。

旅游市场的微观环境是由可供交换的旅游产品、提供旅游产品的卖方（旅游经营者）、购买旅游产品的买方（旅游消费者）组成的。市场是由各种基本要素组成的有机结构体，正是这些要素之间的相互联系和相互作用，决定了市场的形成，推动着市场的现实运动。其中，旅游市场客体就是市场中用于交换的旅游产品，旅游市场主体就是在市场上从事各种交易活动的当事人。市场主体以买者、卖者的身份参与市场经济活动，活动中不仅有买卖双方的关系，还有买方之间、卖方之间的关系。如果不考虑政府的作用，体系中有两个部门：一个是旅游者（旅游消费者），一个是企业（旅游经营者）。两个部门的相互关系，可以说明市场供求的一般原理。

三、旅游市场的特点

旅游市场作为旅游经济运行的基础，其与一般商品市场、服务市场和生产要素市场相比，既有一定的共性，又有不同于其他市场的多样性、季节性、波动性、全球性和异地性等特点。

（一）多样性

旅游市场的主体是旅游者和旅游经营者，而旅游者的需求和旅游经营者所提供的产品是多种多样的，从而形成的旅游市场也是多样性的。首先表现在旅游产品种类的多样性，即由于不同国家、不同地区的自然风光和人文景观的不同而形成的不同类型的旅游产品，不同旅游偏好的旅游者从中获得不同的经历与感受。其次表现在旅游购买形式的多样性，即多种不同的旅游购买方式，如团体包价旅游、散客包价旅游、散客自助旅游、包价旅游与自助旅游等。最后表现在旅游交换关系的多样性，即旅游者和旅游经营者双方交换的旅游产品，可以是单项旅游产品，也可以是通过旅行社购买的组合（线路）旅游产品，甚至是购买的综合性旅游产品（旅游地产品）等。

（二）季节性

在旅游经济中，旅游者闲暇时间分布的不均衡和旅游目的地国家或地区自然条件、气候条件的差异，往往使旅游市场具有突出的季节性特点。例如，某些利用带薪假日出游的旅游者，是造成旅游"淡旺季"的主要原因；某些与气候有关的旅游资源会因季节不同而产生"淡旺季"的差别；某些旅游目的地则直接受气候影响而具有明显的季节差异性，如海滨旅游、漂流旅游等。因此，旅游目的地国家或地区应根据旅游市场"淡旺季"的不同特点而作出合理的安排，努力开发淡季旅游市场的需求，把大量的潜在旅游需求转化为现实的旅游需求；合理组织好旺季旅游市场的供给，以减小或消除季节性的影响，使旅游市场向"淡旺季"均衡化方向发展。

（三）波动性

旅游需求是人们的一种高层次需求，而影响旅游需求的因素又是多种多样的，如物价、工资、汇率、通货膨胀、节假日分布、某一社会活动甚至旅游者自身心态的变化等，其中任何一个因素的变化都会引起旅游市场的变动，从而使旅游市场具有较强的波动性。

对于某个具体的旅游市场来说，任何意外事件或者重大活动都会在一段时间内改变其旅游客源的流向，从而使旅游市场呈现出较大的波动性，如 2019 年末的新冠病毒感染疫情使全球旅游业下滑。因此从长期考察来看，尽管旅游市场在持续发展，但这种发展并不是直线型发展，而是呈波动性向前发展的总趋势。

（四）全球性

早期人们的旅游活动是在国内不同地区间进行的，所以旅游市场最初是在一个国家（地区）的范围内形成的。自第二次世界大战结束以来，随着生产力的提高、交通条件的改善和社会经济的发展，旅游市场经历了一个由国（地区）内向国（地区）外的发展过程，使旅游活动由一个国家（地区）扩展到多个国家（地区），使区域性旅游市场发展成为世界旅游市场，促进了全球性旅游市场的形成和发展。

旅游市场的全球性主要体现在三方面：①旅游者的活动范围遍布世界各地，不仅人类居住的五大洲早已成为旅游者的目的地，就连无人居住的南极和北极也留下了旅游者的足迹。随着航天科学的发展，旅游者的足迹已经涉足外太空。②世界范围内的旅游市场开发进一步扩大，旅游者规模进一步增加，旅游者的范围遍布世界各个地区和大部分国家。③世界各国以及各地区都积极发展旅游业，并积极向其他国家或地区的消费者生产和销售旅游产品，从而促进了世界各国（地区）旅游业的发展。

（五）异地性

旅游市场通常远离旅游产品的生产地（旅游目的地），旅游产品的购买者主要是非当地居民。其他行业的产品是可以做到当地生产、当地销售、当地消费的，即使要在异地开辟市场，也主要是通过产品的移动来实现。旅游活动的特点决定了旅游市场与旅游生产地、消费地在空间上分开，旅游活动是通过旅游者由客源地向目的地的移动，而不是通过旅游产品的移动实现的。旅游市场异地性的特点要求旅游经营者随时监测旅游市场的变化，掌握旅游市场的发展动态和变化趋势。因而，这增加了旅游经营者掌握市场信息、适应市场环境、开展市场营销的难度。

第二节　旅游市场的功能与分类

一、旅游市场的功能

旅游市场是旅游活动商品化到一定程度的产物，是旅游经济赖以生存和发展的条件，旅游市场的功能是否健全，对旅游经济活动的有效运行起着十分重要的作用。所谓旅游市场的功能，是指旅游市场在旅游产品交换和旅游经济发展中所具有的各种能动性作用，具体表现在以下几方面。

（一）旅游产品交换功能

旅游市场是联结旅游产品供给者和需求者的纽带与场所，承担着实现旅游产品的价值和使用价值、保证旅游经济正常运行的重要任务。通常，旅游市场上总是存在许多不同的旅游产品供给者和需求者，旅游产品供给者通过市场销售自己的旅游产品，而旅游产品需求者则通过市场选择并购买自己感兴趣的旅游产品。旅游市场通过旅游供求机制把旅游供给和旅游需求衔接起来，解决了供求之间的矛盾。没有旅游市场的联结纽带作用，旅游供求之间的联系无法实现，旅游经济活动也无法进行。

（二）旅游资源配置功能

资源配置是指在经济社会活动中，如何把经济社会资源（如人、财、物、信息等要素）进行有效分配，以充分利用稀缺资源生产出更多、更好的产品。因此，通过旅游市场的资源配置功能，可以促进整个旅游业中的食、住、行、游、购、娱等按比例均衡地发展，实现经济社会资源的优化配置，并通过市场机制使旅游企业按照市场供求状况，及时调整所经营的旅游产品结构、投资结构，以适应旅游者需求和旅游市场的变化，不断提高旅游经济效益，实现旅游资源及要素的优化配置。

（三）旅游信息反馈功能

在市场经济条件下，旅游供求的均衡离不开旅游信息，即有关旅游市场供求动态变化的信息。一方面，旅游企业通过市场将旅游产品信息及时传递给旅游者，以引导和调节旅游需求的变化；另一方面，旅游企业又根据市场反馈的旅游需求信息和市场供求变化状况，调整旅游产品的生产和供给，使本国（地区）、本企业的旅游产品开发和经营能及时适应旅游者的需求，适应世界旅游市场的发展变化趋势。旅游目的地国家或地区的各级政府在计划旅游业的宏观规划和发展时的决策依据也是来自旅游市场所提供的信息。

（四）旅游经济调节功能

旅游市场还是调节旅游经济活动和旅游供求平衡的重要杠杆。在旅游市场上，当旅游供求双方出现矛盾或不协调时，旅游市场就会出现竞争加剧和价格波动，影响到旅游经济活动的顺利进行。于是，就需要通过旅游市场的价格机制与竞争机制调节旅游产品的生产、销售和消费，从而使旅游供求重新趋于平衡。同时，还可通过旅游市场检验旅游企业的服务质量和经营管理水平，促进旅游企业不断地、及时地向旅游市场提供旅游者易于接受、乐于接受的旅游产品，提高整个旅游企业和旅游业的经济效益。旅游市场成了检验旅游经济活动是否成功运行的一个准绳。

二、旅游市场的分类

在全球旅游市场上，任何一个旅游供给者都没有足够的实力独占整个旅游市场并满足所有旅游者的需要，因而需要对旅游市场进行分类，以确定各个国家、各个地区或各个企业的目标市场，并针对目标市场采取合适的旅游市场开发策略。所谓旅游市场分类，就是依据地理区域、国境、消费水平、旅游目的、旅游组织形式等因素而把旅游市场划分为不同的类型。

视频 7.1

旅游市场调研的方法

（一）按地理区域划分

按地理区域划分旅游市场，是以现有及潜在的客源发生地和旅游目的地为出发点，根据旅游者来源地或旅游目的地而划分的旅游市场类型。对国际旅游市场进行划分，标准可以是世界大区、国别和地区。对国内旅游市场，标准可以是地区和省、市等行政区划。世界旅游组织根据世界各地在地理、经济、文化、交通以及旅游者流向、流量等旅游发展情况和旅游者集中程度，将世界旅游市场划分为欧洲、亚太、美洲、非洲和中东五大地域类型，这一划分反映了世界区域旅游市场的基本状况，如表 7-1 所示。

表 7-1　1990—2030 年世界各地区接待国际旅游者市场份额　　　　　　　%

旅游地区	1990 年	1995 年	2000 年	2005 年	2010 年	2020 年	2030 年
欧洲地区	62.4	59.4	57.8	54.9	50.5	59.1	41
亚太地区	12.2	15.6	16.9	19.3	21.8	14.5	30
美洲地区	20.5	19.7	18.6	16.5	16.0	17.1	14
非洲地区	3.3	3.3	3.8	4.5	5.3	4.5	7
中东地区	1.6	2.0	2.9	4.8	6.4	4.8	8
全世界	100.0	100.0	100.0	100.0	100.0	100.0	100.0

注：2030 年为预测数。
资料来源：世界旅游组织（UNWTO）. UNWTO tourism recovery tracker [EB/OL].（2023–01–12）. https://www.unwto.org/tourism–data/ unwto–tourism–recovery–tracker.

（二）按国境划分

按国境划分旅游市场，一般分为境内旅游市场和境外旅游市场。前者是指一个国家国境线以内的市场，即主要是本国居民在国内各地进行旅游。后者又进一步可分为出境旅游市场、入境旅游市场和边境旅游市场。出境旅游市场是指组织本国居民到境外进行旅游的市场；入境旅游市场是指接待境外旅游者到本国各地旅游的市场；边境旅游市场的概念并未达成广泛的共识，仍存在争议，但相比于早期学者，近年来学者们对边境旅游市场的外延明显扩大。表 7-2 是 2010—2021 年我国入境旅游、出境旅游和国内旅游三大旅游市场的基本情况。

表 7-2　三大旅游市场的基本情况（2010—2021 年）

年份	国内旅游人次 / 亿人次	国内旅游收入 / 亿元	入境旅游人次 / 万人次	入境旅游收入 / 亿美元	出境旅游人次 / 万人次	旅游总收入 / 万亿元
2010	21.03	12 580	13 376	458.14	5 739	1.57
2011	26.41	19 305	13 542	484.64	7 025	2.25

续表

年份	国内旅游人次 / 亿人次	国内旅游收入 / 亿元	入境旅游人次 / 万人次	入境旅游收入 / 亿美元	出境旅游人次 / 万人次	旅游总收入 / 万亿元
2012	29.57	22 706	13 241	500.28	8 318	2.59
2013	32.62	26 276	12 908	516.64	9 819	2.95
2014	36.11	30 312	12 850	1 053.80	10 728	3.73
2015	39.90	34 195	13 382	1 136.50	11 689	4.13
2016	44.35	39 390	13 844	1 200.00	12 203	4.69
2017	50.01	45 661	13 948	1 234.17	13 051	5.40
2018	55.39	51 278	14 120	1 234.17	14 972	5.97
2019	60.06	57 251	14 531	1 313.00	15 463	6.63
2020	28.79	22 286				
2021	32.46	29 191				

注：受新冠感染疫情影响，2020 年以后出入境旅游相关数据不再列出。

资料来源：中华人民共和国文化和旅游部 . 中国文化文物和旅游统计年鉴 2022[M]. 北京：国家图书馆出版社，2022：229.

　　境内旅游市场、出境旅游市场、入境旅游市场、边境旅游市场对于一个国家或地区的经济具有不同的意义。通常，境内旅游市场作为一个消费市场，旅游者是本国居民，主要使用本国货币支付各种旅游开支，并自由地进行旅游而不受国界的限制，因而大力发展境内旅游不仅可以满足居民物质生活、精神生活的需要，而且可以在促进境内商品流通、货币回笼等方面起到积极作用。可以说，居民的生活水平越高，这方面的作用就越明显。

　　入境旅游市场、出境旅游市场、边境旅游市场属于国际旅游市场范畴。在国际旅游市场上，入境旅游的旅游者是其他国家或地区的居民，使用其他国家或地区的货币支付旅游开支，它会增加旅游目的地国家或地区的外汇收入，增强其国际支付能力。而出境旅游的旅游者是本国居民，出境旅游往往会导致旅游客源国（地区）外汇的流出。边境旅游的旅游者是双向的，边境旅游会导致旅游目的地国家或地区外汇的双向流动，即边境旅游会使旅游目的地国家或地区增加外汇收入，也会使旅游目的地国家或地区外汇流出。一般来说，国际旅游往往涉及货币兑换、旅游证件和出国护照、进入旅游目的地国家或地区的签证许可等问题，因而境外旅游市场与境内旅游市场相比较要复杂得多。

（三）按消费水平划分

在现实经济中，由于人们的收入水平、年龄、职业以及社会地位、经济地位的不同，其旅游需求和消费水平也不同，从而对旅游产品的质量要求也不一样。因此，根据旅游者的消费水平，一般可将旅游市场划分为豪华旅游市场、标准旅游市场和经济旅游市场。

豪华旅游市场的主体通常是社会的上层人士。他们有丰厚的收入，价格因素通常不是他们考虑的主要因素，他们一般不关注旅游价格的高低，而是更希望旅游活动能反映出他们的社会地位，能更多地满足他们的旅游需求。此外，类似奖励旅游、商务旅游、会议旅游等的旅游活动费用一般由公司承担。因此，高端旅游市场对旅游产品的需求价格弹性较小，对价格的敏感度也较低。尽管豪华旅游市场的规模有限，但是其高额的旅游支出常常对旅游目的地国家或地区产生极大的吸引力，促使它们加大对豪华旅游市场的开拓。

标准旅游市场的主体是大量的中产阶层，他们既注重旅游价格，又注重旅游活动的内容和质量。

经济旅游市场的主体则是那些收入水平较低或没有固定收入者，他们更多的是注重旅游价格的高低。

虽然标准旅游市场和经济旅游市场的消费能力不及豪华旅游市场，但这两个市场的潜力是巨大的，在条件成熟时，他们可以进入高消费的层次。

旅游经营者应根据其提供的旅游产品的等级，科学地进行市场定位，以选择合适的目标旅游市场，努力增强对旅游市场的吸引力，并不断扩大市场占有率。

（四）按旅游目的划分

旅游目的的变化与社会经济的发展、人们收入的增加有密切的联系。按旅游目的的不同，旅游市场可以划分为各种不同的形式。20 世纪 50 年代以前的传统旅游市场通常被划分为观光旅游市场、文化旅游市场、商务旅游市场、会议旅游市场、度假旅游市场、宗教旅游市场等。自 20 世纪 50 年代以来，除了上述传统旅游市场外，又出现了一些新兴的旅游市场，如满足旅游者健康需求的康体旅游市场、疗养保健旅游市场和狩猎旅游市场等；满足旅游者业务发展需求的研学旅游市场、学艺旅游市场、工业旅游市场等；满足旅游者享受需求的豪华（游船、火车、汽车）旅游市场、美食旅游市场等；满足旅游者寻求心理刺激需求的探险旅游市场、秘境旅游市场、惊险游艺旅游市场等。只要有新型的旅游需求动机出现，并且形成一定的市场规模，就会有新型的旅游市场出现。

（五）按旅游组织形式划分

团体旅游和散客旅游是现代旅游活动中最基本的两种旅游组织形式。因此，根据旅游的组织形式，可将旅游市场划分为团体旅游市场和散客旅游市场。

（1）团体旅游市场。团体旅游市场一般是指人数在 15 人以上的旅游团，其旅游形式以包价为主，包价的内容通常包括旅游产品基本部分，如食、住、行、游、购、娱，也可以是基本部分中的某几个部分。团体旅游市场是传统的旅游市场，在第二次世界大战后随着群众性旅游的发展而逐渐普及。团体旅游最大的好处是操作简单易行、节省时间、安全系数大、语言障碍少。然而，其最大的缺陷是不能很好地满足旅游者的个性化需求。

（2）散客旅游市场。散客旅游市场主要指个人、家庭及少数人自愿结伴的，按照其兴趣、爱好自主进行的旅游活动。旅游者可以按照自己的意向自由安排活动内容，也可以委托旅行社购买单项旅游产品或旅游线路中的部分项目。散客旅游最大的优点是高度自由灵活，能最大限度地满足旅游者个人的兴趣与爱好。其最大的劣势在于旅游者所购买的各单项服务的价格较高。

上述两大旅游市场在旅游业发展的不同阶段均显示出其利弊。随着现代互联网高度发达、新媒体平台快速兴起，旅游者逐渐习惯进行分享，散客旅游可以满足旅游者的这一需求，因此散客旅游在短时间内得以快速发展，已成为国际旅游市场发展的一个新趋势。

当然，划分旅游市场的方法还很多，还可以从其他角度来划分旅游市场。如根据国别划分的中国旅游市场、俄罗斯旅游市场、德国旅游市场等；根据季节不同划分的淡季旅游市场和旺季旅游市场；根据年龄划分的老年旅游市场、成年旅游市场、青少年旅游市场；根据旅行距离划分的远程旅游市场、中程旅游市场和近程旅游市场。此外，还可以同时以两个或两个以上的因素来划分旅游市场，如中国青少年旅游市场。总之，划分旅游市场本身不是主要目的，其意义在于掌握不同旅游市场的特点，然后根据不同旅游群体的需求有针对性地开发旅游产品，提高市场占有率。

第三节　旅游市场的运行机制

一、旅游市场的竞争

现实生活中，群体与群体之间、群体中各成员之间，总是处于竞争与合作状态，有竞争，也有合作，往往两者并存，从而使社会生活变得千姿百态。旅游市场竞争是旅游经济运行得以实现和向前发展的内在机制与根本动力，是旅游市场上价值规律的客观要求和必然结果，是供求规律运行的必要条件。旅游市场的变化性、可替代性、无形性、不可储存性等特性必然导致旅游企业之间的激烈竞争。同时，伴随互联网日新月异的发展，旅游者对世界的认知不再局限，现代旅游市场逐渐成为统一的全球旅游市场，在国际旅游市场上，世界大多数国家或地区都在为尽可能地吸引国（地区）外旅游者而展开竞争。因此，旅游市场竞争无处不在、无时不在，只有充分认识旅游市场竞争的客观必然性，才能按照客观经济规律健全完善旅游市场体系，充分应用旅游市场机制，促进旅游经济健康持续地发展。

（一）旅游市场竞争的影响因素

1. 旅游者和旅游企业的数量

旅游者和旅游企业的数量是影响旅游市场竞争的首要因素。在现实旅游经济中，只有个别或少数旅游者的旅游市场是非常少见的。对大多数旅游市场来讲，影响旅游市场竞争的关键是市场上旅游企业的数量。旅游市场中处于平等地位的旅游企业越多，则旅游市场的竞争就越激烈；如果旅游市场中一个或几个旅游企业处于支配地位，旅游市场的竞争程度就会减弱。

2. 旅游产品的同质性

旅游产品的同质性指的是不同旅游企业销售的旅游产品在质量上是相同的，以至于旅游者无法辨别不同旅游企业所提供旅游产品的差别。但是，在现实中，大多数旅游企业提供的旅游产品都是有差别的。即使是同一个旅游企业提供的旅游产品，也会因为时间、季节、服务人员等各种自然、心理因素的影响而存在一定的差异性。因此，在旅游市场竞争中，要促使旅游企业保持本企业所提供的旅游产品与其他旅游企业所生产的旅游产品存在一定的差异性，以提高本企业的市场竞争力。

3. 旅游信息的完全性

在旅游市场竞争中，获得充分、完全的信息是一个相当严格的条件，它要求旅游者和旅游企业充分了解旅游市场中有关旅游产品交易的全部信息。如果信息不完全或不畅通，旅游者就不可能充分了解旅游产品的情况并作出准确、有效的购买决策，而旅游企业也不可能正确掌握旅游市场需求状况并及时提供旅游产品。因此，旅游信息的完全和畅通直接决定着旅游市场竞争的程度，影响着旅游竞争机制作用的正常发挥。

4. 旅游市场进出的条件

如果旅游企业进入或退出旅游市场十分容易，则旅游市场的竞争程度就会提高；相反，如果旅游企业进入或退出旅游市场受到阻碍和制约，则旅游市场的竞争程度就会减弱。因此，旅游市场进出的自由程度直接影响和决定着旅游市场的竞争程度。如果旅游企业在进入某一旅游市场时受到阻碍，则意味着该旅游市场进入壁垒较高。而进入壁垒较高的旅游市场，通常具有较高的市场垄断性。

（二）旅游市场竞争的结构

旅游市场竞争的结构是指旅游市场竞争的程度，根据参与竞争的旅游企业的数量多少、旅游产品之间的差异程度、旅游信息的完全程度和旅游市场进入条件的难易性等因素，可将旅游市场划分为四种竞争结构，即完全竞争旅游市场、完全垄断旅游市场、垄断竞争旅游市场和寡头垄断旅游市场。

1. 完全竞争旅游市场

完全竞争旅游市场又称纯粹竞争旅游市场，它是指不受任何阻碍和干扰的市场竞争状况，是一种由众多旅游者和旅游企业所组成的旅游市场。

完全竞争旅游市场需要具备以下条件：①旅游市场上存在许多彼此竞争的旅游者和旅游企业，他们是各自独立的，每个旅游者和旅游企业所买卖的旅游产品数量在整个市场上占有的份额都很小，以至于任何个人或企业都不能支配和主宰整个市场的交换。②各旅游企业生产经营的旅游产品是完全同质的、无差别的，因而每个旅游者不会对任何一个旅游企业产生偏好，从而排除了旅游企业的任何垄断因素。③所有生产要素资源能够在各行业间完全自由流动，旅游企业可以自由地进入和离开完全竞争的旅游市场。④市场上每个旅游者和旅游企业对不同的市场都具有充分的认识和了解，市场信息是畅通的。⑤旅游企业和旅游者在进入与离开完全竞争的旅游市场时，不受其他任何非经济因素的影响。只有具备以上条件，才能称为完全竞争的旅游市场。但是，由于现实中不存在同时具备以上五个条件的旅游市场，因而完全竞争旅游市场实际上只是一种理论假设，主要供旅游经济理论分析使用。

2. 完全垄断旅游市场

完全垄断旅游市场，是一种完全由一家旅游企业控制旅游产品供给的旅游市场，是与完全竞争旅游市场相对应的另一种市场结构的极端状态。完全垄断旅游市场形成的条件为：①该旅游企业提供的旅游产品没有替代品，具有唯一性的特征。②完全垄断旅游市场上旅游产品的价格和产量均是由旅游经营者控制。③完全垄断旅游市场具有市场壁垒，使其他任何旅游经营者无法进入。④旅游市场上的信息是不充分的。特别是以某些独特的或唯一的旅游资源开发的旅游产品，往往会形成垄断旅游产品，从而又形成完全垄断旅游市场。如我国北京的长城、云南的石林、陕西的兵马俑，国外埃及的金字塔、法国的凯旋门等，都具有世界上独一无二的特色，属少见的完全垄断旅游产品。

3. 垄断竞争旅游市场

垄断竞争旅游市场是不完全竞争市场，是一种介于完全竞争和完全垄断之间，既有垄断又有竞争的旅游市场类型。它既包含竞争性因素，也包含垄断性因素。

垄断竞争旅游市场的竞争性主要表现在：①同类旅游产品市场上拥有较多的旅游经营者，但它们对价格、数量的影响有限，每一个旅游经营者的产量在旅游市场总额中只占较小的比例，任一单独的旅游经营者都无法操纵市场，它们彼此之间竞争激烈。②在市场经济条件下，旅游经营者进入或退出旅游市场一般比较容易，无太多的市场壁垒。③不同的旅游企业生产和经营的同类旅游产品存在一定的差异性，即同类旅游产品在质量、服务、包装、商标、销售方式等方面均具有特色，从而使处于优势的旅游产品在价格竞争和市场份额的占有上优于其他旅游经营者。

垄断竞争旅游市场的垄断性主要表现在：①每个国家或地区的旅游资源不可能是完全相同的，从而导致每一种旅游产品都有其个性，于是旅游产品间的差异性在一定程度上就形成了旅游产品的垄断性。②政府对旅游产品开发的某些方针政策的限制，也会形成旅游产品的垄断。③由于各种非经济因素的制约，旅游者不能完全自由选择旅游产品而进入任何旅游目的地，从而使某些旅游产品具有一定的垄断性。

4. 寡头垄断旅游市场

寡头垄断旅游市场是指为数不多的旅游经营者控制了行业绝大部分旅游供给，

它们对价格、产量有很大影响，并且每个旅游经营者在行业中都占有相当大的份额，以至于其中任何一家的产量或价格变动都会影响整个旅游产品的价格和其他旅游经营者的销售量，同时新的旅游经营者要进入该市场是不容易的。因此，这是介于完全垄断旅游市场和完全竞争旅游市场之间并偏于完全垄断旅游市场的一种市场类型。

在现实市场经济中，寡头垄断旅游市场在某些方面比完全垄断旅游市场更典型，如对于有些特殊或稀少的旅游资源，往往容易形成寡头垄断的旅游供给市场。

（三）旅游市场竞争的内容

旅游市场的竞争有买方市场竞争和卖方市场竞争之分。在买方市场竞争的条件下，旅游市场的竞争主要体现在旅游产品供应者之间的相互竞争。这种竞争或表现为国内旅游企业之间的竞争，或表现为不同国家旅游企业之间的国际竞争，它们都是围绕着提高旅游产品知名度、扩大旅游产品销售、争取更多的旅游者、提高市场占有率而展开的。旅游市场竞争的主要内容包括争夺旅游者、争夺旅游中间商、争夺旅游生产要素和提高旅游市场占有率四个方面。

1. 争夺旅游者

旅游产品的消费对象是旅游者，旅游市场竞争的实质是争夺旅游者。旅游市场竞争迫使旅游产品生产者把旅游者的需求放在首位。一个国家、一个地区、一个企业所吸引旅游者数量的多少及其消费能力决定着该国、该地区和该企业的收入和利润，决定着旅游经营的成败。因此，争夺旅游者就成为旅游市场竞争中最基本、最核心的内容。

2. 争夺旅游中间商

旅游中间商是代理旅游目的地国家或地区和企业销售旅游产品的组织机构与个人，其中以旅行社为主，它们是旅游产品价值得以实现的中间渠道。在现代旅游活动中，经过旅游中间商销售的旅游产品占有相当的比重。从这个意义上说，争夺旅游中间商就是争夺旅游者，争夺的旅游中间商越多，从旅游中间商那里得到的支持越大，就意味着旅游产品可能赢得的市场越大、旅游产品的销售量越多。因此，要重视对旅游中间商的争夺，特别应重视与较大、较有实力的旅游中间商的合作。

3. 争夺旅游生产要素

旅游企业生产、提供旅游产品和服务需要占有一定的旅游生产要素，旅游生产要素是旅游企业生产、提供旅游产品和服务以及进行市场竞争的支撑。因此，高素质的旅游经营管理人才、技能娴熟的专业技术人员、先进的科学技术以及某些特色鲜明的旅游资源等旅游生产要素已经成为旅游市场竞争的重要内容。这对于改善旅游企业经营管理、提高旅游企业经济效益、强化旅游企业竞争优势具有至关重要的作用。

4. 提高旅游市场占有率

旅游市场占有率，是指旅游接待方在所处范围旅游市场内的地位，即在旅游市场总量中所占的比重。旅游市场占有率分为旅游市场绝对占有率和旅游市场相对占有率。旅游市场绝对占有率指的是旅游接待方（一个企业、一个旅游点或一个国家或地区）在同一时间内所接待旅游者人数占一定范围内（地区、国家或整个世界）旅游市场所接待旅游者总人数的百分比。旅游市场相对占有率指的是一定时间内、一定范围内旅游接待方的市场绝对占有率与同期同范围内市场占有率比较高的其他旅游接待方市场绝对占有率的百分比。若旅游市场相对占有率大于1，则说明该旅游接待方在市场竞争中处于优势；若旅游市场相对占有率等于1，则说明该旅游接待方与目标竞争对手势均力敌；若旅游市场相对占有率小于1，则说明该旅游接待方在市场竞争中处于劣势。

提高旅游市场占有率是争夺旅游者的另一种形式。旅游市场占有率的大小，决定了一个国家或地区的旅游业发达与否。因此，维持和扩大旅游市场绝对占有率是旅游竞争的主要内容之一，而不断提高旅游市场相对占有率则是提高市场竞争力的重要内容。

扩展阅读 7.2

二、旅游市场的供求均衡

（一）旅游供求关系

旅游需求和旅游供给既相互依存又相互矛盾，它们的关系是客观存在的，并通过旅游产品价格有机地结合起来，从而形成了旅游需求和旅游供给相互依存、相互矛盾的运动规律。

1. 旅游需求和旅游供给的相互依存性

从旅游需求和旅游供给的相互依存关系看，一方面，旅游需求是影响旅游供给的最根本、最核心的要素，旅游供给只有通过有支付能力的需求才能实现。旅游供给的规划和发展都要以旅游需求为前提，离开旅游需求所进行的供给必然是盲目的。另一方面，旅游供给又是旅游需求实现的保证，它为旅游需求提供具体的活动内容。因此，旅游需求只有借助旅游供给才能得到满足，旅游供给又源于旅游需求，通过旅游需求来实现，并在旅游业发展到一定程度后，激发新的旅游需求。

2. 旅游需求和旅游供给的相互矛盾性

从旅游需求和旅游供给相互矛盾的角度看，在一定时间内，旅游供给能力是既定的，而旅游需求则受人们收入水平、消费方式、时间、气候季节交替、社会环境等多因素的影响，具有较大的不确定性和随机性。在旅游市场上，旅游供给的既定性与旅游需求的多变性会导致旅游供求的矛盾。旅游供求矛盾主要表现在数量、质量、时间、空间和结构五个方面。

（1）旅游需求和旅游供给在数量上的矛盾。旅游供求数量上的矛盾主要表现在旅游供给或旅游接待能力与旅游者总人次的不相适应。一定时期内，旅游接待能力与旅游者需求之间有一定量的比例，只有这个比例相适应或相一致，才能实现旅游供求的平衡。然而实际上，这种平衡往往难以实现，要么供给不足，要么供给过剩。出现这种供求矛盾的主要原因在于：一方面在不同的发展阶段，旅游需求和旅游供给发展不平衡。在旅游业发展的初期，不断产生的旅游需求导致旅游供给在数量、质量及效能上持续增长或提高，而旅游业发展到一定程度后，旅游供给越来越多地创造出新的旅游需求，使旅游需求日益发展、演进；另一方面在同一发展时期，旅游供给通常为一常量，相对而言是有限的、稳定的，不可能快速提高或降低。而旅游需求量则是随着各种影响因素的变化而随时发生变动，具有不稳定性和随机性的特点。只要旅游需求总量无法准确估计，这一矛盾就无法彻底解决。

（2）旅游需求和旅游供给在质量上的矛盾。旅游供给是以旅游需求为导向的，旅游供给的发展一般滞后于旅游需求，主要表现为旅游者的心理预期与实际旅游供给之间存在差距。人们旅游需求的内容和水平总是处于不断变化之中，而旅游供给要想跟上旅游需求的变化步伐，不仅需要一定的资金投入和建设时间，还会受到自身生命周期、社会价值和道德规范等众多限制，所以旅游供给总是滞后于旅游需求的发展变化。加之旅游供给也有自己的生命周期，随着设施的磨损和老化，即使不断地局部更新，也难以阻止设施在整体上的老化，这就使得旅游供给的质量下降。相反，旅游供给若不以旅游需求为前提，超需求水平盲目发展，则会使旅游供给在近期内效益降低，而远期又由于设施陈旧老化也达不到预期的效益目标，造成旅游需求和旅游供给的脱节。

（3）旅游需求和旅游供给在时间上的矛盾。时间因素有时直接导致旅游供给和旅游需求的不平衡，从而造成旅游需求与旅游供给的冲突，如在十一黄金周和其他节假日以及春秋季节，人们有很强的出游倾向，导致旅游需求旺季。在其他时间，如冬季，人们一般很少外出，形成了旅游需求的淡季。而构成旅游产品的旅游设施和旅游服务，一旦相互配套形成一定的供给能力，具有常年同一性。旅游资源特别是自然资源，受气候的影响很大，在不同的季节，其吸引力有着明显的差异。因此，旅游需求的时间性、旅游设施的常年性与旅游资源的季节性之间形成了巨大的反差，具体表现为，在旅游需求的旺季或某旅游地的季节吸引力较大时，该地的旅游产品供不应求；在旅游需求的淡季或某旅游地的季节吸引力较小时，该地的旅游产品供过于求。

（4）旅游需求和旅游供给在空间上的矛盾。这一矛盾是指在旅游供求总量基本平衡的条件下，旅游供求在不同地区之间的不平衡，即旅游热点地区供不应求，旅游冷点地区供大于求。由于旅游资源的主体是自然景观或人文景观，在历史形成过程中其地点是不可选择的，因而各个地区旅游资源的类型和等级存在差异，旅游设施、旅游服务亦有很大差别，由此形成了旅游者流向和旅游者流量在空间上的不均衡。另外，有些地区经济虽然发达，但旅游资源贫乏；旅游景观缺乏吸引力，但旅游需求却十分旺盛，使得旅游资源丰富的地区旅游者过多，大大超过了旅游地的环境容量，从而造成旅游需求和旅游供给在空间上的矛盾。

（5）旅游需求和旅游供给在结构上的矛盾。由于旅游者的构成不同，不同的旅游者受兴趣爱好、民族习惯、宗教信仰、消费水平等众多因素的影响，在旅游需求方面表现出极大的差异性，即便是同一旅游者在不同的时期受外在环境和自身心态变化的影响，也会表现出不同的旅游需求。而一个地区甚至一个国家的旅游供给，不管怎样周全规划和配备，总不可能做到面面俱到、一应俱全。因此，旅游需求的复杂性、多样性与旅游供给的稳定性、固定性之间的鲜明反差，就形成了旅游需求和旅游供给在结构上的矛盾。

（二）微观上的旅游市场均衡

旅游供给和旅游需求的矛盾是绝对的，均衡则是相对的、有条件的。在市场经济条件下，要实现旅游供求的均衡，需要充分发挥旅游市场作为旅游供求调节器的功能，把旅游供需结合起来，考察和探寻旅游供给与旅游需求均衡的客观规律。

1. 旅游供求的静态均衡

在影响旅游需求与旅游供给的众多因素中，旅游产品价格是决定旅游需求与旅游供给的关键因素。旅游需求规律和旅游供给规律反映出：在其他因素不变的情况下，旅游产品价格与旅游需求呈负相关关系，与旅游供给呈正相关关系。旅游产品价格提高，旅游产品的需求量就会相应下降，但旅游产品的供给量则会相应上升；反之亦然。因此，旅游产品价格决定着旅游需求与旅游供给的均衡产量，而旅游需求与旅游供给两种矛盾力量共同作用的结果又形成了旅游产品的均衡价格。当旅游市场上一定旅游产品价格下旅游需求与旅游供给相等时，旅游市场实现供求的静态均衡。此时，由旅游需求和旅游供给相等所决定的旅游产品生产数量为均衡产量，相应的旅游产品价格为均衡价格，如图 7-1 所示。

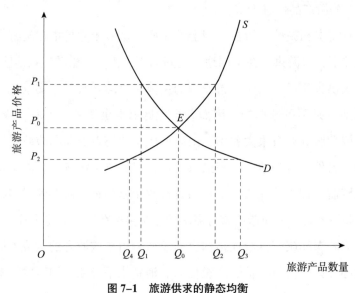

图 7-1　旅游供求的静态均衡

在图 7-1 中，横轴表示旅游产品数量，纵轴表示旅游产品价格，S 代表旅游供给曲线，D 代表旅游需求曲线。从图中可以看出，S 曲线和 D 曲线相交于 E 点。在 E 点，由于旅游需求量和旅游供给量相等，就称在 E 点达到了旅游供求的均衡。此时，与 E 点相对应的旅游产品价格 P_0 即为均衡价格，旅游产品数量 Q_0 即为均衡产量。

当旅游产品的价格由 P_0 上升至 P_1 时，旅游市场的均衡被打破，旅游产品的需求量由 Q_0 减少到 Q_1，而旅游产品的供给量由 Q_0 增加到 Q_2，旅游市场处于供大于求的状态，$Q_2 \sim Q_1$ 即为旅游产品过剩的数量。当旅游产品的价格由 P_0 下降至 P_2 时，旅游市场的均衡同样会被打破，旅游产品的需求量由 Q_0 增加到 Q_3，而旅游产品的供给量由 Q_0 减少到 Q_4，旅游市场处于供不应求的状态，$Q_3 \sim Q_4$ 即为旅游产品短缺的数量。在实际中，人们总是希望通过采取措施，使 $Q_2 \sim Q_1$ 或 $Q_3 \sim Q_4$ 尽可能接近于零。

2. 旅游供求的动态均衡

由于影响旅游需求和旅游供给的因素很多，其中任何一项因素的变化都会导致旅游需求量或供给量发生变化，出现供给过剩或供给不足的现象。因此，完全静态的旅游供求平衡仅仅是理论上的一种假设，现实旅游市场呈现的是由旅游需求和旅游供给变动所引起的旅游供求的动态均衡。为简单起见，假定供给曲线与需求曲线在移动时形态不变，但在实际中，曲线移动时往往伴随形态的改变。旅游供求的动态均衡主要表现为以下三种情况。

（1）旅游需求变动引起的旅游供求动态均衡。当价格以外其他影响因素的变化引起旅游需求发生变化时，旅游需求曲线就会向右或向左移动，从而在旅游供给水平不变的情况下，形成新的供求均衡，如图 7-2 所示。

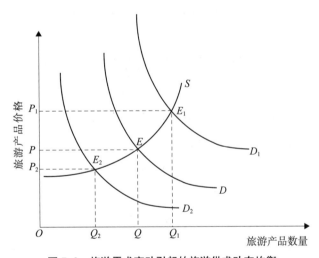

图 7-2　旅游需求变动引起的旅游供求动态均衡

在图 7-2 中，随着旅游需求的增加，旅游需求曲线向右移，即由 D 移到 D_1，此时在旅游供给水平不变的情况下，旅游供求均衡点从 E 移到 E_1，相应地，旅游产品的均衡价格由 P 上升到 P_1，旅游产品的均衡产量由 Q 增加到 Q_1。而随着旅游需求的减少，旅游需求曲线向左移，即由 D 移到 D_2，此时在旅游供给水平不变的情况下，旅游供求均衡点从 E 移到 E_2，相应地，旅游产品的均衡价格由 P 下降到 P_2，旅游产品的均衡产量由 Q 减少到 Q_2。

（2）旅游供给变动引起的旅游供求动态均衡。当价格以外其他影响因素的变化引起旅游供给发生变化时，旅游供给曲线就会向右或向左移动，从而在旅游需求水平不变的情况下，形成新的供求均衡，如图7-3所示。

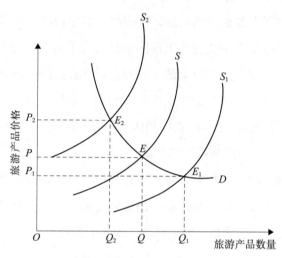

图 7-3   旅游供给变动引起的旅游供求动态均衡

在图7-3中，随着旅游供给的增加，旅游供给曲线向右移，即由S移到S_1，此时在旅游需求水平不变的情况下，旅游供求均衡点从E移到E_1，相应地，旅游产品的均衡价格由P下降到P_1，旅游产品的均衡产量由Q增加到Q_1。而随着旅游供给的减少，旅游供给曲线向左移，即由S移到S_2，此时在旅游需求水平不变的情况下，旅游供求均衡点从E移到E_2，相应地，旅游产品的均衡价格由P上升到P_2，旅游产品的均衡产量由Q减少到Q_2。

（3）旅游需求与旅游供给同时变动引起的旅游供求动态均衡。旅游需求和旅游供给既可按同方向变动，也可按反方向变动；既可按同比例变动，也可按不同比例变动。而这两者在变动方向和变动比例上的不同组合，会使旅游产品价格和均衡产量的变动出现多种可能性。但不管哪种变动情况，都会遵循基本的旅游需求规律和旅游供给规律。

3. 旅游供求规律

根据以上对旅游供求的静态均衡和动态均衡的分析，可以将市场经济条件下旅游供求的规律总结如下。

（1）在旅游市场中，旅游产品的均衡价格和均衡产量是由旅游需求和旅游供给共同决定的。当旅游需求等于旅游供给时，旅游市场的供求就达到均衡，此时相对应的旅游产品的价格和产量即为均衡价格与均衡产量。

（2）旅游市场上的旅游需求量和旅游供给量都受到旅游产品价格的影响。在市场均衡的条件下，当旅游产品价格提高时，旅游需求会相应减少而旅游供给会增加，于是旅游市场会出现供过于求的现象；当旅游产品价格下降时，旅游需求会相应增加，而旅游供给会减少，于是旅游市场会出现供不应求的现象。

（3）旅游供求的静态均衡只是一种理论上的假设，在现实市场上，旅游供求均衡常常表现为不同形式的动态均衡，并且受多种因素影响，这种均衡也是不稳定的。

（4）在旅游供给不变的条件下，旅游需求的变动会引起旅游产品的均衡价格和均衡产量同时同方向变动。

（5）在旅游需求不变的条件下，旅游供给的变动会引起旅游产品的均衡价格反方向变动，而旅游产品的均衡产量同方向变动。

（6）旅游需求和旅游供给同方向同比例变动，会引起旅游产品的均衡产量同方向变动，而旅游产品的均衡价格不变；如果旅游需求和旅游供给反方向同比例变动，会引起旅游产品均衡产量保持不变，而均衡价格与旅游需求同方向变动；如果旅游需求和旅游供给同方向不同比例或者不同方向不同比例变动，则会引起旅游需求和旅游供给各种可能性的动态均衡。

（三）宏观上的旅游市场平衡

一般地，微观上的旅游供求均衡主要是量的相等，宏观上的旅游供求平衡则具有更广泛的含义，它除了量的均衡外，还要求供需方在质的方面相互适应，表现在旅游供求构成、供求季节和地区不平衡的协调等方面。旅游供求平衡意味着社会的人力、物力和资金的节约，以及旅游供给对精神文明建设产生的社会效益。旅游供求平衡对供给方的人力、物力和资金的节约是直接的、显而易见的，而它的社会效益，则通过供需双方在市场上一定价格条件下的交换来实现，表现为供给方对需求方的满足和引导。因此，旅游供求平衡不仅是宏观控制的问题，而且供给方每一个具体的单位或部门，都应该在更高的系统层次，从旅游供给发展的长远目标来处理旅游供求平衡。如果旅游供求平衡只从局部的经济效益出发，则可能会损害社会其他行业的经济效益，影响旅游供给社会效益的实现，并危及旅游供给方的远期利益。

因此，在宏观上可以通过旅游供给规划的方式平衡旅游市场。用控制论的语言来说，旅游供给规划是一种前馈控制，它对旅游供给的发展给出目标限定和范围。其内容包括旅游资源调研和开发、旅游需求预测、供给规模确定、旅游区规划和建设、基本旅游供给与相关旅游基础设施的发展计划、人员培训和行业规范等方面。在制订旅游供给规划时，要遵循社会主义市场经济规律、国家的方针政策，从社会主义现代化建设的总目标出发，使旅游供给的发展规模和发展速度既适应社会主义经济发展的需要，又符合国家或本地区的经济实力。

三、旅游市场的失灵

旅游产业作为一个重要的经济部门，同样面临市场失灵，需要政府进行管制。导致旅游市场失灵的原因主要包括以下五个方面。

（一）旅游活动的特点加剧了交易信息的非对称性

旅游产品具有无形性、异地性、生产与消费的不可分割性以及所有权的不可转移性等特点，这些特点使得旅游企业和旅游者之间的信息不对称现象非常突出，导致在现实中旅游经营者传递虚假信息、"以次充好，偷梁换柱"等败德行为大量出现，极大地损害了旅游者的利益、败坏了行业的声誉，不利于行业的可持续发展。旅游产品的上述特点，除造成旅游者收集信息困难外，还使旅游企业向消费者传递真实信息也很困难，容易造成逆向选择，导致旅游企业追求短期利益或者实力不足的企业向市场提供次品。

（二）旅游供求的结构性矛盾突出

旅游供给具有滞后性和刚性，而旅游需求易波动。一方面，旅游活动季节性明显，旅游产品的需求量在淡季和旺季差异极大；另一方面，旅游供给具有滞后性和刚性的特点。所谓的滞后性，是指旅游产品的规划和开发、旅游设施的建造需要较长的时间周期，从而导致旅游供给滞后于旅游需求的变化。而旅游供给的刚性是指旅游资产的专用性较强，投入的沉没效应明显，如旅游景区和度假饭店，它们的用途比较单一，投产以后较难改变产品品种和压缩生产能力。因此，旅游企业难以根据波动的需求来灵活地调整自己的生产能力和产品类型，结果造成在旅游旺季时人满为患、无法接待，而淡季时大量设施闲置、员工无所事事的局面。

同时，旅游产品具有产地消费性。旅游产业是需求流动型的群簇经济，是由旅游者向产品空间移动。在一次旅游活动的刚性（基本）支出中，交通费用所占比重较大，景点门票等游览费用在旅游者事前预算中的重要性相对较低，因而旅游景点之间的价格竞争收效不大，质量则成为决定目的地旅游产品需求的重要因素。因旅游产品属于经验型产品，旅游者往往依靠该景点的知名度来判断其质量水平，其结果就是知名景点的需求水平高，一般景点的需求水平低。旅游产品的上述特点，造成了旅游供求在地域上的非均衡状态，也给知名景点带来了垄断地位。

（三）知名景点在产业中具有垄断地位

撇开交通等旅游关联产业不谈，在狭义的旅游产业中，知名旅游景点具有垄断地位，这是由于知名旅游景点具有稀缺性。控制稀缺的资源是垄断的原因之一。知名景点在特定范围内具有稀缺性，在典型的旅游动机下，知名景点给旅游者带来的效用水平要远高于普通景点，普通景点的替代效应不大。在一定地域内，某个著名的景点往往遮蔽了其他的景点，使经营这些景点的企业具备了垄断的条件。

同时，景点的开发经营具有显著的规模效应，由两家以上的企业经营同一景点无疑会造成重复投资及如何分享权利等问题。因此，由一家企业经营更有效率，也即景区经营具有自然垄断的特征。在现实中，边界清晰的旅游资源多为独家许可经营，一些边界不清晰的旅游资源，如长江三峡，其绵延192千米，分属重庆、湖北两省市。

景点经营权周期较长也赋予了垄断可行性。对特定空间的依赖可以通过分时经营的方式引入竞争，即多家企业在不同的时间段经营同一业务，消费者可以选择理想企业的经营时段来接受服务。当竞争带来的高效足以抵消分时经营造成的成本增加时，分时经营（在景区经营，则是缩短经营权的许可周期）是可行的。但旅游活动的异地性决定了外来旅游者的选择权很小，他们往往是随到随游。同时，对旅游资源的开发和维护投入具有持续性，且沉没效应明显，短暂的经营权周期使得企业不愿意进行过多的基础设施投入，也使投入残值的计算和转让困难重重。因此，旅游景点难以实行频繁的特许权竞拍，现实中对企业的特许权周期也一般较长。

（四）旅游经济存在显著的外部性

旅游活动给目的地带来了文化干涉，"旅游流"不仅是金钱、人员的流动，还是文化的流动。跨越空间而来的旅游者带来了异国异地的文化，引起了不同文化之间的交流和碰撞。这种交流，固然有积极的一面，但不可避免地也出现文化冲突和文化干涉的现象，对旅游目的地文化造成消极影响，如旅游地居民因生产方式改变而出现过度"商业化"倾向、外来游客的价值观和生活方式使目的地社会震荡等。

旅游资源的开发经营中存在负外部性。旅游目的地人类活动的增加必然对当地的生态环境造成损坏，这在任何国家或地区都是无法避免的现实。控制产量、注意建设规划和加以治理可以将这些危害限制在不影响旅游资源可持续利用的水平上。但是，控制产量意味着收入的减少，严格规划与治理意味着成本的增加，这对于追求经济利润的市场主体而言是非理性的，因此在旅游资源利用中采取企业经营模式的我国，旅游业的负外部性问题十分突出。旅游企业没有完全的产权，对旅游资源的开发、经营是暂时的，因而其经营侧重于短期目标。而代表国家对这些公共财产负责的政府，又由于信息不对称、缺乏激励等原因，不能对旅游企业进行有效的监督。旅游资源作为一种公共财产，存在所有者缺位的问题，结果造成公共财产的过度损耗。

（五）公共旅游资源使用中存在利益争夺

旅游企业通过政府主管部门授权，将不属于个人所有的公共资源独占，作为自己营利的凭借，在利益分配的过程中，引起了一系列的冲突和矛盾，主要包括企业利益和社会公共利益的矛盾、政府与社会公共利益的矛盾以及企业与当地居民的矛盾。

旅游企业缺乏自发维护公共资源的动机，同时，企业的盈利目标还和社会公众期待的旅游权相矛盾。景点的收费由个别服务费和门票两部分构成，个别服务费（如接待、娱乐设施和索道等）的专业性较强，且具有排他性，因此收费争议不大。门票收费主要是针对旅游者的进入、游览活动，其在一定容量范围内具有非排他性，作为游览活动基础的景区维护和公共道路又具有公共品的特点。因此，社会公众期望以较低的成本进入公共景区，对公共景区的高额门票存在较大抵触。并且不少景区甚至还将部分个别服务的投资成本也纳入景区的门票中，形成重复收费。

政府授权企业经营景区而收取的许可费，以及在企业门票收入中的部分提留（如景区发展基金等）应视为企业上缴的资源税，用以社会公共福利。但目前这些收入多在地方各级政府及资源主管部门之间分配，成为当地的财政收入。虽然相关部门宣称"专款专用"，但因缺乏有效的监督机制，这些收入最终是否能够"专用"，不得而知。政府与企业在景区经营中获得了经济利益，二者在很大程度上具有利益同质性，易于形成利益同盟，这也是政府缺乏对企业破坏性经营行为进行管制的重要原因。

除地方政府和开发企业外，当地居民是受旅游资源开发影响较大的第三方。企业对景区的开发经营影响了居民的生产生活，当地居民则期望在旅游开发中获得相应的利益。在现实生活中，旅游企业和当地居民爆发冲突的事例时有所闻。有效解决这些冲突的关键是政府能基于公平和长远利益的立场，对企业与居民的行为加以规范。政府既要维护当地旅游市场的正常秩序，还要兼顾企业的经营权和居民的生存发展权。

【本章小结】

本章主要介绍了旅游市场的基础知识及其运行机制。首先介绍了旅游市场的概念、构成及特点，界定了广义旅游市场与狭义旅游市场，并分析其构成要素与不同于一般市场的特点。其次介绍了旅游市场的四种功能及不同标准下的分类。然后对旅游市场竞争的相关内容进行了梳理，包括旅游市场竞争的影响因素、四种旅游市场竞争的结构及竞争内容的四个方面。再次，对旅游市场的供求均衡进行了分析，探讨了旅游供求关系中的相互依存与相互矛盾，微观上的旅游供求静态均衡与动态均衡，及宏观上的旅游市场平衡。最后，对旅游市场失灵的原因进行了相关阐述。

【复习思考题】

1. 简述旅游市场的概念。
2. 对旅游市场进行科学的分类。
3. 画图分析旅游供求静态均衡与动态均衡的过程。
4. 简述旅游供求的规律。
5. 针对所在地区的某个景区进行旅游市场失灵分析。

【即测即练】

【参考文献】

[1]　郑亚章.旅游市场失灵的原因分析 [J].企业经济，2009（6）：138–140.

[2]　朱伟.旅游经济学 [M]. 2 版.武汉：华中科技大学出版社，2021：78–88.

[3]　吕宛青，李聪媛.旅游经济学 [M]. 3 版.大连：东北财经大学出版社，2021：137–150.

[4]　罗明义.旅游经济学 [M]. 2 版.北京：北京师范大学出版社，2020：180–188.

[5]　张立生.旅游经济学 [M]. 2 版.北京：中国人民大学出版社，2016：65–69.

第八章 旅游经济的运行与调控

【学习目标】

1. 了解旅游经济结构的知识。

2. 熟悉现代旅游经济的运行过程。

3. 掌握现代旅游经济宏观调控的方法和手段。

【能力目标】

1. 了解旅游经济结构的理论知识，能自主阅读相关资料拓展知识。

2. 熟悉现代旅游经济的运行过程，培养学生分析问题的思辨能力。

3. 掌握现代旅游经济宏观调控方法和手段，学会解决旅游经济运行的实际问题。

【思政目标】

1. 了解旅游经济结构的理论知识，培养学生辩证唯物主义的科学世界观。

2. 熟悉现代旅游经济的运行过程，培养学生实事求是分析问题的科学探究精神。

3. 掌握现代旅游经济宏观调控方法和手段，培养学生理论联系实际解决问题的工匠精神。

【思维导图】

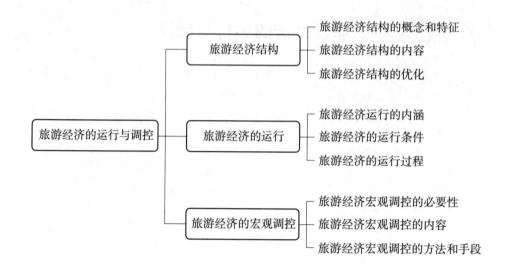

【导入案例】

"智游长白山"——互联网＋全域旅游新典范

为更好地服务游客，落实长白山全域旅游发展，"智游长白山"全域旅游＋生活服务平台于 2018 年 5 月开始启用，游客连接长白山官方免费 WiFi 后自动弹出，也可通过关注微信公众号、微信小程序、下载 App 等方式使用，全天候、全方位覆盖各种终端，全面提升游客在长白山食、住、行、游、购、娱的体验。平台通过与长白山旅游文体局诚信商家星评管理系统"放心游长白山"及旅游投诉一站式平台的整合，让游客在长白山旅行全程省心、安心、放心。

在全域旅游经济新常态、旅游消费升级的新背景下，在吉林省长白山保护开发区管理委员会的正确指导下，在吉林省文化和旅游厅和吉林省旅游信息中心的大力支持下，"智游长白山"利用信息技术、互联网、人工智能和物联网等技术深度与"大长白山地区"全域旅游不断融合、不断深化，日趋完善，谱写出长白山全域旅游新篇章，开创吉林省智慧旅游新征程。

资料来源：吉林省旅游信息中心 . 悠游吉林微博 [Z]. 2018.

问题：

1. 旅游地如何进行有效开发？

2. 政府在旅游经济运行中发挥的作用如何？

第一节　旅游经济结构

一、旅游经济结构的概念和特征

（一）旅游经济结构的概念

旅游经济结构有狭义和广义之分。

狭义的旅游经济结构是指旅游产业结构，即指旅游产业内部满足旅游者不同需要的各行各业间在运行过程中所形成的内在联系和数量比例关系，这种比例关系主要由饭店业、交通业、旅行社业、游览和娱乐业构成。这个定义是从旅游业内部各大行业间的经济技术联系与比例关系方面来研究旅游业的部门构成。

广义的旅游经济结构是指旅游经济系统各组成部分的比例关系及其相互联系、相互作用的形式。据此定义，旅游经济结构的内容一般包括旅游市场结构、旅游消费结构、旅游产品结构、旅游产业结构、旅游区域结构、旅游投资结构、旅游组织结构、旅游所有制结构等。它反映旅游各部门、各层次、各要素之间如何有机地组成一个整体，反映旅游经济系统内部及整体运动和变化的形式、规律及内在动力等。

（二）旅游经济结构的特征

1. 整体性

旅游经济结构的各组成要素由于其个性特征互异，各要素既不能互为替代，也不是单个要素的简单相加，而是根据旅游业整体发展的需要，按照各要素之间相互联系、相互作用的特点和规律性，形成合理的比例及构成状况，从而使旅游经济有高度的整体性。

2. 层次性

旅游经济结构具有不同程度的等级类型，有的层次较为分明，也有的层次不甚明显。从区域的角度，有全国、地区和地方三个层次的旅游经济结构；从旅游需求的角度，有高、中、低三个层次的旅游产品结构；从旅游市场看，有国际市场、国别市场、国内市场等不同层次等级的旅游市场结构；从旅游经济规模和经济地位角度看，有大型企业、中型企业、小型企业三个层次的旅游规模结构。

3. 功能性

不同的旅游经济结构会产生不同的旅游功能，同时旅游功能又会促进旅游经济结构的变化。例如，我国传统的旅游经济结构是以观光型旅游为主，因此其属性、功能及效益是同观光型旅游相联系的。随着社会经济的发展，人们的旅游需求有了新的变化，要求从单纯的观光型旅游向度假型、娱乐型等更高层次的旅游需求发展，这就必然要求对旅游经济结构进行调整，以提供满足人们新需求的功能。

4. 动态性

旅游经济系统各要素、各部门及其相互关系是不断变化的，旅游经济结构也将随之不断发生变化。这种变化包含量变和质变两个层面。旅游经济结构量的变化表现为规模的增长和各种比例关系的变化。通过对旅游经济结构量的分析，可以把握旅游经济结构在旅游经济发展规模和速度方面的适应性。旅游经济结构质的变化主要表现在旅游经济的效益和水平上，并通过各种量的指标反映出来，但总的情况是表现为旅游业的综合发展水平的提升和不断提高的旅游经济效益。由于旅游经济结构的变动是十分复杂的，因此必须注意分析影响经济结构变动的各种因素，适时进行调整，以提高旅游经济的动态适应性。

5. 关联性

旅游经济结构与其他产业或部门经济结构的最大差别就在于其关联性较强。从旅游业食、住、行、游、购、娱六大要素看，任何一个要素的有效供给都离不开其他相关要素的配合；从旅游产业中的旅行社、旅游饭店和旅游交通三大支柱行业看，任何一个行业的发展都必须以其他行业的发展为条件，都离不开其他行业的密切配合。由此可见，旅游经济结构组成成分之间有较强的关联性，任何一个方面的发展或滞后都会影响到旅游经济整体的规模、效益和水平，从而会影响到旅游经济结构的平稳、健康发展。

二、旅游经济结构的内容

根据旅游经济结构广义的定义，旅游经济结构一般包括旅游产品结构、旅游产业结构、旅游区域结构、旅游市场结构。

（一）旅游产品结构

旅游产品是各种旅游景观、旅游娱乐、旅游餐饮、住宿及旅游购物等要素的组合品。由于旅游产品具有不同于一般商品的特点，因而研究旅游产品结构也应从不同的面来掌握。

旅游产品结构指旅游产品的构成及各部分之间的结构比例关系，既包括不同行业所提供的旅游产品之间的结构比例关系，也包括同行业内部所提供的旅游产品之间的结构比例关系。各种旅游产品之间在规模、数量、类型、层次等方面应形成一种协调的组合关系，不同种类旅游产品之间需要保持合理的数量比例关系，同种旅游产品需要协调不同层次之间合理数量比例关系，从而形成合理的旅游产品结构体系。

旅游产品整体结构是由各单项旅游产品组合而成的，任何单项旅游产品的缺少、不足或过多都会对产品整体结构的优化产生影响。因而必须对各种旅游产品的开发给予重视，不能因收益回报少而忽视对某些旅游产品的开发，也不能因某种旅游产品的收益大而一哄而上。

旅游产品结构处在不断变化之中，随着旅游者需求变化，旅游者会对产品类型和产品层次提出新的要求。如旅游者对观光旅游需求变为对度假旅游的需求，由对普通交通工具的需求而变为对高级交通工具的需求等。各种旅游需求的变化要求时刻跟踪旅游市场的变化，对旅游需求结构作出准确的预测，并适时调整现有旅游产品结构。

（二）旅游产业结构

旅游产业结构是指以食、住、行、游、购、娱为核心的旅游业内部各行业间的经济技术联系与比例关系，也就是旅游业的部门结构。旅游经济具有综合性的特点，从而决定了旅游产业结构具有多元化的性质。一般来讲，旅游业主要包括旅行社、旅游饭店和旅游交通，它们被誉为旅游业的三大支柱。从旅游业的六大要素看，旅游业还应包括旅游景区、旅游娱乐业、旅游购物业等。从更广泛的角度来看，旅游产业还应包括旅游教育培训部门、旅游研究和设计规划部门。只有从大旅游观的角度来认识旅游产业结构，才能提高对旅游经济重要性的认识，从而确立旅游业在国民经济中应有的地位。

1. 旅行社业

旅行社是依法成立专门从事招徕、接待国内外旅游者，组织旅游活动，收取一定的费用，实行独立核算、自负盈亏的旅游企业。旅行社作为旅游业的"龙头"，不仅是旅游产品的设计、组合者，同时也是旅游产品的营销者，在旅游经济活动中发挥着极为重要的作用。因此，旅行社的发展规模、经营水平及其在旅游产业结构中的比重，直接对旅游经济发展产生重要影响。

2. 旅游饭店业

旅游饭店是为旅游者提供食宿的基地，是一个国家或地区发展旅游业必不可少的物质基础。旅游饭店数量、床位多少，标志着旅游接待能力的大小；而旅游饭店的管理水平高低、服务质量好坏、卫生状况及环境的优劣，则反映了旅游业的服务质量。因此，旅游饭店业在旅游产业结构中具有十分重要的地位，没有发达的、高水平的旅游饭店业，就不可能有发达的旅游业。

3. 旅游交通业

旅游业离不开交通运输业，没有发达的交通运输业就没有发达的旅游业。旅游交通作为社会客运体系的重要组成部分，不仅满足旅游产业发展的要求，同时又促进社会交通运输的发展。特别是要满足旅游者安全、方便、快捷、舒适、价廉等方面的需求，就要求旅游交通不仅具有一般交通运输的功能，还具有满足旅游需求的功能，从而要求在交通工具、运输方式、服务特点等方面都形成旅游交通运输业的特色。

4. 旅游景区

旅游景区是旅游业的吸引力要素，通过旅游资源开发、旅游景区建设、旅游产品组合，提升旅游目的地的吸引力。

5. 旅游娱乐业

旅游是一种以休闲为主的观光、度假及娱乐活动，因而丰富的旅游娱乐活动是旅游活动的重要组成部分。随着现代科技的发展，旅游娱乐业在旅游产业结构中的地位日益上升，在增强旅游产品的吸引力、促进旅游经济发展等方面的作用也在不断强化。

6. 旅游购物业

旅游购物是旅游活动的重要内容之一。随着现代旅游经济的发展，各种旅游工艺品、纪念品、日用消费品的生产和销售正在不断发展，形成了商业、轻工、旅游相结合的产销系统和大量的网点，不仅促进了旅游经济的发展，也相应带动了民族手工业、地方土特产品等的发展，促进了地方社会经济的繁荣。

（三）旅游区域结构

旅游区域结构指在一定范围内旅游业各要素的空间组合关系，即旅游业的生产力布局。旅游区域结构是一个多层次、综合性的结构体系，反映的是旅游要素的空间布局、功能分区、要素之间的层次联系状态等。旅游区域结构一般包括旅游要素区域结构和综合旅游经济区域结构。

旅游要素区域结构包括旅游资源区域结构、旅行社区域结构、旅游饭店区域结构、旅游交通区域结构等，反映了旅游供给的空间分布及其变化特征。旅游要素区域结构对各旅游供给因素特别是旅行社、旅游饭店、旅游交通的合理布局具有很大的引导作用。

综合旅游经济区域结构是把上述各种因素结合起来形成整个旅游经济的空间分布格局。根据旅游经济综合特征的相似性与差异性程度又可将整个地区划分成若干个旅游片区，在旅游片区下又可进一步划分出不同的旅游景区。

旅游业的发展总是在一定地域空间上实现的，因此，旅游区域结构的状况及变化，是进一步分析和认识旅游经济发展的重要依据。从旅游经济角度看，旅游区域结构应着重研究以下几方面内容：①要研究旅游地区的市场结构，即对国际和国内不同地区的旅游市场需求与供给进行研究，研究不同地区市场的需求特点、需求规模及水平，以便有针对性地开发合适的旅游产品。②要研究旅游区特点与构成，通过运用区域区划理论分析旅游区的特色与发展方向，明确各旅游区的开发重点与旅游形象塑造，探讨旅游区的总体构成及相互之间的联系和互补关系，形成既有层次又浑然一体的旅游总体形象。③要研究旅游产业布局，通过对旅游区的研究，掌握旅游产业布局的原则，分析旅游区域布局的影响因素，探寻旅游业合理布局的内容和方法，促使旅游产业布局的合理化。

（四）旅游市场结构

旅游市场结构指旅游产品在供应和需求之间的规模、比例及相互协调关系，包括旅游需求、旅游供给、旅游需求和旅游供给协调关系等。

（1）旅游需求。旅游需求指旅游者对旅游产品具有支付能力的需求总和，包括旅游需求总量、需求强度、需求指向、需求变化等。由于旅游者收入、闲暇时间、职业、年龄、爱好、修养等方面的差别，旅游者的需求各不相同，从而要求旅游供给者提供多种类型的旅游产品以满足旅游者多样化的需求。

（2）旅游供给。旅游供给指旅游经营者在一定时期内向旅游者提供的各种旅游产品的总和，包括旅游景观、旅游设施、旅游服务等。相对于旅游需求，旅游供给具有一定的稳定性，同时旅游供给的倾向、规模、供给层次等会规定和影响旅游需求，即旅游供给既会约束旅游需求，也会刺激旅游需求。

（3）旅游需求和旅游供给协调关系。旅游需求和旅游供给协调关系指旅游需求和旅游供给在数量、规模和比例上的相互适应性。由于旅游需求变动性较大、旅游资源分布不均衡以及旅游活动的季节性等因素影响，旅游供给和旅游需求在数量、规模、层次、比例上往往难以适应。因此，为了提高旅游经济效益，避免旅游资源浪费或供给不足，就必须根据实际情况对旅游市场结构中出现的不协调现象进行适当的调整，以满足旅游经济发展对旅游市场结构的要求。

三、旅游经济结构的优化

（一）旅游经济结构优化的意义

旅游经济结构优化对旅游经济发展具有十分重要的意义，因为旅游经济的持续发展取决于旅游经济结构的优化，而旅游经济结构的优化不仅是旅游经济发展的战略目标，而且是旅游生产力体系形成的客观要求，是旅游经济实现良性循环发展的根本保证。

1. 旅游经济结构优化是旅游经济发展的战略目标

在传统的经济体制下，人们往往把经济发展的总量增长和速度作为经济发展目标，因而在讲到旅游经济发展战略时，也往往过分强调发展指标和增长速度，忽略了旅游经济结构和效益。事实上，旅游经济总量的增减和发展速度的快慢不一定反映生产力水平的提高或降低，而旅游经济结构的优劣则明显反映出生产力水平的升降和旅游经济效益的好坏。因此，数量扩展型的旅游经济增长未必带来经济效益的提高，相反引起投入量的增加和结构失衡，最终使整个旅游经济结构与优化经济发展不协调；而质量效益型的旅游经济增长依赖于技术进步和结构优化，旅游经济结构合理而优化，既有速度，又有效益，从而能使旅游经济长期、持续、协调地发展。

2. 旅游经济结构优化是旅游生产力体系形成的要求

生产力经济学认为："生产力是由相互联系、相互依存、相互制约的各种因素所构成的有机整体，各个因素必须质量相适应，数量成比例，序列有秩序，才能形成合理的生产力结构，才能有效地实现人与自然之间的物质变换过程。否则，就不能形成合理的结构，不能构成有效的生产能力。"旅游业是一个综合性的经济产业，旅游经济各部门、各要素的发展规模、速度和水平，如果不能相互适应，形成一定的数量比例和合理的序列结构，就不能形成旅游生产力体系，从而就不能发挥出应有的功能。因此，要促进旅游经济的发展，就必须形成有效的旅游生产力体系；而要形成有效的旅游生产力体系，就必须努力实现旅游经济结构的合理化，推动旅游经济结构的高度化发展，才能不断提高旅游经济结构的生产力和效益。

3. 旅游经济结构优化是旅游经济良性发展的根本保证

旅游经济的良性发展通常表现为旅游经济各部门、各要素比例协调地发展。如果比例不协调，经济发展大起大落，则是不良循环的反映。纵观改革开放以来中国旅游经济的发展，在总体呈现高速增长的情况下，也一度出现大起大落的状况。虽然通过宏观调控的手段可以使旅游经济比例关系暂时协调，但随着旅游经济的继续增长，又会出现新的比例失调。因此，要解决旅游经济的平衡协调发展问题，最根本的还是从旅游经济结构优化入手。只有从根本上实现了旅游经济结构的合理化，不断促进旅游经济结构的高度化，才能使旅游经济发展实现速度适当、效益良好，最终进入持续协调发展的良性循环中。

4. 旅游经济结构优化是提高旅游经济综合效益的手段

旅游经济结构优化的根本目的是使旅游资源得到合理的开发利用，旅游供给体系趋于完善，形成旅游区域结构新格局，使旅游产业外部和内部各种重要比例不断趋于协调，并向高度化方向发展，从而充分、有效地发挥旅游业的产业功能和经济优势，全面提高旅游经济的综合效益。旅游经济结构优化的目标和内容，包括旅游经济各种结构都必须处在合理化和高度化的发展状态，而且各种结构之间的相互作用、制约的关系必须有利于各种结构保持合理化发展的状态。其中，旅游产品结构、旅游市场结构、旅游产业结构和旅游区域结构的优化又在整个旅游经济结构的合理化中居于重要地位。

（二）旅游经济结构优化的标准

旅游经济结构作为一种客观经济活动的实体，有着普遍意义的优化标准，具体表现在以下几方面。

1. 旅游资源配置的有效性

在现实旅游经济中，旅游资源的稀缺性和旅游需求的无限性是客观存在的矛盾，因此旅游资源配置的有效性是衡量旅游经济结构优化的基本标志之一。通常，合理的旅游经济结构应能够充分、有效地利用旅游资源及人、财、物要素；能够较好地利用国际分工的条件，发挥自身的比较优势，实现旅游资源要素的最佳配置；能够促进旅游资源的保护和适度开放，尽量保持旅游资源的有效使用和永续利用。

2. 旅游产品类型的多样化

人们旅游需求的千差万别、多种多样，决定了旅游产品类型的多样化发展。在旅游经济发展初期，大多数旅游产品是以观光旅游产品为主，但随着社会经济的发展和人们生活水平的提高，人们的旅游需求从观光旅游向休闲度假、康体娱乐、科考探险、商务会展等多方面发展，从而要求旅游产品向多样化发展，才能满足人们多样化的旅游需求。党的二十大报告提出"以文塑旅、以旅彰文，推进文化和旅游深度融合发展"。旅游产品在开发设计过程中应注重产品的文化内涵，推出适合不同人群、不同需求的文旅产品。

3. 旅游产业结构的协调性

旅游经济结构优化的重要标志之一，就是旅游产业结构演进和内部构成的合理化与高度化，从而促进旅游产业结构的协调发展。因此，合理的旅游经济结构应能够使旅游业内部各产业、各部门保持合理的比例关系；能够相互配合、相互促进地协调发展；能够有效地促进旅游生产、流通、分配及消费顺利进行；能够不断调整旅游供给和旅游需求处于协调发展的状态，使旅游业的综合生产力不断提高，促进整个旅游经济动态协调地发展。

4. 旅游区域布局的合理性

任何旅游经济活动都必须在一定的空间范围内进行，因此旅游区域布局的合理性也是评价旅游经济结构优化的重要标志之一。通常，合理的旅游经济结构应遵循旅游经济发展的客观要求，形成包括旅游景点、旅游景区、旅游经济圈、旅游经济带在内的合理的旅游区域布局，才能树立整个旅游目的地的整体形象，提高国家或地区旅游经济的综合生产能力，提高整个旅游经济的综合效益。

5. 旅游科技应用的广泛性

现代旅游经济是一种依存性很强的经济，其不仅以相关经济产业的发展为基础，更是依赖现代科技的广泛应用。在旅游产业中的各个部门无一不利用现代科技来谋求健康地发展，从旅游业的"龙头"部门——旅行社，到旅游饭店、旅游交通、旅游娱乐、旅游购物、旅游景区等，都必须应用现代科技来提升竞争力；而旅游宣传促销、旅游教育、旅游规划与开发、旅游经营管理更离不开对现代信息技术和高新技术的应用。

6. 旅游经济发展的持续性

良好的生态环境是旅游经济可持续发展的前提和基础，也是旅游经济结构优化的重要标志之一。合理的旅游经济结构应能够促进生态环境的保护和改善，即随着旅游经济的发展，不仅保护自然旅游资源和人文旅游资源不受破坏，而且进一步美化和改善生态环境，使旅游业发展与生态环境的保护有机地融为一体，实现经济、资源和环境的良性循环，促进旅游经济持续稳定地发展，促进社会经济效益的不断提高，促使国家经济实力的不断增强。按照党的二十大报告中关于中国式现代化的表述，旅游业在促进共同富裕、物质文明和精神文明相协调、人与自然和谐共生及和平发展道路等中国式现代化方面能够发挥重要的综合性作用。

（三）旅游经济结构优化的途径

旅游经济结构的优化包括合理化和高度化两个内容，具体如下。

旅游经济结构的合理化和高度化是旅游经济结构优化的两个相辅相成的重要内容和目标，它们既相互联系，又有区别，具体表现在以下几方面。

1. 旅游经济结构合理化是高度化发展的前提和基础

旅游经济结构合理化，是指旅游经济活动中各种因素或结构之间在各种数量、规模的比例方面形成一种动态协调，以有利于旅游经济顺利发展；而旅游经济结构高度化是以技术进步为标志的，是一个不断创新发展的动态过程。因此，旅游经济结构高度化必须以合理化为前提和基础，没有旅游经济结构的合理化则高度化就失去了依存的条件，不但不能促进旅游经济的协调发展，甚至会引起旅游经济结构的失衡，从而制约旅游经济的发展。只有当旅游经济结构实现了合理化，并且其结构效益积累到一定水平，才可能推动旅游经济结构向高度化发展。

2. 旅游经济结构高度化是合理化发展的方向和目标

旅游经济结构合理化发展的方向和目标，就是要不断适应社会经济发展的需要，努力推进旅游经济结构的高度化，以满足人们不断增长的旅游需求。因为人们的旅游需求是随着物质文化生活水平的提高而不断变化的，尤其是现代科技进步对人们的物质文化生活有较大的影响，如果旅游经济结构不以高度化为发展方向和目标，就难以满足人们日益变化的旅游需求，旅游经济结构也无法实现更高层次上的合理化。因此，旅游经济结构合理化是一个动态发展的过程，其以高度化为发展方向和目标，通过不断应用现代科学技术，调整旅游经济结构，提高旅游经济的外部适应性，促进旅游经济的高度化发展。

3. 旅游经济结构合理化和高度化是相互促进的

在旅游经济发展的不同阶段和不同时期，旅游经济结构的合理化和高度化发展的目标是不一样的。在某一发展时期，当旅游经济发展缓慢、结构性矛盾突出时，必须对旅游经济结构进行合理化调整，以缓解结构性矛盾，保证旅游经济稳定协调地发展；当旅游经济结构基本协调，而旅游需求结构变动较大时，就要积极推进旅游经济结构的高度化，以增强旅游经济结构的转换能力，提高结构生产力和发挥结构的联动功能，促进旅游经济的快速发展。因此，旅游经济结构的合理化和高度化的区分是相对的，在旅游经济发展过程中它们是相互渗透、相互联系而共同发挥作用的。

第二节　旅游经济的运行

一、旅游经济运行的内涵

旅游经济运行，是指某一个区域（国家或地区）在一定时期内旅游总需求和旅游总供给的发展变化及均衡运动的过程，其不仅反映了一定时期内旅游产品的生产、分配、交换和消费的总运动过程，而且反映了一定时期旅游经济活动（流量）的状况和特征，反映了特定时点上旅游经济成果（存量）的数量和特点。为了正确掌握旅游经济运行的概念，必须对旅游总需求、旅游总供给和旅游总供求平衡的内容有正确的理解与把握。

在旅游经济活动中，由于旅游总需求的经常性变化和旅游总供给的相对固定性特点，旅游总供求始终存在从不平衡到平衡的动态变化过程。因此，从宏观经济角度对旅游总供求平衡进行分析，既是促进旅游市场上短期旅游供求均衡发展，不断提高旅游经济效益的要求，又是在长期内实现旅游生产要素有效配置，促进旅游经济持续健康发展的关键。

对旅游总供求平衡的分析包括：对旅游总供求的平衡与变化分析，对旅游宏微观经济效益分析，对旅游经济增长与发展及其影响因素分析等。

对旅游总供求的平衡与变化分析，主要是分析决定旅游总需求的旅游消费和旅游收入的变化，分析决定旅游总供给的旅游投资和旅游经济结构的变化，从而掌握旅游经济活动的总体规模、发展结构和产出水平，探寻实现旅游总供求平衡发展的对策和措施等。

对旅游宏微观经济效益分析，主要是对旅游经济活动的投入－产出状况和影响旅游经济效益的因素进行分析，以探寻不断提高旅游经济效益的途径和措施。

二、旅游经济的运行条件

经济环境是经济运行的重要条件，其反映了在一定的经济模式和经济运行机制条件下，旅游经济运行的基本内容和要求。按照社会主义市场机制的特点和经济运行机制的要求：旅游企业是旅游经济运行的微观基础，旅游市场是旅游经济运行的客观条件，政府部门是旅游经济运行的宏观环境。

（一）旅游企业是旅游经济运行的微观基础

在现代市场经济条件下，旅游经济的总量活动是由各个微观单位的个别经济活动所构成的，因此在旅游经济运行中，旅游企业是构成旅游经济整体的细胞，是旅游经济运行的微观基础。

旅游企业是进行自主经营、自负盈亏、独立核算，并具有法人地位的经济组织，是为了实现一定的目标而组成的经济实体。旅游企业的目标包括利润最大化目标、职工收入增长目标和树立良好社会形象目标等，其中实现利润最大化是旅游企业最主要的目标。

旅游企业的目标从总体上是与旅游经济运行与发展的目标相一致的，但由于众多旅游企业之间存在发展规模、经营能力、管理水平方面的差距，也会出现与旅游经济活动总目标不一致的情况。因此，旅游企业必须形成自我约束机制，能够按照旅游经济运行目标的要求，自动约束自己的行为，这就是旅游经济运行的微观基础。

旅游企业行为的自我约束主要包括三个方面：①预算约束，即旅游企业必须用自己的收入补偿支出，属于旅游企业内部的自我约束。②市场约束，即企业在市场竞争中必须服从"优胜劣汰"的市场竞争规律，自动调整旅游企业的经营行为。③规制约束，即旅游企业在整个经营活动中，必须服从政府对企业经营活动的规制要求，做到合法经营、依法纳税，符合整个旅游经济运行的要求。

（二）旅游市场是旅游经济运行的客观条件

旅游产品的价值和使用价值必须通过市场来实现，旅游供求均衡必须以市场为前提条件，旅游经济宏观调控也必须依靠市场来进行，因此旅游市场是旅游经济运行的客观条件。要保障旅游经济有效地运行，就要不断完善旅游市场环境，创造灵活的市场机制条件。

完善旅游市场环境，必须建立健全有利于旅游经济运行的市场体系，加快商品市场、资金市场和劳动力市场的发展。

商品市场包括消费品市场、生产资料市场、技术市场、信息市场等，是现代市场体系的基础，其不仅是实现旅游经济过程中生活消费和生产消费的基本条件，而且是不断适应旅游经济发展的需要，有偿提供各种现代技术和信息，促进科学技术和信息迅速转化为旅游生产力的重要条件。

资金市场是各种货币资金和有价证券的交易场所，是整个市场体系的枢纽，其通过利率、汇率和股市价格变化、促进旅游企业讲求资金使用效果，引导社会资金在旅游行业合理流动，调节旅游市场的供求平衡，实现政府宏观调控的目标和要求。

劳动力市场是市场体系不可缺少的重要组成部分，其不仅调节劳动力的供求平衡，满足旅游经济运行和发展的劳动力需求，而且促进劳动力的合理流动，实现旅游劳动力资源的有效配置并与生产资料形成最佳的结合，不断创造更多的物质文化财富。

旅游市场的功能作用是通过旅游市场机制来体现的，因此创造灵活的旅游市场机制，利用供求机制、价格机制、利率机制、工资机制、竞争机制和风险机制等作用，对旅游经济主体的利益得失进行调节，规范和约束旅游企业的经济行为，政府才能实现宏观调控旅游经济的目标，保障旅游经济有效地运行和发展。

（三）政府部门是旅游经济运行的宏观环境

在现代市场经济体制中，市场机制的内在局限性，如市场竞争的不全面性、信息获取的非充分性、市场机制作用的时滞性和市场调节的不确定性等，决定了无法完全依靠旅游市场的自动调节作用来保证旅游经济的有效运行，还必须通过政府部门的宏观调控来实现旅游总需求与总供给的平衡，促进旅游经济有效运行和健康发展。

政府部门作为宏观经济管理和调控的组织，其在旅游经济运行中主要通过履行以下职能，为旅游经济运行和发展创造良好的宏观环境和条件。

（1）提供各种旅游公共产品和公共服务，包括提供各种交通基础设施、城市公共设施、公共医疗卫生、供水供电等公共产品和提供完善的法律体系与制度、维护社会治安与秩序、保护各类产权主体的合法权益等公共服务。

（2）维护公平竞争的旅游市场秩序，即通过建立健全法律体系，规范各旅游经济主体的行为，强化旅游市场的整治，限制不正当的旅游竞争行为，创造公平、公开和公正的旅游竞争环境，促进旅游企业在竞争中优胜劣汰。

（3）调节旅游收入分配，即政府通过调整旅游生产要素的价格，制定并实施各种所得和财产税收政策，实行转移支付制度等来调节旅游收入的分配和再分配，以缩小贫富差距，实现共同富裕。

（4）制定旅游发展战略和规划，确定旅游经济运行和发展目标，采取各种宏观调控方法和手段，促进旅游经济健康地发展。

三、旅游经济的运行过程

（一）旅游经济运行过程的含义

旅游经济运行过程，是指一个国家（地区）在一定时期内旅游产品的生产、交换、分配和消费的总运动过程。为了揭示旅游经济运行过程，假定旅游经济是一个相对独立的封闭经济系统，那么在现代市场经济条件下，旅游经济运行通常表现为两种相对的运动过程：一种是旅游产品的实物运动过程；另一种是旅游产品的价值运动过程。两种运动始终处于对立统一，既分离又结合的运行之中，如图 8-1 所示。

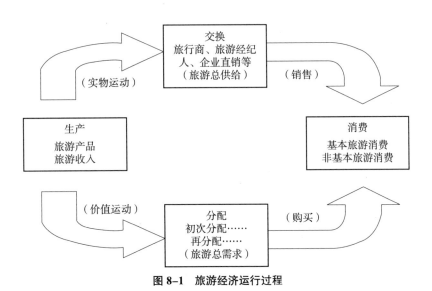

图 8-1　旅游经济运行过程

从图 8-1 可以看出，旅游经济运行过程是一种周而复始的循环运动，但这种运动不是处于一种固定水平上，而是处于不断循环和扩大之中的。旅游经济运行过程具体表现为，在社会再生产过程中的循环和扩大，在社会总供求中的循环和扩大，在国民经济流量与存量的转换过程中的循环和扩大，从而体现了旅游经济的不断增长与发展过程。

（二）旅游经济的运动

1. 实物运动

旅游经济的实物运动是指旅游产品的生产、交换和消费的运动过程，其反映了旅游产品在旅游经营者和旅游者之间的流动过程。旅游经济的实物运动通常经过以下三个环节来完成。

（1）以生产为主的旅游企业生产旅游产品的过程，如旅游景区景点提供的观光游览产品、旅游饭店提供的住宿设施、旅游交通提供的运输设施和服务、旅游购物场所提供的购物品和相应服务等。

（2）以销售为主的旅游企业销售旅游产品的过程，如旅行社、旅游中间商或旅游企业直销等对各种单项或组合旅游产品进行销售，从总体上形成了旅游总供给而提供给旅游者购买和消费。

（3）旅游者对旅游产品的购买、消费和评价的过程。因此，旅游经济的实物运动实质上就是旅游产品从生产开始，经过流通环节的交换，最后进入消费领域的全部运动过程。

2. 价值运动

旅游经济的价值运动，是从价值角度反映旅游产品的生产、分配和消费的全部运行过程，其反映了旅游收入在各旅游经营者和各相关部门之间的分配和再分配过程。如果把旅游经济作为一个封闭的经济系统来考虑，则旅游经济的价值运动是和实物运动相伴随的，即全部旅游产品的价值形成旅游总收入，通过流通环节进行交换后，就形成旅游收入的初次分配和再分配，从总体上构成了旅游总需求，最终用于旅游产品的购买和消费。

由于旅游经济的实物运动形成旅游总供给，价值运动构成总需求，因此，在封闭经济系统中，总供给与总需求不仅在总量上是平衡的，在结构上也是平衡的，即在旅游市场上旅游者能够买其所需，而旅游经营者也能够卖其所有，实现了旅游总供求的平衡。

但是，由于现实中旅游经济是一个开放经济系统，旅游经济的实物运动和价值运动往往会出现不一致的情况，有时供不应求，有时供过于求，甚至出现结构失衡的情况，这必然产生旅游总需求和旅游总供给在总量与结构上的矛盾和问题，于是政府就必然对旅游经济运行和发展进行宏观调控。

（三）旅游经济活动运行的环节

1. 旅游经济活动运行的基本环节

从关于旅游经济现象发生及旅游活动的构成要素的分析中，可以看出旅游经济活动的实现过程也就是旅游产品的交换过程，这一过程包括旅游产品的购买与旅游产品的销售两个方面，这是旅游经济活动运行的基本环节。

旅游产品购买环节的主体是旅游需求者，旅游产品销售环节的主体是旅游产品供给者，他们使旅游经济活动分成对立的两方，其目的各不相同，经济运转的形式也不一样。旅游产品的购买是旅游者将货币转化为产品的过程，这两个过程的结合组成了旅游经济活动的运转，所以它们是旅游经济活动运转的两个基本环节。与其他产品的交换不同，旅游者在旅游产品购买中得到的不是具体的实物，而是一种感觉、体验、享受和经历，这种非具体物的商品的出现是市场经济条件下商品生产发展的结果。旅游产品的销售是旅游供给者将产品转化为货币的过程。

2. 旅游经济活动运行的次要环节

旅游经济活动运行的次要环节主要分为旅游产品购买的次要环节、旅游产品销售的次要环节、旅行社中间环节及两个次环节。

（1）旅游产品购买的次要环节。在旅游产品购买方面，可进一步分为旅游产品购买行为发生与旅游产品购买方向两个次环节。前者指的是人们购买旅游产品条件的形成和购买时间；后者是指旅游者选择购买哪一种旅游产品（如度假旅游、娱乐旅游、观光旅游等），或选择购买哪一个旅游目的地的旅游产品（如是本国的还是外国的），以及在国家或地区的旅游产品中，又选择哪一个国家或哪一个地区的旅游产品。

（2）旅游产品销售的次要环节。旅游产品销售包括旅游市场推销与提供旅游服务两个次环节。前者是旅游供给者通过对旅游市场的调查、预测进行的广告宣传与有关的推销活动，目的是最大限度地开发客源市场；后者是旅游经营者直接向购买旅游产品的旅游者提供的服务，即通常所说的食、住、行、游、娱、购与其他方面的服务，如电信、洗衣、修理、货币兑换等。在这两个次要环节中，旅游市场推销是旅游产品销售的前提，旅游服务的提供则是旅游产品销售的基础，它们结合起来是旅游产品价值实现的主要内容。

（3）旅行社中间环节及两个次环节。之所以说旅游产品购买与旅游产品销售是旅游经济活动的两个基本环节，是因为只要具备了这两个环节，旅游经济活动便可以进行。然而自旅行社出现以来，尤其是包价旅游的实施，在这两个基本环节之间，又介入一个环节，即旅行社的中介买卖。从前旅游产品的购买和旅游产品的销售完全是在旅游者与旅游产品经营者之间直接进行，而现在旅游产品的购买和旅游产品的销售基本要经过旅行社来完成。

在旅行社这个中间环节中，又分为旅游产品批发与旅游产品零售两个次环节，前者是旅游批发商或旅游承包商把从多个旅游供给者处订购的各单项旅游产品，经过加工，组合成一个全新的产品———一条旅游包价路线，然后交给旅游零售商出售；后者是旅游零售商把从旅游批发商处批发下来的旅游产品向旅游者进行的零星销售，这样旅游经济活动的实现过程便渗入了新的内容。旅行社的介入，虽然使旅游需求者与旅游供给者之间无须直接进行交换，然而却使旅游经济活动的层次增多了，使它的实现过程与社会的联系更为紧密、更为广泛。

第三节　旅游经济的宏观调控

一、旅游经济宏观调控的必要性

在现代市场经济条件下，旅游经济运行是建立在旅游市场和市场机制作用基础之上的，但旅游资源、产品特性和旅游市场失灵等因素，决定了不能完全依靠旅游市场自发调节作用实现旅游经济运行的有效性，必须通过加强政府宏观调控来促进旅游经济的健康发展。从理论和实践两方面分析，对旅游经济运行进行宏观调控的必要性是由以下几个方面的因素决定的。

（一）旅游资源的公共性

旅游资源是旅游经济活动的主要对象，但在现实经济中大多数旅游资源具有公共物品（public goods）的属性，不论是自然天赋因素所形成的山水风光、森林草原、海滨沙滩、阳光气候等自然旅游资源，还是保留了人类劳动的古迹遗址、文化艺术、民族习俗等人文旅游资源，都属于全社会和人类所共有，任何个人或组织都不能把其据为己有。正是旅游资源的公共性特点，决定了旅游消费具有非竞争性和非排他性的典型特征。

1. 旅游消费的非竞争性

旅游消费的非竞争性，是指具有公共性特点的旅游资源一旦提供给人们消费，在可能的范围之内通常增加旅游者的边际成本为零，即不会因为每增加一个旅游者而相应增加成本，如一个容纳千人的旅游景点接待 100 个旅游者或 500 个旅游者的成本是相同的，从而形成了旅游消费的非竞争性特征。

2. 旅游消费的非排他性

旅游消费的非排他性，是指把具有公共性特点的旅游资源提供给人们消费时，其可以同时满足许多旅游者消费且不可能把任何旅游者排除在外，如一个旅游者在游览山水风光时并不排除其他旅游者同时欣赏山水风光的美景。

旅游资源的公共性特点是引起旅游市场失灵的重要原因，其导致无法完全依靠旅游市场机制的"无形之手"来调节旅游资源的合理开发和利用，因此就必须通过政府发挥"有形之手"的宏观调控作用，来合理规划开发和有效利用旅游资源，消除旅游市场失灵带来的负面影响，促进旅游资源的合理利用和可持续发展。

（二）旅游产品的综合性

旅游产品是一种包括食、住、行、游、购、娱等多种要素的综合性产品，其要求各种要素必须相互配合、相互补充、有机结合，才能有效地满足旅游者的消费需求，获得良好的经济效益。在现实中，旅游产品的各组成要素是由不同旅游经营者进行生产和供给的，旅游资源的不同、旅游企业实力的差别、旅游信息的不充分、不同行业竞争的差异等因素，导致旅游市场作用的局限性，无法完全通过市场机制实现对旅游产品要素集合的最优调节，必须通过政府宏观调控才能保证旅游产品各要素综合协调地发展。

根据旅游产品综合性特点，政府对旅游产品生产和销售的宏观调控主要集中在以下几个方面：①对旅游资源开发的调控。现实中旅游资源的公共性和分布的广泛性，决定了对旅游资源的开发不能自行其是、各自为政，必须由政府制定统一的规划，科学组织旅游资源的开发，才能最有效地利用旅游资源。②对旅游产品生产的调控。由于旅游产品涉及众多要素和条件，在旅游信息不充分和不对称的情况下，单靠旅游市场机制无法实现旅游要素资源的最优配置，就需要政府通过掌握更多的旅游信息，把握旅游市场的发展趋势，集合各方面的财力，从宏观上引导和调控旅游产品的生产和销售，以获得更好的总体经济效益。③对旅游基础设施建设的调控。由于大多数旅游基础设施属于公共产品，不可能完全通过市场机制来调节旅游企业建设，只能由政府按照旅游发展规划分期投入建设，创造良好的旅游发展环境条件，引导其他旅游产品要素的发展。④对旅游宣传促销的调控。由于旅游产品不同于工农业物质产品和一般服务产品，其宣传促销既有对旅游目的地整体形象的宣传，又有对旅游企业的宣传；既有对旅游线路产品的促销，又有对单项旅游产品的促销。因此，旅游宣传促销不可能完全由旅游企业来进行，必须由政府牵头、企业参加，统一联合、分层次地进行旅游宣传促销。

（三）旅游活动的外部性

外部性作为市场失灵的典型特征，是指个体经济活动所产生的额外收益和成本与社会收益和社会成本不一致的现象。当某个体经济活动使其他经济主体获得额外收益时，称为外部正效应或外部经济；当某个体经济活动使其他经济主体承担额外的成本时，称为外部负效应或外部不经济。现代旅游是一种涉及面广的经济活动，决定了旅游活动外部效应较为显著，既有外部经济，也有外部不经济。

1. 旅游活动的外部经济

旅游活动的外部经济，是指通过开展旅游活动除了获得直接经济效益外，还给旅游目的地国家或地区带来更多额外的经济社会效益。从现代旅游发展的实践看，一方面，依托旅游目的地的旅游资源优势和各种经济社会条件，发展旅游经济不仅可以直接获得经济收入，带动旅游目的地经济社会发展；另一方面，发展旅游对于旅游目的地国家或地区来说，可以提高其知名度和影响力，促进对外交流和合作；可以推动当地民族文化的发掘和整理，促进传统优秀民族文化的发展；可以推动地方城市建设和生态环境质量的改善，促进经济社会的可持续发展；可以推动当地社区精神文明的建设，形成良好的道德风尚和社会治安环境等。

2. 旅游活动的外部不经济

旅游活动的外部不经济，是指在开展旅游经济活动过程中，除了直接成本的支付外，还会产生其他社会成本的支出。目前，旅游活动的外部不经济突出表现在大量的尤其是超过环境承载力的旅游活动，造成了旅游景区景点的拥挤，旅游设施的过度使用和生态环境的污染；外来文化对当地传统文化的冲击影响，引起地方传统文化的消退和对文物古迹的磨损、破坏等，大量外来旅游者进入对当地社区消费观念、消费习惯和社会治安的影响等。上述这些情况的产生，必然增加旅游目的地的社会成本的支出，从而形成旅游活动的外部不经济。

由于旅游活动的外部性存在于旅游市场之外，市场机制无法对其起到调节作用，再加上这些外部不经济的集中性、累积性、强制性和关联性等特点，旅游市场机制作用难以实现帕累托最优，从而要求加强政府对旅游经济运行的宏观调控，采取有效的措

视频 8.1

帕累托最优

施和方法，充分发挥旅游活动的外部正效应，尽量消除或减少旅游活动的外部不经济。

（四）旅游市场竞争的不完全性

在市场经济条件下，旅游市场竞争是实现旅游产品价值、促进旅游产品和旅游企业优胜劣汰的重要机制，但由于旅游市场上无法实现完全竞争，旅游市场失灵而出现垄断或不公平竞争，政府必须通过制定法律法规，加强宏观调控，维护市场秩序，促进旅游经济运行的健康发展。

1. 旅游资源或产品的垄断性

旅游市场竞争的不完全性，首先表现在某些旅游资源或产品具有一定垄断性，从而形成较强的市场垄断势力，排斥市场竞争并获取高额利润。由于较强的市场垄断势力限制旅游市场的竞争，降低整个旅游要素资源的有效配置，对整个旅游经济运行和社会福利都会造成损害，因此，必须采取各种措施对垄断势力进行限制，维护旅游市场的公平竞争。如政府通过制定反垄断法、反不正当竞争法等法律法规来禁止或限制可能形成的垄断势力，保护和规制竞争性旅游经济，充分发挥市场竞争机制的作用。

2. 旅游信息的不完全性和不对称性

旅游市场竞争的不完全性，还表现为旅游信息的不完全性和不对称性，从而引起旅游市场竞争的不规范行为，甚至出现"劣质服务驱逐优质服务"的状况。旅游信息的不完全性，是由于对旅游信息的收集和获取是需要成本的，而过高的旅游信息成本使旅游者或旅游经营者无法获得充分的旅游信息，通常只能在有限的旅游信息条件下作出决策。

旅游信息的不对称性，是指旅游者和旅游经营者对旅游信息掌握情况的不一致，导致旅游市场机制不能正常发挥作用而使市场失灵。尤其是旅游经营者掌握的市场信息通常要多于旅游者，在旅游市场失灵的情况下，就会出现"劣质服务驱逐优质服务"的状况，造成旅游市场秩序的混乱。于是，政府必须通过加强旅游的宏观调控，提供更多的旅游信息，规制旅游市场秩序，强化旅游市场主体的公平性行为，确保旅游经济运行健康发展。

二、旅游经济宏观调控的内容

在旅游经济运行中，市场机制和宏观调控是实现旅游要素资源配置的两种不同的手段。从上述分析中可以看出，不论是旅游经济理论方面还是旅游发展实践方面都表明，市场机制和宏观调控都是相互补充、共同作用、缺一不可的。因此，在充分发挥旅游市场机制作用的基础上，必须进一步明确旅游经济运行调控的目标和内容。根据世界旅游组织对世界主要旅游发达国家的调查分析，结合中国旅游发展的实践，旅游经济宏观调控的目标和内容主要有以下几个方面。

（一）满足人们不断增加的旅游需求

旅游经济运行调控的首要目标和内容，是满足人们不断增加的旅游需求，这既保证人们休闲度假、旅行游览自由权利的实现，也是不断丰富人们物质文化生活、提高生活质量的客观要求。早在 1980 年世界旅游组织大会通过的《马尼拉世界旅游宣言》中就指出，"只有人们得到休息、度假和自由旅行的机会，旅游业的发展才是可能的"，"休息的权利，特别是由于工作权利而带来的度假、旅行和游览自由的权利，都被《世界人权宣言》和许多国家的法律视为实现人类自我价值的一个重要方面"。特别是随着社会生产力发展，人们可支配收入的增加，生活质量的不断提高，旅游不仅成为一种大众化的活动，而且成为人们物质文化生活的重要组成部分。

因此，保证人们休闲度假、旅行游览自由权利的实现，满足人们不断增加的旅游需求，丰富人们的物质文化生活，提高人们的生活质量，既是现代旅游经济发展的目标，也是旅游经济运行调控的首要目标和内容。

（二）促进旅游经济的持续增长

旅游业作为现代经济中的新兴产业，在促进社会经济发展方面具有重要的地位和作用。因此，必须把促进旅游经济的持续增长作为旅游经济运行调控的目标和内容。

对经济发达国家旅游业发展的实践分析，其不仅在旅游业发展的初期及以后各个时期都加大政府宏观调控力度，推动旅游经济的快速发展，即使在旅游业发展达到较高水平之后，也仍旧不断加强政府对旅游经济的宏观调控，采取各种措施和方法推进旅游经济的发展。对于发展中国家来说，尽管拥有丰富的旅游资源，但由于社会生产力和经济发展水平，旅游业发展起步较晚、条件较差，更不可能完全依靠市场来自发推动旅游经济的发展，必须在充分发挥旅游市场机制的作用，加强对旅游经济运行和发展的宏观调控，采取一切可能的措施和手段，促进旅游经济持续健康地增长，从而带动整个国家或地区社会经济的发展。

（三）实现旅游经济的总量平衡

旅游经济的总量平衡，是指旅游总需求和旅游总供给的平衡。在市场经济条件下，旅游者和旅游企业的旅游经营活动是分散的，其决策是按照各自的利益和意愿来进行的。因此他们的旅游经济活动不可能完全与旅游经济运行的宏观目标相适应，导致旅游经济运行中出现旅游供求总量失衡和旅游供求结构失衡的矛盾与问题。

旅游供求总量失衡是指旅游总供给和旅游总需求之间出现差距，即出现供给过剩或需求不足，或者供给短缺或需求过旺。旅游供求结构失衡是旅游经济运行过程中不可回避的客观现实，共有多种表现形态，旅游行业各部门供给大于需求的"同向过剩结构失衡"，有旅游行业各部门供给均小于需求的"同向短缺结构失衡"，还有过剩与短缺并存的"异向结构失衡"等。

因此，旅游经济宏观调控的目标之一，就是要通过制定旅游经济发展计划和旅游经济政策，采取合理有效的旅游经济杠杆，实现旅游经济的总量平衡。一方面，要通过加强旅游需求和旅游供给管理，利用各种经济政策和经济杠杆来刺激或抑制旅游需求和旅游供给的变化，实现旅游总供求的数量平衡。另一方面，要通过旅游发展计划和各种经济杠杆，对旅游需求流量进行合理引导和分流，对旅游供给存量和流量进行投资引导和结构调整，实现旅游供求结构的合理化和高度化。

（四）扩大旅游业的社会就业

随着现代旅游经济的发展，旅游业已经成为吸纳社会就业的重要经济产业。旅游业在吸纳就业方面具有非常明显的优势和潜力。《2017 年中国旅游业统计公报》显示，旅游业直接带动就业人数达 2 825 万人，直接和间接带动的就业人数达 7 990 万人，占全国就业总人口的 10.28%。据世界旅游理事会发布：在全球疫情之前，旅游业是世界上最大的行业之一，该行业占全球全部新增就业岗位的 1/4，占所有就业岗位的 10.3%（3.33 亿个），以及全球 GDP 的 10.3%，即 9.6 万亿美元。随着全球逐渐从新冠疫情影响中恢复，旅游业对全球经济与就业的贡献或将恢复至疫情前水平。该行业预计将在未来十年内创造近 1.26 亿个新工作岗位。旅游业不仅为城市新增就业人员提供了大量就业岗位，而且为农村剩余劳动力的转移和全球女性群体提供了广泛的就业岗位。

（五）有效地保护和利用旅游资源和生态环境

旅游资源和环境是旅游经济发展的重要生产要素。由于许多旅游资源是不可再生资源，旅游环境是旅游经济可持续发展的必要条件，因此必须坚持旅游资源保护与开发并举，旅游环境保护与利用并重的原则，把对旅游资源和环境的保护放在首位，在保护的前提下合理开发旅游资源，有效利用生态环境，提高对旅游资源和环境的利用效率，促进旅游经济的可持续发展，这是旅游经济宏观调控的重要目标之一。

合理利用和有效保护旅游资源和环境。①必须强化旅游经济可持续发展的观念，明确旅游资源和环境是旅游生产力存在与发展的基础，保护好旅游资源和生态环境的建设就是保护旅游生产力；促进旅游资源的合理利用和生态环境的建设就是促进旅游生产力的发展，从而自觉地树立对旅游资源和环境的保护意识。②必须统筹规划和安排旅游资源的开发，建立旅游资源开发和有效利用的机制，实行旅游资源有偿开发和使用制度，有效遏制对旅游资源的低层次和重复性开发，推动旅游资源从粗放型开发方式向集约型开发方式转变，促进旅游资源的可持续利用。③注重对生态环境的保护和利用，遏制对生态环境的破坏和污染，加强生态环境建设和管理，加大对生态环境的治理力度，不断改善和提高生态环境质量，创造良好的旅游生态环境，促进旅游经济的可持续发展。

三、旅游经济宏观调控的方法和手段

对旅游经济进行宏观调控必须有科学的方法和手段，从社会主义市场经济发展的要求，结合旅游经济发展的客观规律性，旅游经济宏观调控的方法主要有以下几种。

（一）发展规划调控

在现代市场经济体制中，应用发展规划调控旅游经济是一种重要的必不可少的调控方法和手段，世界旅游组织明确提出，旅游规划是旅游业实现协调、有计划和可持续发展的基础。旅游发展规划调控不同于传统的指令性计划，而是一种建立在市场经济规律上的，以指导性计划和中长期发展规划为主的调控手段。

应用发展规划调控旅游经济运行和发展有以下要求：①正确确定旅游经济发展的目标，这个目标必须综合平衡经济、社会和环境等各种因素，有利于政府

从宏观上有计划、有控制地发展旅游业，指导旅游经济的健康运行和发展。②旅游规划的制定和实施应该是综合性和跨行业的，广泛吸收各类政府机构、旅游企业、各方面的利益都能够在规划中得到体现，保证发展规划制定的科学性和实施的可能性。③发展规划的内容既要全面又要突出重点，规划内容要充分考虑旅游经济发展的各个方面必须协调，同时在不同时期或阶段又应该有不同的重点，成为阶段性调控旅游经济运行的目标和内容。④发展规划要有明确的量化指标和要求，以便定期进行检查和比较，并根据不同时期经济社会环境的变化而作出及时的调整。

（二）经济政策调控

经济政策，是由政府制定并用于指导旅游经济活动，调整各种经济利益关系，促进旅游经济发展的各种准则和措施，是在充分认识客观经济规律基础上，对旅游经济进行宏观调控的主要方法和手段之一。运用经济政策对旅游经济进行宏观调控，是为了更有效地发挥经济规律和市场机制的作用，弥补旅游市场失灵的缺陷，增强旅游企业的市场竞争力，推动旅游经济持续快速地发展。

根据对现实旅游经济运行的分析，对旅游经济宏观调控的经济政策主要有收入政策、产业政策、财政政策、货币政策、汇率政策等，其中收入政策、产业政策和汇率政策对旅游经济运行宏观调控具有十分明显的作用。

1. 收入政策

收入政策，是政府根据旅游经济运行和发展的目标，对旅游收入初次分配和再分配进行调节的政策，如提高职工工资水平，合理征收税收、规定旅游企业利润提留比例等，以刺激旅游消费需求和调动旅游企业和职工的积极性，促进旅游总供求平衡和旅游经济发展，不断改善和提高人们的生活质量和水平。

2. 产业政策

产业政策，是政府根据旅游经济发展的趋势和目标，制定有关旅游经济结构、产业组织、技术进步、行业标准的具体政策，以通过市场机制的传导作用调节旅游供求平衡，实现旅游总供求平衡发展，进而促进旅游产业结构合理化。

3. 汇率政策

汇率政策，是政府通过应用汇率变动和外汇管理等政策来促进旅游经济的发展，如通过汇率变化调节旅游者的出入境人数，加大旅游业招商引资的力度，通过外汇管理促进旅行社积极招徕入境旅游者，适当发展国内公民出境旅游等。

（三）经济杠杆调控

经济杠杆，是指对旅游经济运行具有调节和转化作用的各种手段和方法。在现实经济中，政府不可能也不必要对所有的旅游经济活动都进行宏观调控，可以通过制定各种旅游经济政策和利用经济杠杆调控旅游市场，充分发挥旅游市场机制的作用，对旅游企业的经营活动进行间接调控。

政府间接调控旅游经济的杠杆一般有财政杠杆、信贷杠杆、价格杠杆和对外经济杠杆等。

1. 财政杠杆

财政杠杆，主要是通过税收政策和税率变化调节旅游收入分配，合理安排财政转移支付以调节政府对旅游的支出等。

2. 信贷杠杆

信贷杠杆，主要是通过利率机制和信贷政策，促进旅游资源开发和各旅游要素的协调发展，有效地调控旅游需求与旅游供给的短期均衡，实现旅游总供给和旅游总需求长期平衡协调发展。

3. 价格杠杆

价格杠杆，是根据价值规律的要求，通过确定旅游产品的指导价格，规定最高限价或最低限价，以规制和引导旅游企业的经营行为，保证旅游经济健康运行和发展。

4. 对外经济杠杆

对外经济杠杆的内容较多，包括利用汇率机制、签证政策、旅游购物退税政策、招商引资政策等，大量吸引国外入境旅游者，不断提高旅游者的消费支出，积极吸引旅游国际投资或向外投资等，促进旅游经济的发展和壮大。

（四）行为规制调控

行为规制，通常是指政府或社会为实现一定的经济社会目标，对旅游市场中各经济主体作出具有直接或间接的法律或准法律约束力的行为规范及采取相应的措施，简言之，就是政府或社会对各旅游经济主体及其行为进行限制，规范具体行动和措施。在旅游经济运行中，行为规制按照调控实施的主体不同，一般分为政府规制、社会规制和行业规制等。

1. 政府规制

政府规制，是政府对旅游企业和旅游者行为采取的具有法律约束力的限制和规范，是针对旅游市场失灵而采取的治理行动和措施。其目的是维护良好的旅游市场秩序，限制市场垄断势力，提高市场配置资源的效率，保护旅游者和旅游经营者的权利不受侵犯。政府规制一般分为直接规制和间接规制，直接规制是政府部门直接对旅游经济主体行为实施的规制，包括对旅游企业进入或退出市场、旅游价格、服务质量、旅游安全以及投资、财务、会计等方面的活动进行规制；间接规制，是政府有关部门通过法律规定的程序而对旅游经济主体行为实施的规制，如对消费者权益保护、环境保护、文化遗产保护等方面的规制。

2. 社会规制

社会规制，通常是指市场机制对旅游经济主体行为的各种直接或间接的准法律的约束、限制和规范，以及社会为促进旅游经济主体行为符合上述规制而采取的各种行动和措施。社会规制调控作用的发挥通常是间接的，即政府将各种宏观调控意图转化为旅游市场秩序、市场环境和市场信号，通过旅游市场机制作用规制旅游企业的经营行为和活动，促进旅游企业在市场机制作用下自由竞争和优胜劣汰。此外，社会规制也会通过其他行为和措施，如新闻监督、民众意愿、社会团体督察等对旅游企业行为进行规制。

3. 行业规制

行业规制，是指由旅游行业协会自主地对旅游企业行为进行约束和规范而采取的行动和措施，是一种旅游企业之间相互约定的自组织规制。旅游行业协会是旅游企业在自愿基础上组成的松散组织，其主要职能和任务是：开展旅游行业的调查研究，及时为旅游企业经营决策和旅游行政管理部门宏观调控提供依据和建议；协调旅游企业之间的关系，推动旅游企业之间的联合与协作，按照政府的授权和委托，进行旅游行业管理和规制；组织各种旅游信息和经验交流，开展各种旅游经济咨询服务；举办各种旅游培训、技术交流、旅游会展等活动。

【本章小结】

本章主要介绍了旅游经济结构及优化、旅游经济运行及宏观调控的内容。旅游经济结构有狭义和广义之分。狭义的旅游经济结构是指旅游产业结构；广义的旅游经济结构是指旅游经济系统各组成部分的比例关系及其相互联系、相互作用的形式。在现代市场经济条件下，旅游经济运行通常表现为两种相对的运动过程，一种是旅游产品的实物运动过程，另一种是旅游产品的价值运动过程。两种运动始终处于对立统一，既分离又结合的周而复始的不断循环和扩大运行中。在现代市场经济条件下，旅游经济运行不能完全依靠旅游市场的自发调节作用实现，还必须加强政府宏观调控。

【复习思考题】

1. 旅游经济结构包含的内容是什么？

2. 什么是旅游经济运行的基础和条件？

3. 旅游经济运行的过程如何？

4. 论述旅游经济运行宏观调控的必要性。

5. 论述旅游经济宏观调控的内容和手段。

【即测即练】

【参考文献】

[1] 田里.旅游经济学 [M].4 版.北京：高等教育出版社，2019：267-276.

[2] 吕宛青，李聪媛.旅游经济学 [M].2 版.大连：东北财经大学出版社，2019：194-201，209-216，285.

[3] 李伟清.旅游经济学 [M].4 版.上海：上海交通大学出版社，2011：25.

[4] 许南垣，朱晓辉.现代旅游经济学：学习指导、练习与案例 [M].4 版.昆明：云南大学出版社，2010：170-172，225-227，285-286.

[5] 第一财经.联合国世界旅游组织：2023 年全球旅游业将迎来强劲复苏 [EB/OL].（2023-01-20）.https://baijiahao.baidu.com/s?id=1755514429770124108&wfr=spider&for=pc.

第九章　新时代中国旅游经济的可持续发展

【学习目标】

1. 了解中国旅游经济发展理念与阶段。

2. 熟悉世界各国旅游发展模式。

3. 掌握中国旅游经济可持续发展的重点。

【能力目标】

1. 了解中国旅游经济发展理念内容，能自主阅读相关资料拓展知识。

2. 熟悉世界各国旅游发展模式，培养学生分析问题的思辨能力。

3. 掌握中国旅游经济可持续发展的重点，学会解决实践中的问题。

【思政目标】

1. 了解中国旅游经济发展理念，培养学生实事求是、勇于创新的科学探究精神。

2. 熟悉世界各国旅游经济发展模式，培养学生辩证思维。

3. 掌握中国旅游经济可持续发展的重点，培养学生的系统思维。

【思维导图】

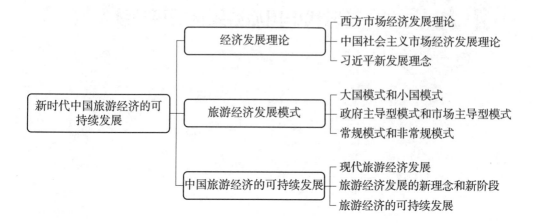

【导入案例】

数字转型　智能升级　融合创新

以信息网络为基础，提供数字转型、智能升级、融合创新等文旅服务，吉林文旅高质量发展建设不断丰富完善。

为推动数字文旅转型升级，吉林省率先发起"内容创享者友好省份"倡议，并实施了一系列流量扶持、专题培训、短视频绿色通道、"云"直播等举措。周周有声音、月月有亮点，吉林省文旅厅开展的吉林杠杠滴、走进吉林非遗、吉林滑雪聚好玩等活动，激发了百万网友宣传分享吉林的热情。

自 2017 年起，吉林省旅游系统就已布局智慧化建设和数字化转型，积极推进互联网、大数据、云计算等新技术与文旅产业融合发展。从与马蜂窝、携程等 OTA 平台开展营销合作，到"吉"字号旅游产品、一图游吉林、雪博会等数字产品（应用）上线，再到吉旅行、如美生活、吉刻出发等本土数字文旅服务平台研发落地，短短几年间，吉林文旅数字化转型几乎覆盖了形象品牌、产品品牌、政策配套、项目投资机遇等领域。

资料来源：李樊.数字转型　智能升级　融合创新——我省推进文旅新业态建设记事 [N].吉林日报，2021-07-24（6）.

问题：

1.旅游产业如何实现高质量发展？

2.旅游产业如何进行创新升级？

第一节　经济发展理论

经济发展理论是研究在经济增长基础上，一个国家经济与社会结构现代化演进过程的理论。经济发展理论是以发展中国家经济发展为研究对象，而发展中国家的经济发展问题自第二次世界大战结束以来一直是当今世界经济学家们关注和讨论的焦点。

一、西方市场经济发展理论

（一）结构主义学派的发展理论

结构主义学派是最早研究发展中国家经济问题的先驱，他们借助发达国家的经验，结合西方经济学的某些现成原理，对发展中国家的经济发展提出若干设想。该学派特别强调资本积累、工业化、计划化，代表性学说主要有刘易斯的二元经济理论、普列维什的中心－外围理论、罗森斯坦·罗丹的大推动理论、纳克斯的"贫困的恶性循环论"、沃尔特·加伦森的滴漏理论、赫希曼的不平衡增长论、罗斯托的经济成长阶段论。

结构主义经济学家反对单一经济学倾向，他们站在发展中国家的立场上，从发展中国家的实际出发来研究发展问题，形成了发展经济学最初的一个学派，其理论的合理内核具有一定的理论价值和应用价值。

（二）新古典主义学派的发展理论

按照结构主义的理论从而奉行计划和政府多方干预的发展中国家并未达到预期的目标，反而面临着种种困难。现实的经验迫使经济学家对结构主义的增长理论和政策主张进行重新评价和修正，并在此基础上形成了新古典主义经济发展理论。新古典主义学派发展理论的特点是：强调外向发展和对外贸易、强调经济的私有化、重视农业发展和人力资本投资。该学派具有代表性的理论有收入再分配论、自由贸易论、市场机制论、农业发展论、人力资本理论。代表性人物有库兹涅茨、加里·贝克尔、舒尔茨。新古典主义学派重视市场机制和农业在经济发展中的作用，强调人力资本投资，同时也重视贸易和外交的利用，并使实证分析方法得到了大步发展，这些对发展中国家的经济发展都具有一定的指导意义。然而它也有不适应于发展中国家实际的成分：企图建立全球"自由化"贸易，却忽略了发展中国家与发达国家之间不平等的实际情况，这样反而为霸权主义提供了理论依据；过高估计发展中国家市场机制作用，难以摆脱地用发达国家标准来审视发展中国家的问题。

（三）熊彼特的经济发展理论

熊彼特打破传统经济学的研究方法，抛弃了简单地从人口、工资、地租等经济变量的投入量的角度研究经济增长，而是强调技术进步和制度变革对经济发展的巨大作用，尤其是创新活动引起的生产力变革在经济发展和社会进步中的突出作用。熊彼特的经济发展理论基本包含四方面的内容：①创新是推动经济发展的根本力量。"经济发展"其实质是技术创新和生产组织形式的创新，从而引起经济生活的一种创造性变动。②创新的传导机制。所谓传导机制，就是"创造性破坏"的产生过程，其实质就是新技术、新行业的产生取代旧技术、旧行业的过程，从而促进经济的不断前进和发展。③创新的组织者——企业家。企业家是创新的主体，他们能够创造新组合、新技术、新方法从而为创新的实现提供条件，推动创新的产生。④熊彼特创新理论解释了经济周期的产生，他强调了经济周期是经济发展的必然结果。

20世纪80年代后，现代经济发展理论进入一个新的发展时期，许多新的理论与模型相继出现，主要有新经济增长理论、新制度主义、寻租理论、可持续发展理论等，这些理论明显地不同于此前的经济发展理论，因为在这一时期，发展经济学呈现了融合的趋势，包括发展经济学与主流经济学、社会学、政治学、法学、伦理学等学科的融合和经济发展理论内部各学派之间的融合。

二、中国社会主义市场经济发展理论

中国共产党在马克思主义的指导下，立足中国国情和发展实际，形成了中国特色的社会主义市场经济理论，这是对马克思主义政治经济学的一次伟大创新发展，也是对西方主流经济理论框架的一次超越。社会主义市场经济理论源于马克思主义政治经济学中的商品经济基本原理。中国共产党以马克思主义政治经济学商品经济的基本原理和列宁、斯大林的社会主义商品经济理论为基础，运用历史唯物主义和辩证唯物主义的基本方法，借鉴了西方经济学的市场经济理论，创立了崭新的社会主义市场经济理论，发展了马克思主义政治经济学，弥补了经典社会主义经济运行理论特别是斯大林社会主义商品经济理论的不足。

与以往的经济学理论不同的是，中国特色的社会主义市场经济理论明确提出计划和市场都是经济调节手段，本身没有社会属性。资本主义社会可以采用，社会主义社会也可以采用。邓小平指出："计划多一点还是市场多一点，不是社会主义与资本主义的本质区别。计划经济不等于社会主义，资本主义也有计划；市场经济不等于资本主义，社会主义也有市场。计划和市场都是经济手段。"市场经济本身也没有社会属性，既可以在资本主义社会中存在，也可以在社会主义社会中存在。

而且，社会主义市场经济理论还认为，市场和市场经济本身虽然不专属特定社会形态，但是市场经济不是存在真空之中的，而是存在某种特定的社会形态之中，与某种特定的社会制度相结合，从而打上某种特定的社会烙印，具有特定的社会性质。社会主义市场经济之所以称为社会主义市场经济，不是一般的市场经济，更不是资本主义市场经济，不仅在所有制和收入分配上具有社会主义的性质特征，而且在经济运行、资源配置方式上具有"计划性"。现代资本主义市场经济与社会主义市场经济存在本质区别。资本主义市场经济是与资本主义制度相结合的市场经济，以私有制为基础，受资本主义基本矛盾、基本经济规律和生产目的制约，即使由自由放任的无政府状态转向实行国家干预和社会保障制度仍然无法从根本上消除经济危机和贫富两极分化；社会主义市场经济是与社会主义制度相结合的市场经济，是以公有制为主体的多种所有制为基础，受社会主义基本矛盾、基本经济规律和生产目的制约，在资源配置中发挥市场决定性作用的同时，更好地发挥政府的重要作用，目的是要促进社会主义经济持续、稳定、协调、高质量、高效益发展和走向共同富裕。

三、习近平新发展理念

党的十八大以来，形成了以新发展理念为主要内容的习近平新时代中国特色社会主义经济思想。习近平新时代中国特色社会主义经济思想是中国特色社会主义政治经济学的最新成果。

新发展理念是一个系统的理论体系，回答了关于发展的目的、动力、方式、路径等一系列理论和实践问题。"创新、协调、绿色、开放、共享"的新发展理念，不仅反映了经济社会发展的时代特征和内在要求，而且反映了社会主义的生产目的和制度优势，体现了生产力与生产关系、经济基础与上层建筑的辩证关系；不仅全面反映了社会主义经济发展规律，而且指明了新时代我国实现高质量发展的实践途径和着力点，体现了认识论和实践论的统一。新发展理念着力实施创新发展驱动，着力增强发展的整体性、协调性，着力推进人与自然和谐共生，着力形成对外开放新体制，着力践行以人民为中心的发展思想。

（一）创新发展

创新发展注重的是解决发展动力问题，集中回答了发展的第一动力问题。

坚持创新发展，必须把创新摆在国家发展全局的核心位置，不断推进理论创新、制度创新、科技创新、文化创新等各方面创新。党的十九大要求，扩大执行主要的国家科学和技术项目，重点是关键共同技术、先进技术和现代工程技术。建立以企业为导向、面向市场并与研究和开发密切结合的技术创新系统。加强对中小企业创新技术的支持，促进科学和技术成果的转化。为发展增添新动能、释放新的需求、创造新的供应以及新技术和新业态的蓬勃发展提供新的动力。

（二）协调发展

协调发展注重的是解决发展不平衡问题，集中回答了发展的内生特点问题。

协调发展的重点是城乡之间的协调、经济和社会的协调以及新工业化的协调和计算机信息化的协调，农业现代化和城镇化的协调等。党的十九大部署，实施乡村振兴战略，为农村和城市地区的综合发展建立强有力的体制机制和管理制度，加快农业和农村的现代化；增加对革命老区和贫困地区以及边疆地区的支助，促进西部地区新的发展模式；加速振兴老工业基地，如东北部地区；利用优势促进中部经济增长和可持续发展；以及在东部地区进一步实现优化发展；建立一个以城市集群为重点的大、中、小城市以及城镇协调发展的城市模式，加快农业人口向市民的转移。

（三）绿色发展

绿色发展注重的是解决人与自然和谐问题，集中回答了发展的方式问题。

绿色发展包括：可持续发展和建设资源节约与环境友好型社会，为绿色生态生产和消费建立法律框架与政策指导，并为发展低碳节约绿色循环建设健全的经济制度；建立面向市场的绿色技术创新系统，以发展绿色金融，加强节能、清洁生产和清洁能源工业建设；促进资源的各方面节能和循环利用，并执行国家行动计划节约用水以减少能源消耗，在生产系统和生活系统之间建立循环联系。

（四）开放发展

开放发展注重的是解决发展内外联动问题，集中回答了发展的必由之路问题。

开放发展包括需要进行内部协调和外部协调，平衡进出口，结合引进和输出，吸引资本和吸引技术，发展高水平的开放经济，积极参与经济治理。通过促进生产能力方面的国际合作和建立全球贸易网络，在国外投资创新方式和途径，在国际经济治理中加强国家的机构发言权和建立广泛的合作项目，形成投资、生产和服务的国际经济合作与新的竞争优势。

（五）共享发展

共享发展注重的是解决社会公平正义问题，集中回答了发展的根本目的这一基本问题。

共享发展包括更有效的制度安排、更多地提供公共服务、执行脱贫项目、更公平和可持续的社会保障制度以及加强全体人民对共同发展的幸福感。在儿童抚养、学习、工作、医疗、养老、住房等方面进行全面建设。切实提升人民的获得感、参与感、幸福感，不断促进全体人民共同富裕、实现人的全面发展。

创新、协调、绿色、开放、共享的新发展理念，是习近平新时代中国特色社会主义思想的重要内容，是确保我国经济社会持续健康发展的科学理念。

党的二十大报告提出，"以中国式现代化全面推进中华民族伟大复兴""贯彻新发展理念是新时代我国发展壮大的必由之路"。这为新时期中国经济社会发展明确了目标和路径，也为推动旅游业发展壮大、助力中国式现代化建设提供了新思路和新指引。在中国式现代化建设的新阶段，旅游行业要将促进人们的物质富裕和精神富裕作为重要发展目标，以丰富的旅游供给满足人民群众对美好生活多样化、多层次、多方面的需求，不断促进人的全面发展。旅游业要充分发挥关联性和带动性强的特点，带动更多人走向共同富裕。

第二节　旅游经济发展模式

旅游经济发展模式，是一个国家或地区在某一特定时期内旅游产业发展的总体方式，具体来讲，旅游经济发展模式是以旅游经济发展的主要内容为目标，在一定的社会经济条件下所形成的旅游经济运行方式和管理体制。由于旅游经济发展是与社会经济的发达程度及发展水平密切联系的，因此世界各国（地区）地理位置、资源条件以及政治、经济、文化等方面的差异，必然使各国（地区）旅游经济发展的目的、条件、经营管理方式也不尽相同，从而不同国家或地区具有不同的旅游经济发展模式。

一、大国模式和小国模式

从旅游地理的角度看，旅游的空间移动具有十分重要的作用和影响，因此，按国土面积的大小，旅游经济发展模式可分为大国模式和小国模式两种。

旅游经济发展的大国模式，主要是指国土面积较大的国家，包括经济发达国家和发展中国家，其旅游经济发展呈现一种非均衡的典型特征，主要特点表现为以下几个方面：①旅游资源丰富而分布广泛，具有发展大规模旅游的资源优势和潜力，尤其是国内各地区旅游资源具有不同的特色和比较优势，使大国旅游具有广泛的吸引力，可以吸引多种层次的旅游者，并不断推出新的旅游产品和旅游目的地。②经济发展的不平衡决定了大国中各地区旅游设施状况、旅游服务水平及其他发展旅游的条件差异较大，从而使这些国家的旅游经济发展存在较大的区域差异和非均衡性。③大国人口众多的特点，决定了其本身就是一个庞大的旅游客源市场，国内旅游发展规模和潜力都较国际旅游大，因此大力发展国内旅游是所有大国的重要目标。④大国国际旅游的非均衡发展，决定了在不同国家、不同地区、不同发展阶段国际旅游发展的模式也有很大差异性。

旅游经济发展的小国模式，包括国土面积较小的经济发达国家和发展中国家，是一种以丰富的旅游资源和发达的国际旅游为基本特征的旅游经济发展模式，其主要特点有以下几方面：①拥有丰富独特的旅游资源和发展国际旅游的良好条件，而且一般地理位置比较优越，大多靠近主要客源国或地处交通要冲，有便利的交通条件，又与西方发达国家在政治、经济、文化等方面存在长期紧密的联系，有着比较充裕的旅游客源市场。②拥有较好的经济基础和条件，旅游基础设施与接待设施较完善，社会福利条件较好，再加上与大多数国际旅游客源国相毗邻，使旅游业成为国民经济的支柱产业，即使是部分经济欠发达的小国家，也由于旅游资源丰富独特，不仅成为著名的国际旅游胜地，旅游业也是其国民经济的重要支柱。③旅游经济运行方式和管理体制各具特色，有的旅游行政管理机构在政府中的地位一般比较高，权限比较大，而且大多由国家首脑和政府要员直接管辖；有的国家大旅游公司发挥重要作用，特别是旅馆业中的旅游饭店连锁集团、饭店管理公司发挥着重要的作用等。

二、政府主导型模式和市场主导型模式

按旅游业调节机制，旅游经济发展模式可分为政府主导型模式和市场主导型模式。

政府主导型模式是指政府在旅游业的发展过程中起着主要作用，政府通过制定各项旅游规划或旅游业政策来确定旅游业的发展战略、目标和实现战略目标的各种对策和措施，从而达到直接干预旅游业发展的目的。当然，也不排除在政府主导型旅游业发展模式中市场一定的调节作用，但相比政府的主导作用，市场的调节只能居于辅助的地位。通常，这种旅游业发展模式只适合于两种情况：一是在短时期内需要推进旅游业迅速发展的国家或地区；二是这些国家或地区具有政府干预和控制经济的传统。

市场主导型模式是指旅游业的发展主要通过市场自发调节机制来推动的一种发展模式。在市场价格、供求和竞争这些机制的作用下实现旅游业资源的合理配置，推动旅游业内部的自行调节和自行均衡，在旅游供求的不均衡—均衡—不均衡的矛盾运动中实现旅游业的发展。这种发展模式，以市场的调节为主、政府的调节为辅，旅游业的发展主要依靠市场机制来实现旅游业内部的自行调节和自行均衡；政府对旅游业的调节是间接的，主要通过一定的市场参数来进行调节。采用这种旅游业发展模式的主要是传统上的市场经济型国家。

三、常规模式和非常规模式

按社会经济发展水平和人们提高生活质量的要求，旅游经济发展模式一般可分为常规发展模式和非常规发展模式两种。

旅游经济发展的常规模式，即先发展国内旅游再逐步向国际旅游延伸发展的旅游经济发展模式。西方经济发达国家的旅游通常是先发展国内旅游，在国内旅游广泛发展的基础上，出现了邻国之间的跨境出国旅游，并由近及远而形成远距离的国际旅游，与此同时也接待外国人入境旅游，并逐步形成完整的旅游经济体系。

从旅游经济发展的条件及运行方式看，旅游经济发展常规模式实质上是一种依托发达的经济基础和旅游设施条件，以国内旅游充分发展为基础的发展模式。在充分满足国内居民旅游需求的基础上，伴随着国际入境旅游者的增长，原先用于本国居民的发达的经济基础和旅游设施条件，逐渐被用于接待外国旅游者，从

而促进了入境旅游的发展，并使出境旅游与入境旅游、国际旅游与国内旅游呈现协调发展的局面。从其管理体制看，大多数是以旅游企业为主导、以旅游市场为基础，采取半官方或非官方的旅游管理体制。

旅游经济发展的非常规模式是发展中国家普遍采取的旅游发展模式，是以发展国际旅游为先导，然后由国际旅游向国内旅游延伸的旅游发展模式。通过对大多数发展中国家旅游经济发展规律的分析和研究可知，非常规模式是以先发展入境旅游，通过接待和满足外国旅游者的需求，来全面带动国内旅游资源的开发和旅游设施建设，逐步形成国际旅游接待服务体系；然后随着本国社会经济的发展和人民生活水平的提高，带动国内旅游并促进出境旅游的发展，最终形成国内旅游与国际旅游的协调发展。大多数发展中国家之所以采用旅游经济发展非常规模式，主要是由于经济发展相对落后，人们的旅游消费水平较低，国内旅游尚不发达，因此只好先发展入境旅游来赚取外汇，加快旅游资源开发，创造更好的旅游设施和接待条件，带动国内旅游和出境旅游的发展，从而促进旅游规模的扩大和旅游经济的发展。所以，旅游经济发展非常规模式是在特定的社会经济条件下形成的，不仅与一定的社会生产力发展水平相适应，而且形成了不同的旅游经济运行方式和旅游管理体制。

中国旅游经济发展，就是充分考虑了自身的各种条件，最终选择了非常规发展的政府主导的大国模式。

第三节　中国旅游经济的可持续发展

一、现代旅游经济发展

现代旅游经济发展是一个内容丰富、内涵广泛的概念，涉及旅游服务水平提升、旅游经济结构优化、旅游资源有效利用、生态环境持续改善、旅游经济效益提高和人们生活质量提高等方面，与旅游经济增长、旅游经济结构优化、旅游资源利用、自然生态环境改善、人们生活质量提高有着密切的联系，本质上是以满足人民美好生活需要为目的的旅游经济数量增长基础上的质量提升。

（一）旅游经济发展与旅游经济增长

旅游经济增长是指一个国家或地区一定时期内，旅游经济在数量上的增加和规模上的扩大，具体表现为旅游经济总产出数量的增加和规模的扩大，反映了一个国家或地区旅游经济总量的变化状况。旅游经济的增长受多种因素的影响，主要包括以下几个方面。

1. 旅游资源

资源禀赋一方面决定着一国或地区能否发展旅游业，另一方面又影响着该国或地区旅游经济的增长。丰富的旅游资源是开发优质旅游产品，吸引众多国内外旅游者，促进旅游经济增长的前提条件。但是，拥有丰富的旅游资源并不一定能实现旅游经济的增长，只有对旅游资源进行科学的开发和有效的利用，才能将资源优势转化为经济优势，实现旅游经济的增长与发展。

2. 旅游投资增长率及投资效率

旅游投资是旅游经济中各种投入要素的价值体现。旅游资源优势转化为旅游经济增长，必须经过有意识的投资建设，将各种要素有机结合起来。因此，旅游经济增长离不开旅游投资推动，通常旅游经济的增长率同旅游投资的增长率成正比。此外，旅游投资效率也影响旅游经济的增长率，在投资总量不变的情况下，投资效率的提高对旅游经济的推动力量加大，从而旅游经济的增长速度也更快。

3. 旅游从业人员的数量和质量

旅游从业人员对旅游经济的增长的作用包括两个方面：一方面，在现有旅游设施未能充分利用的情况下，旅游从业人员的增加将使原本闲置的各种旅游资源得到利用，从而促进旅游经济的增长；另一方面，在从业人员已经饱和的情况下，增加人员将会降低劳动生产率，这又会制约旅游经济的增长。因此，是否增加从业人员主要看旅游设施的使用情况。此外，从业人员的质量对旅游经济的增长也有重大影响。一支高素质的旅游从业人员队伍将会大大提高劳动生产率，促进旅游经济的增长。

4. 旅游科技进步程度及利用情况

旅游科技水平及其利用程度直接影响到旅游资源的开发利用程度和旅游产品的吸引力。不断研发新的旅游技术、开发新的旅游产品，将提高现有既定旅游资源的利用率，满足旅游者对旅游产品的需求，从而推动旅游经济的增长。

5. 旅游业的对外开放水平

现代旅游活动已经发展为一种全球性的经济活动，这就决定了旅游经济的增长必然受国际社会的影响和制约。提高对外开放水平，吸引国外游客进入和消费本国旅游产品，将极大地促进本国旅游经济的增长。同时，加强国际旅游产品、人才、管理技术等的交流和合作，取长补短，相互促进，也会对本国旅游经济的增长产生影响。

旅游经济发展与旅游经济增长是密不可分的。旅游经济增长是推动旅游经济发展的首要因素，并为旅游经济发展提供必要的物质条件和经济基础。因此，没有旅游经济增长就没有旅游经济发展，旅游经济增长是旅游经济发展的前提条件。

然而，旅游经济增长却不同于旅游经济发展，由于旅游经济增长通常只是数量上的增长和规模上的扩大，因此单纯强调旅游经济增长，在现实中可能出现只增长不发展的情况。如在有的国家或地区，尤其是旅游经济发展的初期，由于没有长期发展的规划而只是盲目追求增长速度，尽管短期内旅游经济增长率很高，但却造成旅游经济结构失调，甚至出现旅游资源受到严重破坏的状况，从而不仅阻碍旅游经济长期持续的增长，而且严重影响旅游经济的可持续发展。因此，必须正确处理好旅游经济增长和旅游经济发展的关系，以保证整个旅游经济的有效增长和持续发展。

（二）旅游经济发展与旅游经济结构优化

旅游经济发展既离不开旅游经济总量的增长，又离不开旅游经济结构的合理化和高度化。旅游经济结构通常包括旅游产品结构、市场结构、消费结构、产业结构、区域结构、管理结构等，在旅游经济发展过程中旅游经济结构合理与否，直接关系到旅游经济增长的速度和旅游经济发展的质量。

旅游经济的发展必须与旅游经济结构的优化协同，即实现旅游经济结构的合理化和高度化。优化旅游经济结构的根本目的在于使旅游资源得到合理的开发和利用，使旅游供给体系不断完善，使旅游产业结构更加合理和优化，使旅游产业外部和内部各种重要比例关系不断趋于协调，并不断向高度化方向发展，从而充分有效地发挥旅游经济的产业功能和经济优势，全面提高旅游业的综合经济效益，促进旅游经济快速地增长和持续地发展。

（三）旅游经济发展与旅游资源合理利用

旅游资源是能够为旅游业所利用的一切自然资源和人文资源的集合，其丰裕程度仅仅意味着自然和社会所赋予的资源优势，但还不能完全视为社会财富。要使旅游资源优势转化为经济优势并形成社会财富，就必须开发和利用旅游资源。

因此，从旅游资源的角度看，旅游经济发展是指人们以经济效益为目的、以满足旅游者需求为重点，为了充分发挥旅游资源的吸引力，而围绕旅游资源所进行的一系列开发和建设的活动。

旅游经济发展与旅游资源合理利用有密切的关系。旅游资源开发合理得当，会使旅游资源得到有效利用，不仅满足当代人的旅游需求，而且能够持续造福于子孙。但是，如果对旅游资源的开发利用和管理不当，就会破坏和毁损旅游资源，从而危及旅游经济的持续发展。因此，必须正确处理好旅游资源和旅游经济发展的关系，通过对旅游资源的有效开发和利用，使旅游资源的价值真正得到充分体现，才能不断促进旅游经济发展。

（四）旅游经济发展与自然生态环境和谐

旅游经济发展与生态环境是紧密联系在一起的。①良好的生态环境是旅游经济发展的前提和基础，因为任何旅游活动都是人类与周围环境进行物质和能量交换的过程，没有良好的生态环境，就没有旅游。②旅游经济发展的实质就是利用优美的自然环境条件，按照人们的要求进行一定的改善和提高，形成各种各样的风景旅游区和良好的旅游环境，满足人们不断增长的旅游需求。

如果在旅游经济发展中不重视生态环境保护，就可能对生态环境造成破坏，最终影响和制约旅游经济的可持续发展。因此，正确处理好生态环境与旅游经济发展的关系，提高人们的生态环境保护意识，促使人们无论是在旅游开发还是经济发展中都把生态环境保护放在重要的位置，以加强环境保护，为旅游开发创造良好的条件，以旅游开发促进生态环境的保护，实现旅游经济与生态环境保护的协调发展和良性循环。

（五）旅游经济发展与人们生活质量提高

旅游经济发展与人们的生活质量存在密切的关系。①现代旅游活动是一种以文化和精神消费为主的活动，其不仅满足了人们高层次的文化与精神消费需求，而且对人们的身体健康也有益无害。随着人们收入水平的提高和生活质量的改善，人们对高层次文化的消费需求也会提高，这必然增加对旅游产品的消费支出，从而促进旅游经济的不断发展。②旅游经济发展将不断创造出新的物质文化消费方式，同时为人们的高层次文化与精神消费提供了丰富的内容，从而不断改善和提高人们的生活质量。

二、旅游经济发展的新理念和新阶段

（一）全域旅游发展理念

2015年8月，国家旅游局发布《关于开展"国家全域旅游示范区"创建工作的通知》，"全域旅游"作为概念在国家层面首次被提出。全域旅游是指在一定区域内，以旅游业为优势产业，通过对区域内经济社会资源尤其是旅游资源、产业、生态环境、公共服务、体制机制、政策法规、文明素质等进行全方位、系统化的优化提升，实现区域资源有机整合、产业融合发展、社会共建共享，以旅游业带动和促进经济社会协调发展的一种新的区域协调发展理念和模式。其中，改革创新是全域旅游的核心要义，也是国家全域旅游示范区创建的必要条件。

全域旅游，其实质是一种以旅游业为重要产业工具的治理模式，是保障旅游业高质量发展的一项重要制度安排。在全域旅游中，各行业积极融入其中，各部门齐抓共管，全域居民共同参与，充分利用目的地全部的吸引要素，为前来旅游的旅游者提供全过程、全时空的体验产品，从而全面地满足旅游者的全方位体验需求。

全域旅游是旅游发展模式的全面创新。全域旅游示范区创建要求，必须建立起统筹兼顾、融会贯通的发展思维模式，建立起旅游业高质量发展与其他行业发展、与经济社会全面发展、与治理能力治理体系建设之间的密切联系，成为促进我国全面高质量发展的重要抓手。

扩展阅读 9.1

全域旅游是治理体系改革的全面创新。县域是我国治理体系和治理能力现代化的基本单元，全域旅游示范区创建以县域为发力点，动员社会各个层面全面参与旅游发展，形成了真正的部门联动。通过创建全域旅游示范区，重塑政府在旅游业高质量发展中的主导服务作用，确保制度安排、公共服务保障的有效性，打破旅游发展空间的限制，打造功能型、服务型的支持政策。

全域旅游是体制机制的全面创新。围绕提升旅游市场资源配置效率，突破长期制约地方社会经济发展的政策体制障碍和产业瓶颈，打破现有僵化的机制，使市场在资源分配中发挥决定性作用，进一步解放和发展社会生产力，带动全社会体制机制的全面深化改革。

（二）旅游高质量发展阶段

党的十九大作出我国经济由高速增长阶段转向高质量发展阶段的重大判断。旅游业高质量发展是基于我国步入新发展阶段的要求而提出的。随着社会步入新时代，我国人民的旅游需求已经成为刚性需求，成为追求美好生活的重要内容，并且旅游需求已经从简单的对景区景点的需求，转变为对旅游目的地的全面需求。

党的二十大报告提出，"高质量发展是全面建设社会主义现代化国家的首要任务""着力提升产业链供应链韧性和安全水平，着力推进城乡融合和区域协调发展，推动经济实现质的有效提升和量的合理增长"。

高质量发展是贯彻新发展理念的根本体现，是主动推进经济发展质量变革、效率变革、动力变革的必由之路，是对经济、社会、文化、生态等我国社会主义现代化建设各领域各方面的总发展要求。旅游业具有贯彻新发展理念的内生性特点，与其他许多行业相比，旅游业发展较早，市场化水平较高，旅游业内部受到发展制约少，贯彻创新成为第一动力；旅游业具有显著的融合性特征，协调成为内生特点；旅游业是绿色产业，绿色是旅游业发展的普遍形态；旅游业是我国对外开放的窗口，开放成为必由之路；旅游业是富民产业，共享成为根本目的。旅游业在国民经济中的地位越来越重要，已成为促进经济增长、增加就业、传播文化、保护生态、推动乡村振兴与城乡融合发展的重要民生产业。

旅游业高质量发展，应进一步优化结构，提升产业链韧性，推进融合发展和区域协调发展，不断提升综合实力和竞争力。要以科技创新、创意创新、融合创新为基础，不断提升旅游产业业态创新、产品创新和服务创新能力，全面提升旅游要素生产率，加快建设现代化旅游产业体系，持续优化旅游产业结构。要加速构建富有韧性的旅游产业链，增强旅游业面临不确定性挑战时的稳定性、适应性和创新性，增强可持续发展能力。

旅游高质量发展具体表现为：①旅游产品和服务的高质量。实现旅游"食、住、行、游、购、娱"全要素的提升，提供全时空的旅游产品和服务，特别是完善旅游公共服务，实现旅游公共服务全覆盖。促进旅游产业融合发展，提供更丰富多样的旅游产品，实现高科技在旅游业上的全面应用，提升旅游营销推广效能。优化旅游产业供给体系，提高旅游业全要素生产力，提升旅游经济整体的质量和效率，不断满足旅游者日益升级的消费需求，向产业结构高度化、增长动力高效化、发展方式持续化、技术结构升级化、要素投入集约化转变。②旅游者的高质量。实现旅游者素质的全面提升，培养绿色、文明、注重品质的高素质旅游者。培育完整的旅游内需体系，以高质量的旅游消费需求，带动供给体系不断升级，使旅游业发展实现高水平均衡。③旅游业治理体系的高质量。实现旅游业治理体系从"小旅游"向"大旅游"转变，实现旅游治理本身转型升级。加快旅游业内部管理体制、运行机制的转变，建立起适应旅游需求变化的旅游治理体系。④旅游业治理能力的高质量。建立独立有效的旅游目的地体系，树立综合型旅游目的地形象，研发品牌核心产品。适应旅游市场供给体系变化，做大旅游产业，提升旅游业的综合效益及旅游业在地方社会经济中的地位，进一步提升旅游业对经济、社会、生态、治理高质量发展的全面贡献。

三、旅游经济的可持续发展

旅游经济可持续发展，又称可持续旅游，是指在充分考虑旅游与自然资源、社会文化和生态环境相互作用和影响的前提下把旅游开发建立在生态环境承受能力之上，努力谋求旅游业与自然、文化和人类生存环境协调发展并福及子孙后代的一种旅游发展模式。其目的在于旅游者提供高质量的感受和体验，提高旅游目的地人民的收入水平和生活质量，并切实维护旅游者和旅游目的地人民共同依赖的环境质量。

中国旅游经济确定可持续发展战略，既是基于中国社会主要矛盾的变化，也是因为中国社会发展目标的明确。

社会主要矛盾是一个国家在一定历史时期或发展阶段的多种矛盾中起着支配性作用的矛盾，是影响和制约一定时期一个国家发展的决定性矛盾。习近平总书记在党的十九大报告中明确指出："中国特色社会主义进入新时代，我国社会主要矛盾已经转化为人民日益增长的美好生活需要和不平衡不充分的发展之间的矛盾。"旅游经济可持续发展对满足人民日益增长的美好生活需要发挥着至关重要的作用。

另外，党的十九大明确了中国特色社会主义新时代的两个阶段的发展目标，即 2020 年至 2035 年，基本实现社会主义现代化的目标；2035 年至 2050 年，实现富强民主文明和谐美丽的社会主义现代化强国的宏伟目标。党的二十大报告提出，"必须牢固树立和践行绿水青山就是金山银山的理念，站在人与自然和谐共生的高度谋划发展"。旅游经济可持续发展对建设文明和谐美丽的社会主义现代化强国具有重要意义。

视频 9.1

新时代中国旅游经济的可持续发展

（一）旅游经济可持续发展的意义

1. 可持续发展有利于对旅游资源的保护和持续利用

旅游资源作为旅游业存在和发展的基础，开发和利用的种类越多，级别越高，对旅游者的吸引力就越大。但是，由于旅游资源的构成十分复杂，其中有许多为不可再生的旅游资源，如珍稀濒危动植物、奇山异水、历史文化古迹等。对这些旅游资源进行开发、利用会伴随着资源受到破坏乃至消亡的危险，尤其在市场经济条件下，经济利益的驱动会促使各地纷纷把这些不可再生旅游资源作为重点开发对象，无限制地利用；加之开发利用的技术较差、层次较低、保护不当，往往会导致这些旅游资源的毁损及特色的丧失。

因此，实施旅游经济可持续发展战略要在做好保护工作的前提下，有计划、有重点地开发和利用对旅游者有足够吸引力的资源，并不断挖掘潜力，使有限的资源得到长久、持续的利用，为今后的深入开发留下一定的空间和条件。

2.可持续发展有利于促进经济与社会、环境协调发展

可持续发展是一种综合、系统的发展观，包含社会经济结构的进化和环境发展目标的实现。保护好资源、生态和环境，就是保护好旅游业的发展基础。因此，通过旅游经济的可持续发展，强调以旅游资源为基础，与生态环境承载能力相协调。通过必要的经济手段、技术措施和政府的引导，努力降低自然资源的衰耗速度，维护良好的生态环境及和谐的人与人、人与自然的关系，保证每个人都享有清洁、安全、舒适的生活环境，都享有健康发展的各种环境条件，有利于实现旅游与自然、文化和人类生存环境融为一个整体，最终实现旅游经济与社会、生态环境的协调发展。

3.可持续发展有利于旅游市场的繁荣和稳定

旅游市场是旅游业得以存在和发展的前提。旅游市场的繁荣、发展将使旅游经济的活动范围不断扩大、实力不断增强。但是，旅游市场又往往是不断波动发展的，当波动过大时，有可能使资源配置发生较大、不必要的损失。因此，实施旅游经济可持续发展有利于减少使旅游市场波动的不利因素，鼓励和维持旅游市场的繁荣和稳定。特别是各级政府把旅游经济可持续发展作为社会经济发展的重要问题而予以重视和考虑，通过采取积极的政策和措施，来制止和反对旅游市场中不利于资源利用和环境保护的行为，把政府、企业和社会各方面力量有机结合起来，促使旅游市场主体的竞争行为趋于合理化，就会使旅游市场的波动减小，从而促进旅游市场繁荣、稳定而有序地发展。

4.可持续发展有利于促进旅游经济增长方式的转变

旅游业发展的重要前提之一就是有充裕的客源市场，因而旅游者人数的多少

在一定程度上决定着旅游目的地的旅游业发展水平。但是，追求接待旅游者规模的扩大不是无限度的。由于受到交通、食宿等旅游要素供给能力的限制，旅游目的地接待的旅游者总数是有一定限度的，若超过了这个限度，则在市场供求关系上就表现为供不应求，就会引起旅游服务质量的下降、旅游者的投诉增加，并使旅游目的地的形象受到损害，最终制约旅游业健康、稳步地发展。

因此，坚持旅游经济可持续发展，将促使旅游业转变增长方式由单一地追求接待旅游者人数的目标转向追求旅游者规模、质量、效益等综合发展的目标，通过对旅游资源的深度开发和有机组合，丰富旅游活动的内容，提高旅游服务质量，增加旅游活动范围，增强旅游目的地对旅游者的吸引力，达到使旅游者在旅游目的地滞留时间延长、消费水平提高，进而提高旅游经济综合效益的目的。

5. 可持续发展有利于促进贫困地区尽快脱贫致富

旅游开发扶贫是以旅游资源为基础、以生态环境为条件，对贫困地区进行开发扶贫的特殊形式。通过旅游资源开发来促进贫困地区脱贫致富，提高生活质量是可持续发展的重要内容。因而对具有丰富旅游资源和一定开发条件的贫困地区，有计划地进行旅游开发，一方面能带动贫困地区人民脱贫致富，加快贫困地区经济发展，缩小贫困地区与发达地区的差距；另一方面也促使贫困地区的干部和群众认识到保护环境的重要性，自觉地保护生态环境，有效地利用资源，实现社会经济的可持续发展。

（二）中国旅游经济可持续发展的重点

尊重自然、顺应自然、保护自然是全面建设社会主义现代化国家的内在要求，也是旅游产业发展的客观遵循。长期以来，由于人们认识上的局限，在旅游开发中，存在种种片面的倾向。在强调发展旅游经济、加快旅游开发时，往往容易忽视对旅游资源和生态环境的保护和管理；当强调要重视旅游资源和环境保护时，又极力否定对旅游资源和环境的合理开发与利用。这些片面倾向既违背了生态环境规律，又违背了客观经济规律。因此，旅游经济可持续发展的重点是：在尊重自然生态环境及旅游资源形成规律的基础上，把合理利用旅游资源和保护旅游环境相结合，把近期利益与长期利益相衔接，努力谋取旅游经济效益、社会效益和生态效益的协调发展。

1. 有效开发和合理利用旅游资源

开发旅游资源的目的是利用，但客观上对某些旅游资源的开发本身就意味着破坏，因而必须根据不同的旅游资源采取不同的利用原则。一般来讲，旅游资源可分为恒定性资源、再生性资源和非再生性资源三种类型。

（1）恒定性旅游资源。恒定性旅游资源是指在地球的形成和运动中产生的，数量丰富和稳定、不会因为利用而枯竭的资源，如气候、阳光、海水、河流、高山等。因此对这些恒定性的旅游资源要积极开发和利用，使其更好地服务于旅游业。

（2）再生性旅游资源。再生性旅游资源主要指森林、草原、动物、植物等生物资源，其对于人类来讲是有限的：在合适条件下，是可以再生的，但若超过其再生阈值就会面临衰退和枯竭。因而对再生性旅游资源应合理开发、永续利用，使其永远为旅游业及人类社会的发展服务。

（3）非再生性旅游资源。非再生性旅游资源是指一旦耗损就不可能再度产生的旅游资源，如文物古迹、历史文化、珍稀动植物等。由于这些旅游资源的特殊性及不可再生性，在其开发利用中，必须妥善保护、节约使用，以保持其长期有效的价值。

因此，对旅游资源的保护不同于对一般资源的保护。一般资源的保护重点在于有效持续地利用，而旅游资源的保护重点是保护其特色。旅游资源的价值在于其本身的品位及特点，这是对旅游者产生吸引力的关键，因而合理利用旅游资源就必须保护好其独特的个性特征。

2. 重视和加强旅游环境的保护

发展旅游经济能促进人们对环境的保护，不断提高人们的生活质量；但若开发不当也会对环境造成危害。因此，必须把环境保护贯穿于旅游开发和旅游经济发展的始终，使旅游业发展建立在生态环境的承受能力之上，符合旅游目的地的社会经济发展实际，才能保证旅游经济的可持续发展，这就要在旅游开发中切实采取一切有效的环境保护措施。

旅游目的地向旅游者提供各种景区、景点时，不能损害当地的生态环境和社会经济环境，必须使旅游活动与自然环境、社会文化形成一个和谐、有机的整体，形成一个符合人类愿望的、可持续发展的旅游业。

各旅游目的地在接待旅游者时，不能超过旅游景区、景点的承载能力；要加强对各种固体垃圾及污水排放的处理、尽量减少和控制噪声污染源，以切实保证旅游者和当地居民有一个良好的生活环境。

围绕旅游景区、景点和旅游地的开发建设，发展适当的交通系统，重点放在公共交通工具和无污染的交通手段上；对旅游者流向及旅游景点客流分布做认真的规划和管理，限制生态环境敏感地点的游客量，控制旅游者的不当行为，以尽可能减少和避免旅游者对环境造成的破坏及污染。

尽可能保护地方文化的本质特征及原真性，维护各种历史文物古迹，保持独具特色的地方建筑风格。严格控制和制止吸毒、酗酒、犯罪等行为，加强对当地居民的教育，尽量使旅游者了解地方风俗习惯，从而使旅游地适应和有选择地吸收外来文化的有益方面，切实保持地方文化的精髓，增强旅游目的地的吸引力。

3. 加大对旅游经济可持续发展的资金投入

旅游业是一个高投入、高产出、高创汇的产业，特别是旅游业发展之初，在基础设施建设、旅游资源开发等方面往往需要一定的先行资本投入，旅游投资主体多元化是旅游业快速发展的基础。因此，坚持旅游经济的可持续发展，应继续贯彻执行利用内资和引进外资相结合，国家、地方、部门、集体、个人一起上的方针，广辟财源，多方集资，加大对旅游经济可持续发展的资金投入。①积极争取国家各种专项建设资金的扶持。通过结合各地方社会经济发展的要求，广泛争取交通、通信、水电设施、城乡建设、环境保护与治理、扶贫救济等各专项资金的投入，形成多渠道筹措资金、全社会大办旅游的态势。②建立各级政府的旅游发展专项基金。其主要用于旅游资源开发建设、环境保护和旅游业的发展，从而解决旅游经济可持续发展中的资金短缺问题，加强政府对旅游产业发展的宏观调控能力。旅游发展基金可由以下几部分组成：首先，由地方财政预算出一定比例，作为政府扶持旅游业发展的投入；其次，从其他经济效益好的行业中拿出一定的资金；最后，对旅游经营单位收取一定的专项费用等。③积极利用国际资金。利用外资是经济发展中解决资金短缺问题的一条途径，也是许多国家或地区发展旅游业的基本经验之一。可积极创造条件，改善投资环境；利用外资进行各项基础设施的配套建设；利用外资进行各个旅游资源项目的开发；利用外资参加各个旅游开发区、旅游度假区及旅游重点目的地的建设；利用外资对一些宾馆饭店、旅游公司、旅游景点等进行改善和再开发；利用外资来加强对旅游资源的有效利用和环境保护。④多形式、多渠道筹集社会资金。采取多种形式和优惠政策，通过股份制集资、发行公司债券、发展非公有制经济等，动员各种社会力量，多渠道地筹集资金，加快旅游经济的可持续发展。

4.加快旅游经济可持续发展所需人才的培养

旅游业是一项国际化较强的产业，对人才的素质水平要求较高；同时，旅游业又是一项综合性经济产业，需要各种类型的专业人才及复合型的管理和服务人才。旅游开发中仅仅注重对"硬件"的开发而忽略对"软件"的建设，将会导致旅游经济的不健康发展。特别是高层次的旅游规划设计和管理人才的短缺，导致旅游资源开发规划和项目设计往往雷同，缺乏特色和创新；旅游产品设计较多为模仿，缺乏创新和优化组合；旅游管理水平层次较低，不适应旅游经济发展的需要；旅游资源的有效利用和自然环境的保护缺乏有力的措施与管理。因此，加快旅游人才的培养不仅是旅游资源开发、建设和保护的客观需要，也是大力促进旅游经济可持续发展的现实要求。

5.促进旅游经济可持续发展的政策

坚持旅游经济可持续发展，不仅要统一思想、提高认识、加强组织、落实资金投入和加快人才培养，更需要从宏观上提供必要的政策保障。如果没有政局稳定和社会安全的政治条件，没有改革开放的主导性政策条件，没有经济体制的合理性及有效性条件，没有各种健全的法律、法规及有效执行的法治条件，旅游经济是不可能健康、持续地发展的。因此，必须紧紧围绕旅游经济可持续发展的战略和目标，由宏观主管部门协调各相关部门制定各种相互配合、协调一致的扶持政策。

（1）遵循各种经济关系相互作用的规律性，运用各种财政、金融、税收、价格政策及手段调节旅游经济活动，促进旅游资源的开发和环境保护，保证旅游经济的可持续发展。

（2）积极采取行政政策和行政手段进行调控。行政政策和行政手段是依靠政府行政组织运用计划、命令、指示、规定等政策性手段，对旅游经济活动进行调节和管理的方法。特别是目前，我国尚处于经济体制转型期，行政政策和行政手段仍然是重要的宏观调控手段之一。

（3）我国旅游业起步晚，发展速度快，因此加强旅游法制建设和法律政策研究，努力运用旅游法规和法律政策来调控和管理各种旅游经济活动，才能使整个旅游业做到有法可依、有法必依、执法必严、违法必究，从而把旅游经济的发展纳入法制的轨道，使旅游经济能在法制的轨道上健康发展。

总之，旅游经济的可持续发展涉及城建、环保、交通、邮电、文化、宾馆、公共传播、艺术等方面，使旅游经济的发展具有广泛的、多层次的社会联系。因此，旅游经济可持续发展不能完全由市场过程来完成，还必须通过政府的综合协调政策，即依靠经济、行政、法律等多种政策和手段的综合运用进行总体协调与控制。在综合协调中，要做到在旅游经济发展目标上，各部门政策协调一致、相互配合、前呼后应；在支持旅游业发展力度上，各部门强弱兼之、互为补充、各尽其力；在促进旅游资源开发和环境保护上，各部门先后有序、协调一致、共同扶持，从而形成合理的政策保障体系，促进旅游经济的可持续发展。

【本章小结】

本章介绍了经济发展理论、旅游经济发展模式、新时代旅游经济发展理念及旅游经济可持续发展战略。从各国旅游经济发展实践看，旅游经济发展模式可分为大国模式和小国模式、政府主导型模式和市场主导型模式、常规模式和非常规模式。旅游经济可持续发展包括经济、生态及社会文化的可持续发展。旅游经济可持续发展的重点，是在尊重自然生态环境及旅游资源形成规律的基础上，把合理利用旅游资源和保护旅游环境相衔接，努力谋取旅游经济效益、社会效益和生态效益的协调发展。具体要求是：有效开发和合理利用旅游资源，重视和加强旅游环境的保护，加大对旅游经济可持续发展的资金投入，加快旅游经济可持续发展所需人才的培养，制定促进旅游经济可持续发展的政策等。

【复习思考题】

1. 世界旅游经济发展模式有哪些类型？

2. 旅游经济发展大国模式有什么特点？

3. 新发展理念包含哪些内容？

4. 结合实际谈谈如何实现旅游高质量发展。

5. 旅游经济可持续发展的重点与要求是什么？

【即测即练】

🔍【参考文献】

[1]　戴学锋，杨明月．全域旅游带动旅游业高质量发展 [J]．旅游学刊，2022（2）：
　　　6-8．

[2]　王学峰，张辉．新时代旅游经济高质量发展的理论问题 [J]．旅游学刊，
　　　2022（2）：3-5．

[3]　简新华，程杨洋．中国共产党的社会主义市场经济理论创新——庆祝中国共
　　　产党成立 100 周年 [J]．财经科学，2021（5）：42-43．

[4]　王娜．熊彼特创新理论评析 [D]．石家庄：河北经贸大学，2016．

[5]　长春文旅．全域旅游"大景区"带动长春文旅高质量发展 [EB/OL]．（2022-10-
　　　29）．https：//m.thepaper.cn/baijiahao_20513269．

[6]　吴丽云，向子凝，凌情．以新发展理念指引旅游业发展　为中国式现代化贡
　　　献力量 [N/OL]．河南省文化旅游手机报，2022-10-21．https：//baijiahao.baidu.
　　　com/s?id=1747267568447694274&wfr=spider&for=pc．

[7]　经济发展理论 [EB/OL]．https://baike.baidu.com/item/%E7%BB%8F%E6%B5%8E
　　　%E5%8F%91%E5%B1%95%E7%90%86%E8%AE%BA/10694699?fromModule=l
　　　emma_search-box．

[8]　田里．旅游经济学 [M]．4 版．北京：高等教育出版社，2019：328．

[9]　吕宛青，李聪媛．旅游经济学 [M]．2 版．大连：东北财经大学出版社，333-
　　　351．

教师服务

感谢您选用清华大学出版社的教材！为了更好地服务教学，我们为授课教师提供本书的教学辅助资源，以及本学科重点教材信息。请您扫码获取。

》 教辅获取

本书教辅资源，授课教师扫码获取

》 样书赠送

旅游管理类重点教材，教师扫码获取样书

 清华大学出版社

E-mail: tupfuwu@163.com

电话：010-83470332 / 83470142

地址：北京市海淀区双清路学研大厦 B 座 509

网址：https://www.tup.com.cn/

传真：8610-83470107

邮编：100084